"十三五"国家重点图书

湖北省学术著作出版专项资金
Hubei Special Funds for Academic Publications

海上共同开发国际案例与实践研究丛书／总主编　杨泽伟

泰国湾海上共同开发法律问题研究

何海榕　著

WUHAN UNIVERSITY PRESS
武汉大学出版社

图书在版编目(CIP)数据

泰国湾海上共同开发法律问题研究/何海榕著.—武汉:武汉大学出版社,2020.5

海上共同开发国际案例与实践研究丛书/杨泽伟总主编

“十三五”国家重点图书　湖北省学术著作出版专项资金资助项目

ISBN 978-7-307-21252-7

Ⅰ.泰…　Ⅱ.何…　Ⅲ.海洋资源—资源开发—国际合作—海洋法—案例　Ⅳ.D993.5

中国版本图书馆 CIP 数据核字(2019)第 239089 号

责任编辑:张　欣　　　责任校对:汪欣怡　　　版式设计:马　佳

出版发行:**武汉大学出版社**　(430072　武昌　珞珈山)

(电子邮箱:cbs22@whu.edu.cn　网址:www.wdp.com.cn)

印刷:武汉中远印务有限公司

开本:720×1000　1/16　印张:16.25　字数:232 千字　插页:2

版次:2020 年 5 月第 1 版　　2020 年 5 月第 1 次印刷

ISBN 978-7-307-21252-7　　定价:60.00 元

本书得到了2017年度教育部人文社会科学重点研究基地重大项目“维护中国国家权益的国际法问题研究”(项目编号17JJD820006)、教育部哲学社会科学研究重大课题攻关项目“海上共同开发国际案例与实践研究”的资助，特致谢忱。

总　序

一般认为，海上共同开发是指两国或两国以上的政府在协议的基础上，共同勘探开发跨界或争议海域的自然资源。例如，德国教授雷纳·拉戈尼（Rainer Lagoni）认为，海上共同开发是建立在协议的基础上，对一块有争议海域的非生物资源进行以开发为目的的国家间经济合作方式。① 日本学者三好正弘（Masahiro Miyoshi）强调："共同开发是一种临时性质的政府间安排，以功能性目的旨在共同勘探和（或）开发领海之外海床的碳氢化合物资源。"② 中国学者高之国博士也指出："共同开发是指两个或两个以上的国家达成政府间的协议，其目的是为开发和分配尚未划界的领土争议重叠区的潜在自然资源，而共同行使在此区域内的主权和管辖权。"③

从国际法角度来看，海上共同开发是和平解决国际争端原则的具体化。按照《联合国海洋法公约》第 74 条和第 83 条的规定，在达成划界协议前，"有关各国应基于谅解和合作的精神，尽一切努力作出实际性的临时安排，并在此过渡期间内，不危害或阻碍最后协议的达成。这种安排应不妨碍最后界限的划定"。此外，国际法院在 1969 年"北海大陆架案"（the North Sea Continental Shelf

---

① 参见 Rainer Lagoni, Oil and Gas Deposits Across National Frontiers, American Journal of International Law, Vol. 73, 1979, p. 215。

② Masahiro Miyoshi, The Joint Development of Offshore Oil and Gas in Relation to Maritime Boundary Delimitation, Maritime Briefing (International Boundaries Research Unit), Vol. 2, No. 5, 1999, p. 3.

③ Zhiguo Gao, The Legal Concept and Aspects of Joint Development in International Law, in Ocean Yearbook , Vol. 13, the University of Chicago Press 1998, p. 112.

Cases）的判决中也确认，大陆架划界可通过协议解决，或达不成协议时通过公平划分重叠区域，或通过共同开发的协议解决。① 可见，无论是国际条约还是国际司法实践，都把海上共同开发看做相关海域划界前的一种临时性安排。

自1958年巴林与沙特阿拉伯签订《巴林—沙特阿拉伯边界协定》、实施海上共同开发以来，共同开发跨界或争议海域资源的国家实践已成为一种较为普遍的现象，迄今海上共同开发的国际案例也有近30例。回顾海上共同开发60年左右的发展历程，海上共同开发可以分为以下四个阶段：第一，海上共同开发的产生阶段（1958—1969年），在波斯湾和西欧一共出现了5例海上共同开发案。第二，海上共同开发的发展阶段（1970—1993年），一共出现了14例海上共同开发案，涉及26个国家，包括亚洲国家11个，欧洲国家5个，非洲国家7个，美洲国家2个及大洋洲的澳大利亚。第三，海上共同开发的回落阶段（1994—2000年），只有一例海上共同开发案，即1995年9月英国与阿根廷签订的《关于在西南大西洋近海活动进行合作的联合声明》。第四，海上共同开发的平稳阶段（2001年至今），进入21世纪以来，海上共同开发活动又渐趋增多，产生了近10例的海上共同开发实践。

就中国而言，中国拥有约1.8万千米的大陆海岸线，海上与8个国家相邻或相向。中国与一些周边海上邻国存在岛屿主权争议和海域划界争端。早在20世纪70年代末，中国政府就提出了“主权属我、搁置争议、共同开发”原则，试图解决中国与周边海上邻国间的岛屿主权和海洋权益争端。然而，30多年过去了，从中国整体的周边海域来看，海上共同开发举步维艰，迄今尚未得到真正实现。

---

① 杰塞普（Jessup）法官在该案的个别意见中也强调，在有争议但尚未划界而又有部分领土重叠的大陆架区域，共同开发的方法更合适。参见 North Sea Continental Shelf Cases（Federal Republic of Germany/Denmark，Federal Republic of Germany/Netherlands），Judgments，I. C. J. Reports 1969，available at http：//www. icj-cij. org/docket/files/52/5561. pdf，最后访问日期：2017年11月29日。

值得注意的是，2013 年 10 月，中国、文莱两国发表了《中华人民共和国和文莱达鲁萨兰国联合声明》，双方决定进一步深化两国关系，并一致同意支持两国相关企业开展海上共同开发、勘探和开采海上油气资源。紧接着，中国、越南两国发表了《新时期深化中越全面战略合作的联合声明》，双方同意积极研究和商谈共同开发问题，在政府边界谈判代表团框架下成立中越海上共同开发磋商工作组；本着先易后难、循序渐进的原则，稳步推进湾口外海域划界谈判并积极推进该海域的共同开发。① 2014 年 11 月，中国国家主席习近平分别会见前来参加亚太经合组织第 22 次领导人非正式会议的文莱苏丹哈桑纳尔、马来西亚总理纳吉布时也指出："中方愿意同文方加强海上合作，推动南海共同开发尽早取得实质进展"；中、马"双方要推进海上合作和共同开发，促进地区和平、稳定、繁荣"。2015 年 11 月，《中越联合声明》再次强调："双方将稳步推进北部湾湾口外海域划界谈判并积极推进该海域的共同开发，同意加大湾口外海域工作组谈判力度，继续推进海上共同开发磋商工作组工作，加强低敏感领域合作。"可以预见，海上共同开发问题将成为未来中国对外关系的重要内容之一。因此，全面深入研究"海上共同开发国际案例与实践"，无疑具有重要的理论价值与现实意义。

为了进一步推动海上共同开发的国际法理论与实践研究，2013 年 10 月，在武汉大学中国边界与海洋研究院和国际法研究所的鼎力支持下，特别是在武汉大学资深教授胡德坤老师的鼓励和帮助下，我以首席专家的身份，联合国内外 20 多家教研机构和实务部门的专家，成功申报了教育部哲学社会科学研究重大课题攻关项目——"海上共同开发国际案例与实践研究"，并被批准立项。经过几年的悉心研究，我们逐步推出了一些研究成果。"海上共同开发国际案例与实践研究丛书"就是其中之一。

"海上共同开发国际案例与实践研究丛书"的出版，具有以下

① 早在 2005 年 10 月，中国海洋石油总公司和越南石油总公司就在越南河内签署了《关于北部湾油气合作的框架协议》。

学术价值和现实意义。

第一，它将开拓海洋法理论的新视野。传统海洋法研究是以《联合国海洋法公约》中的相关制度为主，而在“和平、发展、合作”的新时代背景下，“中国梦”的实现、中国海洋权益的维护给我们提出了许多新问题。“海上共同开发国际案例与实践研究丛书”从海上共同开发国际案例的分析入手，着眼于海上共同开发在“和平、发展、合作”的时代背景下面临的重大挑战，对海上共同开发的相关法律问题进行深入细致的研究，同时总结归纳出海上共同开发的优势、不足、经验、教训及启示，指出中国与周边海上邻国进行海上共同开发的困境与出路，具有十分重要的现实性和前瞻性。因此，“海上共同开发国际案例与实践研究丛书”可以拓新海洋法理论研究的视野，扩大中国在该领域的国际话语权。

第二，它有利于进一步促进国际法与国内法的互动、多学科的交叉。海上共同开发问题，涉及国际公法、国际私法、国际经济法、国际投资法、国际环境法、民商法以及国际关系、国际政治和外交学等内容。“海上共同开发国际案例与实践研究丛书”对海上共同开发合同进行研究，将扩大特殊国际民商事合同的范畴，丰富国际民商事合同法的内容；对海上共同开发中的投资保护、投资保险等内容的研究，是对特殊领域的国际投资法的完善；对海上共同开发争端解决机制的研究，有利于促进对国际民商事争议解决理论的研究；对海上共同开发优势、局限及其影响因素等方面的总结，将进一步推动国际法与国际关系的相互交融。同时，海上共同开发活动的复杂性和挑战性将促使我们采用以问题为中心、多学科方向共同研究一个问题的理论研究方法，这有利于扩展研究的视角，丰富研究内容和研究方法。

第三，它有助于进一步推动能源安全问题的研究。早在1993年中国就成为了石油净进口国，到目前中国石油对外依存度已达到60%左右。因此，中国学术界一直在关注能源安全问题，这方面的研究成果也比较多。然而，已有的研究成果主要是从能源安全保障的宏观角度出发，涉及能源安全的战略、政策和法律体系的构建等问题，或对能源领域的合作做一些整体研究，并局限于一国领域内资源的合作开发。“海上共同开发国际案例与实践研究丛书”则从微观上对维护能源安全的一个具体措施——海上油气资源共同开发问题进行研究，对海上油气资源共同开发涉及的基本问题、公私法问题、争端解决机制等都进行了详细的论述，有利于进一步发展和完善有关能源安全以及海上石油资源共同开发的理论。

第四，它将为中国与周边邻国进行海上共同开发提供理论支撑。“海上共同开发国际案例与实践研究丛书”在深入研究海上共同开发基本理论问题的基础上，重点剖析已有的海上共同开发的国际案例和协定文本，详细探讨海上共同开发所涉及的第三方权利的处理、共同开发区块的划定、管理模式、税收制度、收益分配、海洋环境保护、管辖权以及争端解决程序等问题，并总结归纳出海上共同开发的优势、局限、经验、教训与启示等。“海上共同开发国际案例与实践研究丛书”的上述研究内容，无疑将为中国与周边邻国进行海上共同开发提供智力支持。同时，探讨海上共同开发周边近海资源的可行性和相关制度，为中国今后对外合作做好理论准备，也是十分必要的。

第五，它将为中国与周边邻国实现海上共同开发的突破提供法律政策建议。“海上共同开发国际案例与实践研究丛书”的出发点是分析国际社会已有的海上共同开发案例和协定文本，落脚点是中国与周边邻国海上共同开发的实践。因此，“海上共同开发国际案例与实践研究丛书”将在研究海上共同开发典型案例和协定文本的基础上，通过回顾中国与周边邻国海上共同开发的有关实践，深刻剖析中国与周边邻国的海上共同开发究竟存在哪些困境，产生这些困境的原因又是什么；最后为中国与周边邻国海上共同开发的突破提供一些具有操作性的法律政策建议。

第六，它将为维护中国岛屿主权和海洋权益提供法律解决参考方案。中国可主张的管辖海域面积约为300万平方千米。由于历史和现实的复杂原因，在属于中国主张管辖的300万平方千米的海域中，近一半存在争议，海域被分割、岛礁被占领、资源被掠夺的情况较普遍。中国的8个海上邻国，对中国的一些岛屿主权和海洋权益均提出不同程度的无理要求。然而，已有的海上共同开发的国际案例均表明，海上共同开发与海域划界存在着密切的关系。因此，“海上共同开发国际案例与实践研究丛书”的研究成果将为中国国家领导人、国家机关、政府部门在制定和实施中国海洋维权措施的过程中、在中国合理解决与邻国海洋权益争端的问题上，提供国际法方面的智讯，从而为中国合理解决岛屿主权和海洋权益争议提供参考方案。

“海上共同开发国际案例与实践研究丛书”的顺利出版，离不开武汉大学出版社的大力支持，特别是策划编辑张欣老师的鼎力相助，在此特致谢忱；同时，也很感谢“2017年度湖北省学术著作出版专项资金”的资助。此外，“海上共同开发国际案例与实践研究丛书”存在的错讹之处，恳请读者不吝指正。

杨泽伟①

2017年11月29日

于武汉大学珞珈山

① 武汉大学“珞珈杰出学者”、二级教授、法学博士、武汉大学国际法研究所（国家高端智库）博士生导师，国家社科基金重大招标项目和教育部哲学社会科学研究重大课题攻关项目首席专家。

目　　录

绪　论

一、问题的提出

1965年，中国石油实现自给。随着国家经济增长和人民生活水平改善，中国对石油需求日增。中国石油产量落后于石油需求量。1993年中国从石油出口国变为石油进口国。近年来，中国对进口石油依存度渐增。据中国石油集团经济技术研究院发布的《2018年国内外油气行业发展报告》，2018年中国的石油进口量为4.4亿吨，同比增长11%，石油对外依存度升至69.8%，并预计2019年中国油气对外依存度还将继续上升。① 中国石油对外依存度高，国家能源安全受到威胁。石油成为中国经济安全和可持续发展的焦点问题。在此背景下，中国实施多元化的石油战略，除了依赖进口能源，还需要寻找新的来源。陆上石油资源濒临枯竭，海上石油开发必将成为中国能源的战略重点。

中国东南临海，是个海洋大国，海岸线长18000公里，岛屿海岸线长14000公里，沿海岛屿总面积约80000平方公里，其中面积在500平方公里以上的岛屿就有6561个。② 中国自北向南分布着渤海、黄海、东海和南海4个闭海或半闭海，总面积约473万平方公里。中国海域的自然和资源条件都比较优越。从20世纪60年代开始，中国开始独立勘探开发大陆架资源，但是勘探能力有限。20世纪80年代，中国开始与外资合作开发海洋油气资源。中国海洋

---

① 中国选矿技术网：https：//www.mining120.com/news/show-htm-itemid-350861.html，2019年3月12日访问。

② 王颖：《海岸地貌学》，高等教育出版社1994年版，第1~3页。

石油气开发主要集中在渤海和东海以及南海的近海。上述海域中，渤海开发最充分，共有16座油气田。而东海和南海由于与邻国存在海域划界争端，开发主要集中在近海且开发程度低。总体看来，中国还处于海洋油气利用初期。值得注意的是，南海油气资源地位重要，它不仅是未来中国深海海洋油气主要开发区域，也有望成为全球第四大潜在深海资源开发区。

近年来，中国深海勘探技术取得了重大突破和显著成果。例如，2009年至2012年中国海洋油气勘探测试接连取得1000米级、3000米级、5000米级和7000米级的成功。再如，2012年7月中国在马里亚纳海沟创造了下潜7062米的载人深潜纪录，这也是世界同类作业型潜水器最大下潜深度纪录。还如，中海油目前已形成5型7船的深水油气开发船队①。其中海洋石油981、海洋石油201、海洋石油720、海洋石油708均具备3000米水深作业能力。与此同时，中国海洋石油集团有限公司也已掌握3万吨超大型海洋平台设计建造安装以及1500米水深海底管道铺设等一系列海洋工程领域核心技术，为深水油气田开发提供了重要技术支撑。陵水17-2气田是2018年8月在自营勘探中发现的优质大型海洋气田，也是“海洋石油981”深水钻井平台第一次深水测试，即中国自主研发的深水模块化测试装置首次成功应用的项目，标志着中国已经掌握了全套深水勘探技术。② 这也表明中国具备了独立开发深海油气资源的能力。虽然技术上取得突破，但是东海和南海的海域划界和岛礁主权争端仍是中国开发上述海域的海洋石油开发的主要障碍。因此，研究解决争议海域的资源开发尤其是油气资源利用的问题仍是未来学界需要研究的重点问题之一。

---

① 5型7船即深水半潜式钻井平台、深水铺起重船、深水物探船、深水工程物探船、深水大型多用途工作船。

② 《浅析：中国深海油气开发已渐入佳境》，2014年12月17日，来源中研网：http：//www.chinairn.com/news/20141217/105351419.shtml，于2017年11月21日访问。

事实上，早在20世纪就萌生了解决争议海域资源利用问题的实践，即海上共同开发实践。从第一例海上共同开发案——1958年巴林和沙特阿拉伯共同开发案开始至今，近半个多世纪，海上共同开发遍布全世界——从波斯湾发展到欧洲、红海、地中海、亚洲、非洲和拉美等地区，形成了丰富的国家实践。实践证明，这种极具生命力的划界前临时措施能有效地解决争议海域的资源尤其是油气资源利用的问题，实现人们开发利用海洋资源的最终目的。因此，它广受海域争端当事国的青睐。

尽管早在20世纪70年代中国政府一直倡导与周边争端当事国以“搁置争议、共同开发”的方式解决争议海域油气资源利用问题，但是至今尚未形成共同开发的实践。究其原因，一方面可能是由于周边争端当事国的消极抵制，另一方面也与中国缺乏相关经验以及对共同开发的相关法律问题缺乏系统深入的研究有关。

近年来，出于对能源需求和能源安全考虑，中国政府及领导人积极推动共同开发，其有望在中国周边争议海域实现。例如，2014年11月中国国家主席习近平分别会见参加亚太经合组织第22次领导人非正式会议的文莱苏丹哈桑纳尔、马来西亚总理纳吉布时指出：“中方愿意同文方加强海上合作，推动南海共同开发尽早取得实质进展”；中、马“双方要推进海上合作和共同开发，促进地区和平、稳定、繁荣”。① 南海仲裁案后，在中国的努力下，周边形势稳定。2017年9月27日，菲律宾一名官员称：“菲律宾和中国的能源官员将在28日举行双边会议，讨论南海联合开发的问题。”② 2017年11月13日，中国国家主席习近平在河内与越南国家主席陈大光会谈时说，中越两国“要妥善管控分歧，维护海上

① 新华社消息：《习近平会见参加APEC会议5经济体领导人》，载《人民日报》（海外版）2014年11月11日，http：//news.163.c om/14/1111/04/AAOCDM6500014AED.html。

② 环球网消息：《菲媒：中国与菲律宾举行双边会议 讨论南海联合开发问题》，2017年9月28日，http：//world.huanqiu.com/exclusive/2017-09/11291960.html。

和平稳定，推进共同开发”。① “可以预见，海上共同开发问题将成为未来中国对外关系的主要内容。”② 在这种背景下，系统研究共同开发的谈判、协议、机制等相关法律问题，对于中国解决周边海域争端尤其是南海问题，对于中国能源安全具有重要的现实和理论意义。

通过研究现有的共同开发案例发现，泰国湾是目前世界上共同开发案例最为集中、最为成功的争议海域之一。该海域的共同开发案例不仅类型丰富且具有代表性。该海域既有成功的共同开发经验，如 1992 年马来西亚越南共同开发案、1994 年泰国马来西亚共同开发案；也有尚未成功的共同开发经历，如泰国柬埔寨共同开发案、越南柬埔寨共同开发案。此外，泰国湾与中国周边争议海域还具有相似性。第一，二者海域特征相似，泰国湾与中国黄海、东海和南海都属于闭海、半闭海，而且海域情况都比较复杂。第二，二者海域争端都比较复杂，既有双边海域划界争端也有多边海域划界争端，且部分海域还存在岛礁主权争端和殖民遗留问题。第三，二者海域划界进展都比较缓慢，既有历史的原因如殖民时期遗留的问题，也有大国因素干扰，还有因现代海洋法关于划界规则和岛屿的地位和作用等规定模糊而导致各国对相关条款的解释存在分歧。第四，泰国湾与中国周边海域尤其是南海联系密切。泰国湾不仅与南海地理上紧密相连，而且部分泰国湾海域划界的争端当事国也是南海划界争端的当事方，如越南、马来西亚。此外，由于地缘相近泰国湾其他南海非争端国，如泰国、柬埔寨对中国争议海域问题也比较关切。第五，二者地理邻近、文化传统相互影响、历来交往频繁。因此，泰国湾共同开发的经验教训对中国具有可借鉴性。虽然泰国湾共同开发的模式不可能为中国周边海域的共同开发提供直接范本，但是研究泰国湾共同开发的相关法律问题，有利于深刻反思

---

① 参考消息网：《境外媒体：中越高层就南海问题达共识》，2017 年 11 月 14 日报道，http：//www. cankaoxiaoxi. com/china/20171114/2243199. shtml。

② 杨泽伟：《海上共同开发区的法律适用》，载《广西大学学报（哲学社会科学版）》2015 年第 7 期，第 72 页。

中国周边海域争端问题的解决方式和共同开发的具体步骤，从而为中国与周边海上邻国实践共同开发提供理论支持和决策参考。

综上，研究泰国湾共同开发的成功经验和失败教训，对于中国与周边海上邻国未来的共同开发具有事半功倍的意义，对于解决中国争议海域资源利用问题，尤其是海洋油气资源利用问题具有重要的现实和理论意义。

二、研究现状和文献综述

关于海上共同开发的问题，国内外学者都给予了高度关注。例如，对于共同开发的概念、法律地位、内涵、类型、模式都有比较深入的研究。但现有的研究成果多属于“是什么、为什么”的法律理论研究。而缺少“怎么办”的研究。由于海上共同开发不是国际法上的义务，也未形成习惯国际法，① 本书尝试以泰国湾海上共同开发实践为研究对象，在借鉴现有研究成果的基础上，并非只对争议海域共同开发进行纯理论探讨，而试图回答“怎样在争议海域共同开发”的问题。

虽然国内外关于共同开发的研究成果较多，但是以泰国湾共同开发案例为研究对象的成果较少，主要以期刊论文为主，尚未发现关于泰国湾海上共同开发法律问题的专门的系统的著作。国外关于泰国湾海上共同开发的论文共有 10 余篇。它们主要是：1990 年英

① 参见 Zhiguo Gao, The Legal Concept and Aspects of Joint Development in International Law, in Ocean Yearbook, Vol. 13, the University of Chicago Press 1998, p. 112. Rainer Lagoni, Oil and Gas Deposits Across National Frontiers, American Journal of International Law, Vol. 73, 1979, p. 215; David M. Ong, Joint Development of Common Offshore Oil and Gas Deposits: Mere’ State Practice or Customary International Law? American Journal of International Law, Vol. 93, No. 4, 1999, p. 771；高之国：《国际法上共同开发的法律概念及有关问题》，载高之国等主编：《国际海洋法论文集》（一），海洋出版社 2004 年版，第 50 页；周忠海：《论南中国海共同开发的法律问题》，载《厦门大学法律评论》2003 年第 5 辑，第 205 页；萧建国：《国际海洋边界石油的共同开发》，海洋出版社 2006 年版，第 182~183 页。

国学者高尔特（Ian Townsend-Gault）撰写了名为《马来西亚泰国共同开发协议》的文章，主要对1979年《马来西亚和泰王国为开发泰国湾两国大陆架划定区域内海床资源而建立联合管理局的谅解备忘录》的背景、基本规则、存在的基本问题作了研究。1991年英国学者大卫·翁（David Ong）在《1990年马来西亚泰国协定》一文中，通过对联合管理局和产品分成合同的分析，介绍了两国的共同开发制度。1994年美国学者扎瑞克（Daniel J. Dzurek）在《东南亚海洋石油争议》一文中，从石油争议的角度对泰国湾存在的海域争端、其产生的原因以及共同开发实践作了概述。1998年该学者在《泰国湾的海域协定与石油开发》一文中，主要对泰国湾的争议状况、泰国湾沿海各国的海域主张、泰国湾沿海四国的海域争端以及达成的共同开发协议及其前景作了介绍，认为泰国湾的海域争议只有依据国际法通过谈判的方式在公平的基础上才能得到彻底的解决。泰国海军上尉索姆嘉德·孔德（Somjade Kongrawd）在《柬埔寨泰国海域争议》一文中对两国海域争议的产生原因和解决方式作了分析，认为谈判是解决争端的最佳方式。1998年越南学者叶洪涛（Nguyen Hong Thao）在《越南与泰国湾共同开发》一文中，从越南的角度对泰国湾的海域争议和马来西亚与泰国、马来西亚与越南共同开发协议作了比较研究，指出政治意愿和睦邻友好是达成共同开发协议的关键因素，并认为共同开发是利用争议海域资源、解决海域争端的最恰当的方式。1999年该学者在《泰国湾的共同开发》一文中，从背景、海域主张、共同开发区和达成共同开发协议的因素对马来西亚泰国和马来西亚越南共同开发案作了比较分析，认为马来西亚泰国和马来西亚越南共同开发都是成功的共同开发案例，但是马来西亚越南共同开发似乎更优。1999年英国学者大卫·翁（David Ong）又撰写了一篇名为《1979年马来西亚泰国谅解备忘录和1990年马来西亚泰国协定是国际石油矿藏国际合作开发的法律模式吗?》。他分析了1979年和1990年马来西亚泰国共同开发协议的主要内容，认为马来西亚泰国共同开发模式是成功的共同开发案例。但是马来西亚泰国共同开发模式只对它国有积极的参考意义，并未形成习惯国际法。2008年澳大利亚学者克莱夫·斯科菲尔德（Clive Schofield）的《泰国湾的海域主张、争议与合作》一文是目前对泰国湾海域争议最全面的研究。作者对泰国湾的海域主张、争议状况、目前海域划界和共同开发的情况作了分析，并指出在目前泰国湾共同开发存在的主要问题。2013年英国学者大卫·翁（David Ong）在《东南亚国家海上共同开发的影响》一文中，结合东南亚共同开发实践，对共同开发的模式作了分类研究。他认为有三类共同开发模式：一类是一国代理模式，一类是强制合资模式，还有一类是共同管理模式。他在该文中主要提出3个观点，其一，只要存在共同石油矿藏，当事国就承担合作和保持克制的义务；其二，当事国就勘探开发该矿藏有信息共享和磋商的义务；其三，没有一种共同开发模式是普遍适用的。国内关于泰国共同开发的研究成果也以期刊论文为主。一共有3篇，它们分别为罗国强教授的《南海共同开发案例研究》，邵建平博士的《如果推进南海共同开发——东南亚国家经验的视角》和何海榕博士的《马来西亚泰国和马来西亚越南共同开发的比较研究》。

从上述仅有的关于泰国湾海上共同开发的研究成果来看，主要有这么几个特点：第一，零散性。现有的研究成果缺乏对泰国湾海上共同开发案的系统性研究。第二，局部性。现有的研究成果主要是对马来西亚泰国共同开发案的研究，其中仅有少部分涉及马来西亚越南共同开发案的研究，而且这些研究也主要是对共同开发管理模式的研究，缺乏对共同开发的谈判、共同开发机制等问题的深入研究。第三，落后性。现有的研究成果主要是对20世纪90年代，泰国湾共同开发实践的反映，未对近几年的变化进行跟踪研究。例如，对于已经取得一定进展的柬埔寨与泰国的共同开发案和越南与柬埔寨的共同历史性水域的实践，基本上未涉及，即使有也仅是对当事国海域争端的简要介绍。

三、研究内容和研究方法

本书通过对泰国湾海上共同开发的案例进行全面系统的比较研究，对争议海域共同开发的谈判、法律文件、实施机制等问题进行逐一探讨，得出一些规律和结论，并对中国解决周边海域划界争端和海洋资源的利用提出一些有益建议。此外，通过研究本书还尝试回答与中国共同开发相关的一些问题：共同开发是否适用于中国周边海域？是否能实现？怎样实现？中国是否要推动共同开发？怎么推动？应该注意哪些问题？

本书共分为八个部分。绪论对本书的研究背景、目的、意义，研究现状、研究的主要内容和方法作了解释和说明；第一章泰国湾海上共同开发的背景，对泰国湾及沿海四国的基本情况、海域主张，泰国湾海上争端及其产生的原因，泰国湾共同开发的现状作了简要的介绍和评析；第二章泰国湾海上共同开发的谈判，详细研究了争议海域共同开发谈判涉及的主要法律问题及其影响因素；第三章泰国湾海上共同开发的法律条件，主要对泰国湾共同开发实践中的共同开发协议、石油合同协议、石油作业协议等法律文件的性质、主要内容和特征作了研究和分析；第四章泰国湾海上共同开发的执行，主要结合马来西亚泰国和马来西亚越南共同开发案，对共同开发的行政管理机制、税费机制、监督机制、争端解决机制以及非共同开发事务的管辖机制作了比较分析；第五章泰国湾海上共同开发的效果，主要对马来西亚泰国和马来西亚越南共同开发案的积极效果和消极影响作了分析和探讨；第六章泰国湾海上共同开发对中国的启示，通过上述对泰国湾海上共同开发的全景式研究，结合中国海域的实际情况，提出若干建议。最后是结论部分。

本书主要以采取以下研究方法：（1）案例分析法。主要以越南柬埔寨、柬埔寨泰国、泰国越南、泰国马来西亚和马来西亚越南海上共同开发案为研究对象，分析相关法律问题。（2）比较研究法。对现有泰国湾的共同开发案例作了横向和纵向的比较研究，但着重比较分析了马来西亚泰国和马来西亚越南共同开发案的谈判、共同开发协议的内容、执行与遵守以及实施效果。（3）归纳分析法。通过对泰国湾海上共同开发具体案例的研究，得出一些具有规律性的结论和观点，从而对推动中国在周边争议海域尤其是南海的共同开发实践提供一些想法和建议。（4）跨学科分析方法。在本书研究的过程中，除了以法律分析为主，还引用了经济、政治、历史、国际关系等学科观点和分析方法。

关于本研究的四点说明。第一，从是否存在海域划界争端来看，海上共同开发分为跨界共同开发和争议海域共同开发。由于泰国湾海上共同开发案例都属于争议海域共同开发，因此本书研究的海上共同开发法律问题事实上仅限于对争议海域共同开发相关法律问题的研究。第二，由于泰国湾共同开发的实践都是关于油气资源的共同开发，因此，本书的研究仅限于争议海域油气资源共同开发的相关法律问题研究。第三，从地理范围来讲，仅研究泰国湾内的共同开发案例。对于一方是泰国湾内国家而另一方不属于泰国湾沿海国的共同开发案例未涉及，例如马来西亚文莱共同开发案。第四，由于泰国湾在各国领海基线外的水域长宽都不足400海里，因此本书的研究对象仅限于国家管辖海域范围内共同开发的研究，国家管辖范围以外的海上共同开发不是本书的研究对象。

本研究尽量采用真实客观的一手资料，但由于共同开发问题与国家利益密切相关，属于敏感问题，很多资料都未公开，例如，越南与柬埔寨之间达成的一些协议及其谈判资料。因此，只能通过当时的相关报道和有关研究资料作出尽可能客观的推断。另外，本书所参考的资料以中英文为主。而有关泰国湾的研究成果中有相当部分是法语资料，由于语言限制未能参阅。此外，有些重要资料未收集到。例如，越南学者叶洪涛称在越南和泰国划界前两国就争议海域进行了共同开发①，但是未搜集到相关报道和研究成果。虽然作者努力保证研究的客观性与严谨性，但受知识储备和研究能力的限制，研究中难免会有纰漏，敬请各位专家学者批评指正。

① 参见 Nguyen Hong Thao, Vietnam and Joint Development in the Gulf of Thailand, Asian Yearbook of International Law, Vol. 8, 2003, p. 148。

第一章　泰国湾海上共同开发的背景

泰国湾属于“闭海或半闭海”，海域资源丰富，自北向南逆时针分布着四个国家。它们分别为越南、柬埔寨、泰国和马来西亚。由于地理范围限制，泰国湾海域普遍存在海域划界争端。由于法律、历史和政治等原因，泰国湾的海域划界争端异常复杂，泰国湾国家倾向于共同开发而非划界解决海域争端；或者说，泰国湾的国家普遍选择搁置划界争议，先共同开发以解决争议海域油气资源利用问题。

第一节　泰国湾及沿海四国的基本情况

泰国湾虽然海洋资源丰富但是地缘政治复杂。泰国湾沿海四国越南、柬埔寨、泰国和马来西亚都是发展中国家，但经济社会发展水平以及政治制度迥异。

一、泰国湾概况

泰国湾（Gulf of Thailand），又称暹罗湾（Gulf of Siam），位于中南半岛和马来半岛之间，南海西南部，太平洋的最西端。泰国湾长约 740 公里，宽约 370 公里，面积约 283700 平方公里，平均水深 45. 5 米，最深水深约 86 米。

（一）自然资源丰富

泰国湾属于热带半闭海，属于热带季风气候，每年 11 月至次年 3 月为干季，4 月到 10 月为雨季，年降水量 2500 毫米，年平均气温约 26~28℃，年平均表层水温 27℃。① 海湾内的海流受南海季风影响，随季节而改变。

由于泰国湾特殊的地质、海洋和气候特点，泰国湾是一个相对独立的海洋生态系统。泰国湾是世界上生物资源最丰富的海域之一，尤其是渔业资源和油气资源。它对于湾内沿海各国的生存和发展至关重要。自古以来，渔业是泰国湾国家经济发展的重要组成部分。渔业不仅为周边居民提供必需的蛋白质来源，还解决了沿海地区千百万渔民的生计。马来西亚、泰国和越南均是全球前 20 名的捕鱼大国，其中泰国的捕捞产业最发达。20 世纪 70 年代后，泰国湾的海洋油气资源受到各国的重视。泰国湾海洋油气资源储量可观。从地质构造上看，泰国湾的大陆架形成于第三纪，其由厚达 8 千米的沉积物覆盖。泰国湾的沉积盆地蕴藏着丰富的油气矿藏，天然气储量更为可观。这些油气构造主要分布在泰国湾中部，从西北到东南对称分布。随着泰国湾周边国家经济的发展，湾内各国能源需求不断增加。冷战后，泰国湾地缘政治发生巨大变化，在国内市场需求压力和高油价的驱使下，泰国湾各沿海国海洋油气产业从 20 世纪 70 年代中期后兴起，并保持持续快速增长态势。由于海洋勘探开采技术的发展大大降低了海洋油气资源开发的成本，20 世纪 90 年代，泰国湾沿海各国对海洋油气产业的投资不断增加，海上油气产量持续增长，湾内勘探开采作业海域范围和水深不断增大。在这个过程中，泰国湾沿海各国开始寻求通过共同开发解决争议海域的油气资源开发问题

（二）地缘政治复杂

泰国湾由于地理位置特殊，地缘政治复杂，除了湾内沿海国互相之间的倾轧，还先后被区域外大国所控制、干扰，地区一直战乱动荡不断，直到 20 世纪 90 年代该区域的地缘形势趋于稳定。

---

① A. Snidvongs, The Oceanography of the Gulf of Thailand: Research and Management Priority, in Johnston, D. M. (ed.), Integrated Studies of the Gulf of Thailand, Vol. 1, Bangkok: Southeast Asian Programme on Ocean Law, Policy and Management, 1998, pp. 1-68.

古代，泰国湾内国家互相倾轧，主要表现为以泰国和越南对高棉帝国（即现在的柬埔寨）的侵犯。因此，柬埔寨对其邻国一直持防范和戒备的态度。这一点在柬埔寨与其邻国边界问题的谈判上表现得尤为突出。

在殖民时期，泰国湾主要被英国和法国分割。当时英国的势力范围主要为现在的泰国和马来西亚。法国的势力范围主要集中在中南半岛，即现在的越南、缅甸和柬埔寨。泰国作为英法势力的缓冲和平衡地带而保持独立，免于殖民控制。这一时期，为了划分势力范围，在英法的主导下泰国湾沿海各国签订一系列边界条约。虽然这些条约大部分是关于陆地的边界条约，但是其部分内容涉及海域边界的起点及近海海域的分界线。因此，这一时期签订的边界条约对于泰国湾沿海四国日后的海域边界划分有着重要的影响。

第二次世界大战期间该地区被迫卷入战争。二战后，法国企图重新占领该地区，但是遭到柬埔寨人民的反抗，第一次印度支那战争爆发。① 在此期间，泰国湾沿海四国无暇顾及海域划界问题。

冷战时期，为了防止共产主义在该地区的发展，美国介入该地区，又引发了第二次印度支那战争。② 越南独立后，其与苏联结盟，在中南半岛推行扩张政策，占领了柬埔寨，由此引发了第三次印度支那战争。③ 这一时期，由于美国、苏联两国争霸与对抗，造成泰国湾以柬埔寨、越南的社会主义国家为一方和泰国、马来西亚的资本主义国家为另一方的两大阵营的意识形态对立和敌视。在这

① 第一次印度支那战争（1945—1954 年）也是越南、老挝、柬埔寨人民反对法国恢复殖民统治，争取和维护民族独立的解放战争。

② 第二次印度支那战争（1959—1975 年），又称抗美战争即越南战争。

③ 越南经过长时间的策划和准备，对柬埔寨发动了全面的军事入侵，1979 年 1 月 7 日占领了柬埔寨的首都金边。之后，越军沿各交通干线继续向西，对西北和北部地区发起进攻，于 1 月中旬基本占领了柬埔寨各主要城镇、沿海岛屿和交通干线。面对越军大举进攻，柬埔寨武装抵抗力量由城镇转移到乡村和山区，开展游击战争。直到 1989 年 9 月 27 日越南政府宣布从柬埔寨全面撤军，这场历时 11 年的战争才宣告结束。国际上将对越自卫反击战视为第三次印度支那战争的一部分（1979—1989 年）。

样的时代背景下，对于这些国家海洋争端的解决居于次要地位。

20世纪90年代，苏联解体，冷战结束，国际格局发生重大变化。随着"柬埔寨问题"① 的解决，泰国湾各国均成为国际社会的正式成员。随后，越南和柬埔寨加入东盟。泰国湾地缘政治格局也发生巨变，沿海四国关系改善，发展经济成为各国首要任务。此后，泰国湾沿海四国一直保持着较高的经济增长水平，连续20多年平均经济增长率维持在6%~8%的水平。② 至此，海洋划界争端才被泰国湾沿海四国提上议事日程。

二、泰国湾沿海四国

泰国湾沿海国为越南、柬埔寨、泰国和马来西亚。这些国家的人口占东南亚国家总人口的75%。③ 泰国湾沿海四国地理相近，政治、经济、文化紧密相连。

但泰国湾沿海四国政治意识形态和经济发展水平以及海洋产业（如油气产业）实力和利用海洋资源的能力各不相同、差异甚大。泰国和马来西亚属于资本主义国家，越南和柬埔寨属于社会主义国

① 1979年底越南出兵侵占柬埔寨，由此产生"柬埔寨问题"。"柬埔寨问题"是20世纪80年代牵动国际局势的一个热点问题，曾在很大程度上影响过中国的对外关系。1991年10月23日，柬埔寨问题国际会议在巴黎召开，签署了《柬埔寨冲突全面政治解决协定》（通称《巴黎协定》）。11月，西哈努克亲王返回祖国，全国最高委员会在金边设立总部。1993年5月23—28日，柬埔寨在联合国驻柬埔寨临时权力机构的组织和监督下举行大选，选举产生制宪会议。同年9月21日，柬埔寨制宪会议通过新宪法，决定恢复君主立宪制。9月24日，西哈努克亲王签署新宪法，制宪会议转为国民议会。9月26日，联柬机构宣布结束在柬的使命。11月2日，柬王国政府正式成立。11月15日，联合国驻柬埔寨维持和平部队全部撤离，柬王国进入和平重建历史新时期。

② 亚洲金融危机期间，泰国湾国家的经济增长率明显下滑。例如，1998年马来西亚的经济增长率，官方统计的数据为4%~5%，非官方的统计数据为2%。而1997年马来西亚的经济增长率为7.4%。

③ 参见Clive Howard Schofield, Maritime boundary delimitation in the gulf of Thailand, Durham：Durham University，1999，p. 10。

家。前者经济发展水平相对较高，经济发展迅速，已经完成工业化。后者由于人口素质相对较低、缺乏基础设施建设，加之政局不稳和政府腐败等问题，经济发展水平较低，与前者经济发展水平形成鲜明对比。其中，柬埔寨是世界上最不发达的国家之一。虽然泰国湾沿海四国政府都重视发展海洋石油产业，但是各自的油气产业发展水平参差不齐。泰国湾四国中，马来西亚的油气产业最发达，具备独立开发海洋油气资源的能力；而柬埔寨的油气产业发展最为落后，既缺乏资金，又缺乏技术，还缺乏相关的人力资源。

如前所述，泰国湾沿海四国的关系受封建势力、殖民势力和大国争霸等地缘政治因素影响，相互之间缺乏信任，甚至敌对。但是，随着东盟的成立尤其是冷战结束，泰国湾各国的关系逐步改善。

泰国湾沿海四国基本情况及与其他沿海国海域争端的状况如下：

（一）越南

越南全称为越南社会主义共和国（Socialist Republic of Vietnam），位于中南半岛东部，泰国湾东北部，西接柬埔寨，与马来西亚隔海相望。它是1958年日内瓦海洋法四公约和1982年《联合国海洋法公约》的缔约国。在泰国湾，其与柬埔寨、泰国和马来西亚均存在海域划界争端。

冷战结束前，越南与柬埔寨的关系比较紧张；与泰国、马来西亚的关系比较冷淡，甚至敌视。冷战结束后，越南致力于改善与东盟成员国的关系，并且重视发展海洋经济。目前，越南是全世界排名前20的渔业大国之一。以海产品为例，近年其海产品出口持续增长，从2010年的50亿美元增长到2018年的90亿美元。20世纪90年代后，其开始大规模发展海洋经济，尤其是海洋石油产业。在与马来西亚共同开发前，越南油气产业发展水平比较低，主要表现为：不具备独立开采海洋石油的能力，欠缺石化产品的加工能力，资金、技术、基础设施等主要依赖外国。近年来，在政府的大力支持下，其海洋油气产业发展迅速，为其国民经济的支柱性产业。20世纪90年代以来，尽管越南的海洋产业逐渐发展壮大，但是其法规制度尤其是海洋法规制度落后。

（二）柬埔寨

柬埔寨全名柬埔寨王国（Kingdom of Cambodia），旧称高棉。柬埔寨位于中南半岛的南部，泰国湾的北部，东接越南，西邻泰国，与马来西亚相对。它是1958年日内瓦海洋法四公约的缔约国，已经签署但尚未批准1982年《联合国海洋法公约》。在泰国湾，柬埔寨与越南和泰国都存在海域划界争端。

其国土面积18.1万平方公里，人口约为1500万。柬埔寨是世界上最不发达国家之一，也是泰国湾最落后的国家。但历史上，它曾是文明古国，创造了吴哥文明，14世纪达到鼎盛时期，随后走向衰落。15世纪到19世纪中期，它主要受泰国和越南的倾轧。1863年沦为法国保护国。1940年被日本占领。1945年日本投降后再度被法国占领。1953年11月9日，柬埔寨王国宣布独立。由于地理位置特殊，柬埔寨先后被动卷入三次印度支那战争，之后内战持续，直到1998年才真正进入和平建设时期。

柬埔寨经济以农业为主，渔业是其国民经济的支柱。其渔业产值占农业生产总值近四分之一。柬埔寨工业基础薄弱。其陆地油气资源贫乏，仅能满足其15%的总人口对能源的需求①；但其海域油气资源丰富。据估计，3.7万多平方公里的柬埔寨海域可能蕴藏丰富的石油和天然气资源。② 可是，柬埔寨自身不具备独立开发海洋油气资源的能力，而且国内存在资金技术缺乏、政府腐败、整体投资环境恶劣等问题。这些因素都制约着柬埔寨经济尤其是海洋石油产业的发展。

（三）泰国

泰王国简称泰国（the Kingdom of Thailand），旧名暹罗。泰国

---

① 参见 Nayan Chanda，"Cambodia and Thailand：So Much Oil，So Hard to Get"，June 21，2001，http：//unpan1.un.org/intradoc/groups/public/documents/APCITY/UNPAN001665.pdf。

② 参见 Clive Schofield，Unlocking the Seabed Resources of the Gulf of Thailand，Contemporary Southeast Asia，Vol.29，No.2，2007，p.303。

位于泰国湾西部，与柬埔寨和马来西亚相邻。泰国是 1958 年日内瓦海洋法四公约缔约国。在泰国湾内，泰国与其他三国均存在渔业争端和海域划界争端。

泰国是东南亚的大国，对地区事务有重要影响，是东盟创始国之一。泰国历来积极倡导并履行东盟提出的发展区域经济和文化合作、建立东南亚和平中立区的方针。但是，泰国政局一直不稳。受西方政治思想的影响和 1929—1933 年世界经济危机的打击，暹罗 1932 年 6 月 24 日爆发政变，从此暹罗制定了宪法，建立了君主立宪政体。1957—2014 年，泰国共发生大小军事政变 10 多次。①

泰国属于资本主义国家，是经济较发达的发展中国家。其渔业产业和石油产业较发达。泰国的渔业产业起步早，在专属经济区制度产生之前泰国湾曾是其传统渔场，它还是实力较强的远洋捕捞国。虽然泰国陆地能源匮乏，但其海洋油气资源丰富且主要分布在泰国湾内。其海洋油气探井成功率为 50%，远远高于世界 10% 的平均探井成功率。它是泰国湾内最早进行海洋石油开发的国家之一，目前具有独立的海洋石油产业链。

① 1957 年 9 月，陆军司令沙立·他那叻发动政变，推翻銮披汶政府。1963 年沙立逝世后，由他侬·吉滴卡宗和巴博·乍鲁沙天执政。1973 年 10 月 14 日，曼谷等地 20 万知识分子、学生和工人举行示威游行，他侬、巴博被迫下台。1975 年 1 月举行大选，克立·巴莫和社尼·巴莫先后出任总理。1976 年军人团发动政变，组成国家行政改革委员会接管政权。1977 年 10 月 20 日，“革命团”发动政变，组成以武装部队最高司令江萨·差玛南为总理的内阁。1980 年 2 月反对党利用石油涨价等经济和社会问题要求召开国会特别会议，弹劾江萨。随后江萨宣布辞职。同年 3 月国防部长兼陆军司令炳·廷素拉暖上将出任总理。1988 年 7 月，泰国举行大选。执政党民族党仍占优势。炳·廷素拉暖执意引退。差猜·春哈旺接受国会提名，经国王核准，于 8 月 9 日正式出任泰国第 17 任总理。他是 12 年来第一位民选总理。1991 年 2 月，武装部队最高司令顺通·空颂蓬上将在三军总司令和警察总监的支持下发动政变，推翻了差猜·春哈旺政府。2006 年 9 月，陆军司令颂提上将领导的泰国军方联合警方发动政变，解散由看守政府总理他信领导的内阁，成立国家管理改革委员会全权接管政权。2014 年 5 月，陆军司令巴育宣布发动军事政变，称为了避免更多人员伤亡以及局势升级，军方从看守政府手中接管权力。

（四）马来西亚

马来西亚联邦国土面积33万平方千米，海岸线长4192千米，人口近3000万。马来西亚分为西马和东马两部分，西马位于泰国湾内，东马位于南海海域。西马位于泰国湾的南部，地处马来半岛，西北与泰国相接。马来西亚是1958年日内瓦海洋法四公约和1982年《联合国海洋法公约》的缔约国。在泰国湾，其与泰国和越南存在海域划界争端。

马来西亚是泰国湾内发展最好的国家，政治稳定，经济发达，属于中等收入的资本主义发展中国家。它是东盟的创始成员国之一，在东南亚有举足轻重的影响力。马来西亚渔业以近海捕捞为主，虽然20世纪60年代才起步，但发展迅速。马来西亚目前是世界排名前20的捕捞大国。其石化产业发达，是石油输出组织成员国，也是东盟第二大能源生产国。马来西亚的法律制度相对比较发达、完善。

第二节　泰国湾各国海域主张

从20世纪50年代开始，泰国湾沿海四国开始提出自己的海域主张，并不断扩大各自的海域管辖权。

一、直线基线

根据海洋法，领海基线分为正常基线和直线基线两种。泰国湾沿海四国的领海基线均适用直线基线的画法。但是域外一些国家对泰国湾沿海四国领海基线的主张颇有微词。

（一）关于领海基线的国际法规则

关于领海基线的国际法规定主要集中在1958年《日内瓦领海和毗连区公约》和1982年《联合国海洋法公约》这两个国际条约中。上述两公约对正常基线和直线基线的规定如下：

第一类领海基线——正常基线。1958年《日内瓦领海和毗连区公约》和1982年《联合国海洋法公约》关于正常基线的规定基本一致。① 所谓正常基线（normal baseline）就是低潮线（low-water line），是海水退潮后离海岸最远的海岸线。② 其最初的功能是保障船舶航行的安全。这种领海基线的画法是国际实践中最早采用的一种领海基线的画法。

上述公约关于“正常基线”的表述上看似没有歧义，但是各国的学者对于何为“正常基线”持不同观点。具体而言，学界对何为“低潮线”有不同的标准和看法。大部分学者主张“正常基线”应该以“平均低潮线为准”。③ 而有的学者主张低潮线应该以“最低低潮线”为准。

此外，实践中也很难找到一条标准的无争议的低潮线。原因如下：第一，一国每年的最低低潮线位置不同，一年之中每个月的低潮线位置也不同。换言之，每年或者每月这些低潮线又有高低之分。而公约对于以什么时间节点或者时间跨度内的低潮线为准没有给出具体的确定标准或者方法。第二，不同的国家、或者同一国家的中央与地方政府之间及地方与地方政府之间确定正常基线的标准也不一致。有的国家和地区采用“平均低潮线”，而有的国家和地区采用“最低低潮线”。④ 代表性的案例如“美国诉加州案”（United States v. California）。美国联邦政府和加利福尼亚州政府曾就正常基线应该以何者为准产生分歧。美国联邦政府认为正常基线应该以“平均低潮线”为准，而加州政府认为应该以“最低低潮线为准”。美国联邦法院最后裁定美国所颁布的海岸与地球测绘图中应该以“最低低潮线”为准。⑤ 第三，“最低”和“平均”都是一个相对的概念。即使采用同一标准，比如“平均低潮线”标准

---

① 1958 年《日内瓦领海和毗连区公约》第 3 条和 1982 年《联合国海洋法》第 5 条的规定。

② 1958 年《日内瓦领海和毗连区公约》第 3 条和 1982 年《联合国海洋法》第 5 条的规定。

③ 姜皇池：《国际海洋法》（上册），台湾学林文化事业有限公司 2004 年版，第 142 页。

④ 侯木仲：《国际海洋法》，台北环球书局 1992 年版，第 45 页。

⑤ Louis B. Sohn，The law of the sea，St. Paul，Minn. 2010，pp. 175-176.

或者“最低低潮线”标准，由于测量的时间维度不同、采用的潮汐数据（the vertical tidal datum）不同而得出不同的数据。① 何况采取不同的测量标准，那么画出的“正常基线”就会千差万别。例如，法国和比利时就曾因采用何种潮汐数据产生分歧。法国采用的是“最低天文潮汐”（the lowest astronomical tides）来测算海图的低潮线，而比利时则用“春季低潮线”（low-water spring tides）作为绘制海图的数据。事实上，法国引用的潮汐数据比较少见，而比利时采用的潮汐数据则具有国际普遍性。但是，根据比利时的潮汐数据绘制的低潮线比法国根据最低天文潮绘制出的低潮线的线内水域宽度少 30 厘米（thirty Centimetres）。② 也就是说，用法国的潮汐数据得出的低潮线，会使国家的管辖海域往外扩 30 厘米。第四，海岸线因为自然或者人为原因是会发生变化的。因此，低潮线的位置也是变化的。通常的做法是不断修订海图，以使海图与客观低潮线相符。或者，如果海岸存在三角洲的自然情况，海岸线极为不稳定，则可适用直线基线。

由于上述两公约未对何为“低潮线”作出说明和解释，详言之，对于低潮线应该是“最低低潮线”还是“平均低潮线”未作出任何说明和解读，也未指明测算低潮线的潮汐数据和时间跨度或者节点标准，因此学界和实践中都存在分歧。虽然多数学者主张低潮线为平均低潮线，但是实践中各沿海国倾向于采用适用有利于让本国管辖海域最大化的标准来确定领海基线，而非学者普遍认同或者实践中通常采取标准；并结合海岸线的变化不断修订领海基线的具体位置。

---

① 参见 International Hydrographic Organization, A Manual on Technical Aspects of the United Nations Convention on the Law of the Sea（3rd ed.）, 1993, Monaco: IHO; C. M. Carleton, Islands as Basepoints, unpublished presentation at workshop on The Role of Islands in Maritime Delimitation, International Boundaries Research Unit, 9-10 July, 1997。

② 参见 Clive Howard Schofield, Maritime Boundary Delimitation in the Gulf of Thailand, Durham theses, Durham University, 1999, p. 37, Available at Durham E-Theses Online: http://etheses.dur.ac.uk/4351/。

第二类领海基线——直线基线。直线基线（straight baseline）将一国沿岸地质构造最外缘的点连接起来，以便明确国家管辖权的界线并方便航海者辨识。相对于正常基线而言，直线基线是一种相对简单且容易辨识的领海基线画法。

根据1958年《日内瓦领海和毗连区公约》和1982年《联合国海洋法公约》的规定来看，并非所有沿海国都可以采用直线基线。也就是说，如果领海基线采用直线基线则要满足一定条件。例如，沿海国的海岸线需“极度曲折”且不稳定，并且这种不稳定性是由于“三角洲或者其他自然条件”等自然因素造成的；作为基点的岛礁需要满足“一系列”的特征且需要“紧邻海岸”；而且这种画法不能偏离“海岸线的一般方向”。但上述公约既未对上述概念进行精确的数学界定，也未指出衡量的标准。因此，无论学者还是国家实践对于上述概念的解释多种多样。

一般来讲，学者关于直线基线的观点可分为三派。从严派，该派学者主张对上述概念从严解释。① 从宽派，该派学者主张对上述概念进行从宽解释。② 还有一派为折中派，这些学者主张上述概念的具体含义要根据具体的海岸情况来界定。以“极度曲折”为例，简单地说从严派主张用数学办法来界定，即通过确定的数值或者计算方法来界定上述模糊的概念。从宽派则主张根据海域的具体情况来判断何为“极度曲折”，不作限制。如某一水曲深达4海里，但如果一国的海岸线极长，那么这样的地质结构就不应该被视为“极度曲折”③；而如果一国海岸线有限，则可视为“极度曲折”。折中派则认为事实上不可能存在判断水曲是否存在客观唯一标准，只能借鉴海湾定义，要求沿海国的海岸符合有关海湾定义的水曲特

① 参见 W. Michael Reisman & Gayl S. Westerman, Straight Baselines in Maritime Boundary Delimitation, Lgrave Macmillan, 1992, pp. 80-81。

② 参见 Office for Ocean Affairs and the Law of the Sea, Baselines: An Examination of the Relevant Provisions of the United Nations Convention on the Law of the Sea VIII, United Nations Sales No. E. 88. V. 5, para. 40。

③ 参见姜皇池：《国际海洋法》（上册），台湾学林文化事业有限公司2004年版，第150页。

征，此外还应该考虑存在海岸曲折的具体情况。①

但实践中，沿海国不论是否符合公约的上述规定，往往选择直线基线而非正常基线作为其领海基线。换言之，可能一国海岸线不存在上述国际法规则的“一系列”“紧邻”等特征，一律适用直线基线。这种现象，一方面反映了国家尽量扩大管辖权的心态，另一方面也可能是因为与正常基线相比，直线基线更简单且易于辨识，因而广受沿海国青睐。

如前所述，由于各国的海域情况各异，而现行的国际法规则又未对“低潮线”的测算标准和方法作出解释和说明，因此正常基线反而不易划定。而直线基线不仅画法简单，而且能扩大国家的管辖海域的范围。因此，沿海国普遍倾向于使用直线基线作为领海基线。泰国湾沿海四国也不例外，均采用直线基线作为其领海基线。

（二）越南直线基线的实践

越南的基线分为两部分，其中一部分位于泰国湾内，另一部分位于南海。这里我们只探讨其位于泰国湾内的领海基线。1977 年 5 月 12 日越南颁布关于“领海、毗连区、专属经济区和大陆架”的立法，即采用直线基线作为其领海基线。1982 年 11 月 12 日，越南又颁布了《越南关于领海基线的声明》。② 这份声明详细说明了越南直线基线的位置并附上基点的地理坐标。这份法律文件将越南泰国湾的领海基线与 1982 年与柬埔寨签订的历史性水域协议确定

---

① 参见 Office for Ocean Affairs and the Law of the Sea, Baselines: An Examination of the Relevant Provisions of the United Nations Convention on the Law of the Sea VIII, United Nations Sales No. E. 88. V. 5, para. 36; Beazley, Maritime Limits and Baselines: A Guide to their Delineation (3rd ed), Dagenham, Essex: the Society, 1987, p. 8; J. R. V Prescott, Straight Baselines: Theory and Practice, p. 288, in Brown, E. D. and Churchill, R. R. (eds) The UN Convention on the Law of the Sea: Impact and Implementation, Law of the Sea Institute, 1987。

② Statement of 12 November 1982 by the Government of the Socialist Republic of Viet Nam on the Territorial Sea Baseline of Vietnam，联合国网站：http://www.un.org/depts/los/LEGISLATIONANDTREATIES/STATEFILES/VNM.htm，2015 年 5 月 13 日访问。

的历史性水域的外部界限衔接起来。

越南直线基线的基点不仅分散而且远离海岸，平均距离越南海岸 39.4 海里。其中最远的基点距离海岸 80.7 海里①，即土珠群岛（Tho Chu Group of Island）。还有，作为其领海基点的水濑岛（Hon Hai Island）距离越南海岸约 74.2 海里。② 再如，作为越南领海基点的婚姻岛（Hon Nhan），其距离越南海岸约 80 余海里。③ 越南领海基线中最长的一段达 161.8 海里，平均基线长度为 84.6 海里。

越南适用直线基线其内水总面积达 5805 平方海里。与适用正常基线相比，内水面积增加了 31.7%，约 1843 平方海里。其中约占总内水 4.75%（约 276 平方海里）的海域超过正常基线 24 海里外。从这组数据可以看出，采用直线基线大幅增加了越南内水的面积。

越南适用领海基线的做法招致了一些国家和学者的异议。1982 年 12 月 6 日美国对越南的直线基线提出抗议，认为越南的海岸既不存在“极度曲折”的情况，其岸边也未“分布着一系列岛屿”，其选取的基点距离海岸过于遥远，基点之间的距离过大，基线的长度过长，尤其是基点 C9、C10 明显偏离了越南海岸的一般方向。④ 1985 年 11 月 22 日泰国外交部发表声明，抗议越南的领海基线主张。⑤ 1986 年 12 月 5 日新加坡常驻联合国大使照会联合国，抗议

---

① 参见 Clive Howard Schofield, Maritime boundary delimitation in the gulf of Thailand, Durham University, 1999, pp. 191-192。

② 参见 Gerald Blake, Boundaries and energy: Problems and prospects, Springer, 1998, p. 119。

③ 参见 Geographer, Straight Baselines: Vietnam, Limit in the Seas, No. 99, Washington, DC, US Department of State, 1983, p. 6。

④ 参见 United States Department of State, Straight Baselines: Vietnam, Limits in the Seas, No. 99, Washington D. C.: Bureau of Intelligence and Research, 12 December 1982。

⑤ 1985 年 11 月 22 日，泰国外交部发表声明，抗议越南的海域主张。联合国大会文件 A/40/1033，1985 年 12 月 12 日，第 2~3 页。参见 Office for Ocean Affairs and the Law of the Sea, the Law of the Sea: Current Developments in State Practice, Vol. 2, New York, 1989, pp. 84-85。

越南领海基线的做法。① 此外，一些学者也称越南的做法既不符合国际习惯法也不符合国际条约，认为它的领海基线没有国际法依据。②

越南在泰国湾内的海岸线相对比较平整，没有极度弯曲的情况，沿岸也不存在大大小小的岛屿。但是，越南主张适用直线基线作为其领海基线。无论根据 1958 年《日内瓦领海和毗连区公约》还是根据 1982 年《联合国海洋法公约》的相关规定，越南的领海基线似乎并不符合上述公约的规定。但根据现有的国家实践来看，越南的领海基线并非一定无效，因为越南的实践并非个例。国际法对于基点之间的距离、基点与陆地海岸的距离、海岸线的一般方向，低潮低地是否可以作为基点、远洋岛屿是否可以作为基点以及基线的长度都未作出明确的解释或者说明，因此，笔者认为越南领海基线的有效性关键取决于柬埔寨、泰国和马来西亚对它的态度，以及柬埔寨和越南主张的共同的历史性水域是否有效。区域外国家的指责和学者的观点对于越南不具有法律约束力，对其有效性的影响有限。

（三）柬埔寨直线基线的实践

柬埔寨也采用直线基线作为其领海基线。它于 1957 年公布了全海岸的直线基线，并于 1972 年和 1982 年两次对领海基线作了修订。每次修订，都将更远的岛礁作为领海基点，因此其领海基线不断向海的一面扩展。如 1982 年将远离柬埔寨海岸的波罗威岛（Poulo Wai）作为直线基线的基点。柬埔寨这么做主要有两方面考虑：一方面为了扩大海域管辖权，获得更多的管辖海域，在与邻国划界谈判中处于优势地位；另一方面，通过调整基线，便于与其与越南签订“历史性水域”的协议保持一致。

1982 年修订的领海基线对于柬埔寨最大的意义在于增加了柬

① 参见 Office for Ocean Affairs and the Law of the Sea, the Law of the Sea: Current Developments in State Practice, Vol. 2, New York, 1989, pp. 84-85。

② 参见 J. A. Roach & R. W. Smith, United States Responses to Excessive Maritime Claims, Martinus Nijhoff Publishers, 1996, p. 102。

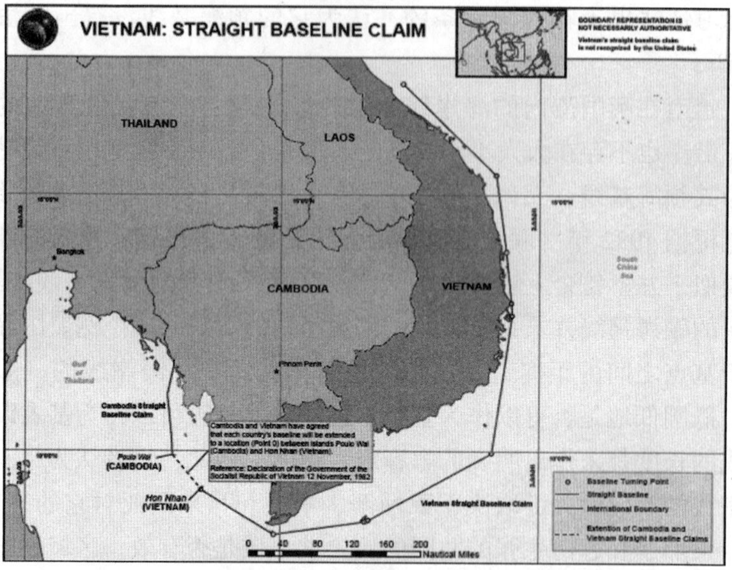

图 1.1　越南直线基线主张

Source：http：//www.jag.navy.mil/organization/documents/mcrm/VietnamChart.pdf

埔寨的内水和领海面积。线内水域面积达 3009 平方海里，比适用正常基线增加 6.7%，约增加 201 平方海里。而柬埔寨据此主张的领海面积为 1508 平方海里，比采用正常基线多了 630.2 平方海里，增加近 42%。①

柬埔寨的领海基线引起很多国家的抗议。例如，1982 年泰国认为当时越南实际控制柬埔寨，因此不承认该傀儡政府颁布领海基线和其 1982 年颁布的领海基线的合法性。再如，1986 年美国在一份《权利宣言》（Assertion of Right）中正式对柬埔寨的领海基线提出抗议。美国国防部认为柬埔寨的领海基线既不符合 1958 年《日内瓦领海和毗连区公约》的规定，也不符合 1982 年《联合国海洋

① 参见 Clive Howard Schofield, Maritime Boundary Delimitation in the Gulf of Thailand, Durham University, 1999, p. 157。

法公约》的规定。① 此外，该基线还遭到了学者的批评和质疑。如澳大利亚学者普瑞斯科特（Prescott）认为柬埔寨的做法既不合常理，之前也没有先例。他认为柬埔寨的这种做法是对海洋法公约关于“沿岸岛屿”（fringing islands）和“近岸水域”（enclosed waters linked closely to the land domain）的任意解释。②

美国学者赖斯曼·麦克尔（Reisman W. Michael）和韦斯特曼·盖尔（Westerman Gayle）认为该领海基线偏离了海岸的一般方向，同时指出这样的领海基线不会得到泰国的承认，因此不会对划界产生影响。此外，他们认为柬埔寨的领海基线与美国维护的“航行自由”的理念不符，是过分的海域主张。③ 美国学者瓦伦西亚（M. J. Valencia）和戴克（J. M. Van Dyke）也认为柬埔寨的领海基线是对海洋法公约相关规定的任意解读。④

总的来说，上述国家和学者对 1982 年柬埔寨领海基线的质疑可以归纳为这么几点：第一，有些基点离海岸遥远，不符合“紧临海岸”的标准；第二，基点之间的距离过大，而且基点与柬埔寨海岸之间的距离太远；第三，该基线东南方向偏离了其海岸的一般方向；第四，待定基点 O 的做法不符合国际实践和国际法的规定。

笔者认为，所谓的“紧临海岸”、基点之间的距离和基点与海岸之间距离太大以及“海岸一般方向”等概念，由于习惯国际法

---

① 参见 J. A. Roach and R. W. Smith, United States Responses to Excessive Maritime Claims, 2nd edition, The Hague: Martinus Nijhoff Publishers, 1996, p. 77。

② Prescott 认为柬埔寨的做法不合常理，之前也没有先例。这是对公约“边缘岛屿”（fringing islands）和“近岸水域”（enclosed waters linked closely to the land domain）的任意解释，参见 J. R. V. Prescott, The Maritime Political Boundaries of the World, London: Methuen, 1985, pp. 212-213。

③ 参见 Reisman W. Michael and Westerman Gayle, Straight Baselines in International Maritime Boundary Delimitation, St. Martin's Press, 1992, p. 172。

④ 参见 M. J. Valencia, and J. M. Van Dyke, Vietnam's National Interests and the Law of the Sea, Ocean Development and International Law, No. 25, 1994, p. 222。

和国际条约法对上述概念未作出界定，因而需要根据各国海岸的具体情况裁定。结合直线基线的国际实践来看，1982 年柬埔寨的领海基线并非一定无效。上述做法并非特例。比如，哥伦比亚、阿尔巴尼亚、意大利、古巴、塞内加尔等国家海岸线平直但适用直线基线。例如，缅甸和厄瓜多尔的直线基线与陆地海岸的夹角超过 60 度。再如，埃及、沙特阿拉伯、叙利亚和挪威等国家都将“低潮高地”作为基点。还有关于“待定基点”的问题，丹麦-德国、挪威-瑞典和芬兰-瑞典都存在“待定基点”的情况。而且，全球 55 个适用直线基线的国家中，最长的一段基线为 64. 8 海里。而柬埔寨 1982 年领海基线中，最长的一段基线长度才 51. 8 海里。因此，与上述国家实践相比，柬埔寨的领海基线并不算最为“过分的”海域主张。

笔者认为，影响 1982 年柬埔寨领海基线法律效力的决定因素是当时柬埔寨政府是否具有合法性。当时的政府事实上是受制于越南的一个傀儡政权。这样的政府颁布的法律文件是否有效，在理论上存在争议。从常识来讲，将领土和海域问题视为关乎国家生死存亡问题的柬埔寨，在这种非常时期与越南达成协议放弃“富国岛”和“波罗般洋群岛”（“土珠群岛”）主权的主张，这不符合柬埔寨的一贯做法和立场，也不符合逻辑。因此，1982 年柬埔寨领海基线的法律效力有待于进一步观察泰国湾内国家尤其是柬埔寨对其的态度。

值得注意的一个有趣的现象是，1982 年柬埔寨领海基线无论有效与否，事实上对柬埔寨领海、大陆架的影响不是很大。第一，1982 年柬埔寨修订领海基线后，它并未据此调整其大陆架的外部界线。第二，柬埔寨的大陆架是以 1972 年颁布的大陆架界限为准。其主张的海域外部界限基本上与 1982 年颁布的领海基线无关，而以 1957 年的领海基线为准。第三，不论柬埔寨的远洋岛屿是否可以作为基线的基点，根据国际法的规定符合“岛屿”的地质结构与陆地一样，可以享有领海、毗连区、专属经济区和大陆架。也就是说，即使这些远洋岛屿或者群岛不作为领海基线的基点也可以享有与陆地相同的海洋权利。从某种程度上可以说，1982 年柬埔寨的领海基线不管是否再作修改或者是否有效，在实践中其对柬埔寨主张的海域范围影响不是很大。

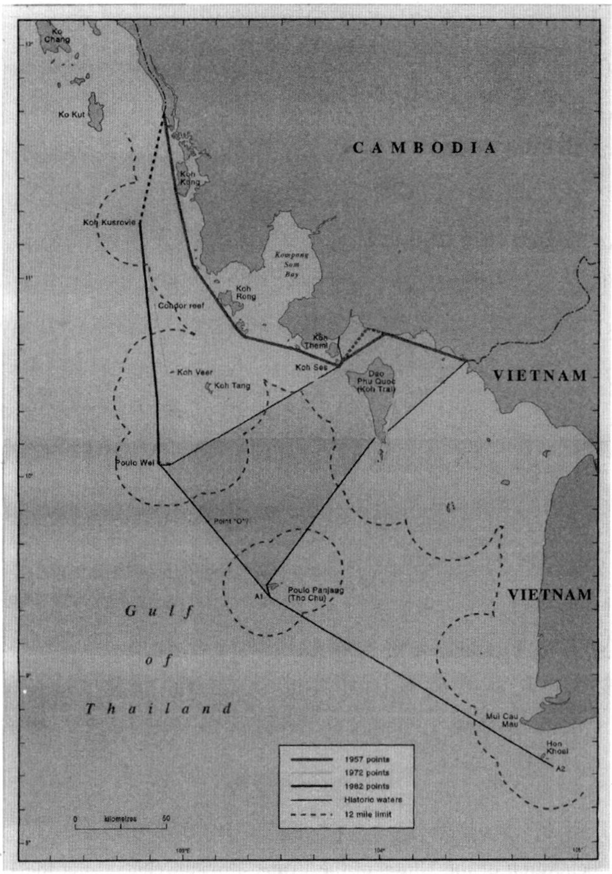

图 1.2　柬埔寨领海基线

Source：Clive Howard Schofield，Maritime Boundary Delimitation in the Gulf of Thailand，Durham：Durham University，1999，p. 144. Available at Durham E-Theses Online：http：//etheses. dur. ac. uk/4351/.

（四）泰国直线基线的实践

泰国的领海基线也为直线基线。泰国据此主张的内水总面积约

2000平方公里。其领海基线经过数次修订。1959年9月22日，泰国总理府发表了关于内水的声明。① 1959年泰国将布莱特湾（Blight of Thailand）作为历史性海湾，将封口线内的水域视为内水（见图1.3区域①）。1970年，泰国又公布了三部分领海基线，其中两部分是位于泰国湾内的领海基线（见图1.3区域②）。1992年8月17日泰国总理府公布了《泰国总理府关于直线基线和内水的声明》。该声明在泰国原有领海基线的基础上，又增加了一部分新的领海基线（见图1.3区域③）。② 这次泰国将象岛（Ko Kra）和鼠岛（Ko Losin）作为领海基点。泰国这部分新增的直线基线由4个基点组成，共3段基线，分别长为79海里、95海里和63海里，平均长达79.1海里。基点与泰国海岸的距离最远的为37.26海里，平均距离为29.15海里。线内水域接受内水制度管辖。③

其中最值得一提的是，泰国1992年颁布的这部分泰国湾内的直线基线与之前泰国的领海基线相比，主要有以下几个特征：第一，该水域的海岸并不符合“极度曲折”的特点，而且该海岸沿岸的这些岛礁基本都是分散的、孤立的，并非呈“一系列”分布。第二，这些基点远离陆地海岸，不符合“紧临海岸”的要求。例如，最远的鼠岛（Ko Losin）距离泰国海岸远达37.26海里，离泰国海岸最近的基点距离泰国海岸也达22.68海里。④ 这并不符合1982年《联合国海洋法公约》关于基点以及基点之间距离的要求。第三，这些基点都属于“岩礁”（rocks）或者说“低潮高地”。按

① Declaration of the Office of the Prime Minister concerning the Inner Part of the Gulf of Thailand, 22 September 1959. See http://www.un.org/depts/los/LEGISLATIONANDTREATIES/STATEFILES/THA.htm.

② UN Law of the Sea Bulletin 25, June 1994: 82-84, available online: http://www.un.org/Depts/los/LEGISLATIONANDTREATIES/PDFFILES/THA1992_Announcement.pdf.

③ 参见Clive Howard Schofield, Maritime Boundary Delimitation in the Gulf of Thailand, Durham University, 1999, p. 187。

④ 参见J. R. V. Prescott, The Maritime Political Boundaries of the World, Methuen, 1985, p. 218。

照国际法的规定，这些岩礁不该享有领海，至少不该享有专属经济区和大陆架，泰国却将这些岩礁作为基点，以此主张领海、毗连区、专属经济区和大陆架，泰国这种做法使其海域管辖面积大幅增加。该区域直线基线内的内水面积达 7824.48 平方海里，比适用正常基线所得的内水增加 4336.4 平方海里，增幅达 55%。其中 19.8%，约 1549.41 平方海里的水域位于正常基线 24 海里外。其据此主张的领海，比采用正常基线增加 2086.4 平方海里，约 75%。① 另外，更为重要的是，在与邻国谈判的过程中，泰国的这一做法不仅没有受到邻国的批评和指责，反而在谈判取得了积极的效果，使得泰国的海洋利益最大化。事实上，泰国将象岛（Ko Kra）和鼠岛（Ko Losin）作为领海基点，这种划定领海基线采用的做法本质上与越南和柬埔寨将远岸岛屿作为领海基点的做法类似。泰国这么划定领海基线可能有这么两方面考虑：一方面是基于对柬埔寨（和越南）历史性水域做法的反制，这样能避免使其在与柬埔寨进行划界谈判时处于不利的地位；另一方面，这样实实在在地扩大了泰国管辖海域的范围。但泰国这一做法也遭到区域外国家的批评。例如，1994 年欧盟、德国分别对泰国 1992 年颁布的领海基线提出抗议。但是，美国一反常态，对泰国领海基线的做法未置可否。

（五）马来西亚直线基线的实践

与泰国湾其他国家不同，马来西亚从未公开宣布过领海基线，也没有发表任何与领海基线直接相关的法律文件。唯一与马来西亚领海基线直接相关的就是两幅地图。它们分别是 1979 年 12 月 21 日马来西亚国家测绘局出版的马来西亚已经划定的海域边界的地图和马来西亚主张的领海和大陆架界限的地图。② 虽然马来西亚至今

---

① 参见 Clive Howard Schofield, Maritime boundary delimitation in the gulf of Thailand, Durham University, 1999, p. 188。

② Published by the Malaysian Directorate of National Mapping. 参见 Haller Trost, The Contested Maritime and Territorial Boundaries of Malaysia: An International Law Perspective, Kluwer Law International. 1998, p. 1。

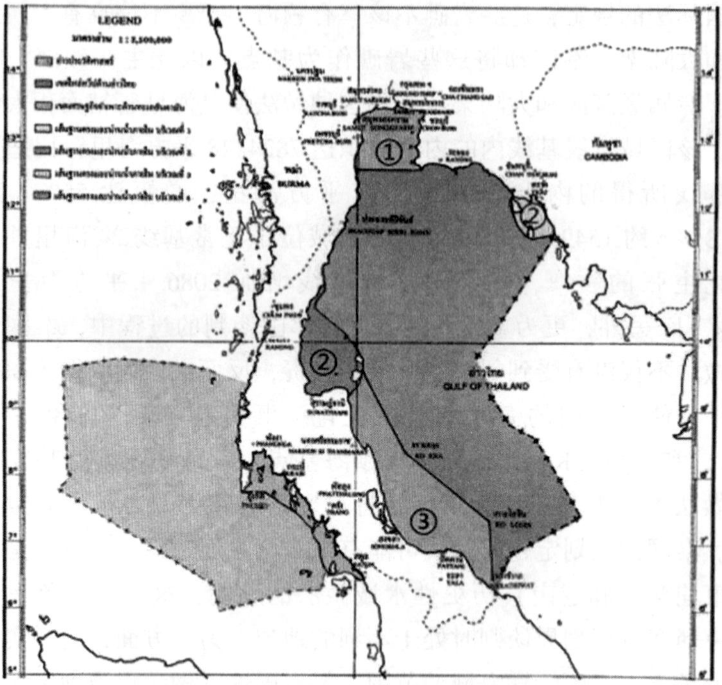

图 1.3　泰国在泰国湾主张的直线基线和历史性海湾

Source：Captain Somjade Kongrawd，Thailand and Cambodia Maritime Disputes，p. 6，http：//www. globalsecurity. org/military/library/report/2009/thailand-cambodia. pdf

未说明其领海基线采用的是直线基线还是正常基线，也未公布其领海基线的具体位置，但这并不影响对其领海基线的研究。因为通过其它相关的法律文件和上述地图均可推断出马来西亚的领海基线的类型。例如，在马来西亚与印度尼西亚达成大陆架划界协议前夕，1969 年 8 月 2 日马来西亚当局颁布了一份关于领海界线的法令。随后，马来西亚和印度尼西亚于 1969 年 11 月 7 日签署了大陆架划界协议，并将一份关于两国界线地图附在该协议后。1971 年马来西亚和印度尼西亚又签署了领海划界协议。美国国防部据此指出：马来西亚已经确定了领海基线。1979 年 10 月 24 日，马来西亚与泰国分别达成了领海和近海大陆架划界协议。1985 年，马来西亚颁布了渔业法案。从上述法律文件中，均可推断出马来西亚领海基线的类型和具体位置。

泰国湾内马来西亚的领海基线总长 356. 5 海里，每段基线平均长度 32. 4 海里，最长的基线达 92. 33 海里。① 马来西亚的直线基线内水域的总面积约为 5502. 7 平方海里，其中约 330. 36 平方海里、占内水总面积 6%的海域超过了正常基线 12 海里外。以此确定的领海总面积约为 4291. 76 平方海里，其中约 2030. 7 平方海里、占领海总面积 47%的海域超过 12 海里领海的限制，而且其中约 147. 38 海里、占领海中面积 3. 4%的海域与基线的距离超过 24 海里。②

马来西亚既是 1958 年《日内瓦领海和毗连区公约》的缔约国，也是 1982 年《联合国海洋法公约》的缔约国。根据上述两公约关于领海基线的相关规则，马来西亚的海岸线比较平滑，应该适用正常基线。但事实上马来西亚适用的是直线基线。从理论上来看，马来西亚的领海基线不符合 1958 年《日内瓦领海和毗连区公约》和 1982 年《联合国海洋法公约》关于领海基线的规定。第一，马来西亚的海岸线比较平滑，紧临其海岸并没有一系列岛屿，海岸线也没有明显的曲折。第二，马来西亚的海岸主要为沙质海岸（sandy beach），因此并不存在三角洲或者其他自然条件造成的海岸不稳定的情况。即使存在造成马来西亚海岸线不稳定的自然条件，从马来西亚海岸的变化来看也不符合“非常不稳定”的情形。第三，马来西亚在泰国湾的海岸也不存在明显的曲折。第四，其领海基线中相当部分的基点是浅滩（shoal）。这些浅滩根据上述公约的规定不享有领海、毗连区、专属经济区和大陆架的权利。还有，部分作为基点的岛礁距离其海岸宽达 40 海里。这不符合国际法关于基点与陆地海岸距离的限制。

有部分学者也对马来西亚的领海基线提出质疑。例如，美国学

① 参见 Clive Howard Schofield, Maritime boundary delimitation in the gulf of Thailand, Durham University, 1999, p. 166。

② 参见 Clive Howard Schofield, Maritime boundary delimitation in the gulf of Thailand, Durham University, 1999, p. 161。

者扎瑞克（Daniel J. Dzurek）认为马来西亚的领海基线做法也不符合习惯国际法和一般国际法。再如，澳大利亚的普瑞斯科特（Prescott）教授也认为马来西亚部分领海基线不符合《联合国海洋法公约》的规定。① 此外，学者哈勒·特罗斯特认为马来西亚的领海基线是不可接受的。②

可是，马来西亚的做法并没有像泰国湾其他国家一样，招致有关国家的抗议。这可能与马来西亚没有正式宣布其领海基线是直线基线还是正常基线有关。

如果结合领海基线的国际实践来看，马来西亚的领海基线似乎也并非十分过分。例如，马来西亚领海基线最长的一段基线长达57.4海里。而世界领海基线最长的一段为64.8海里。再如，马来西亚直线基点与其陆地海岸的平均距离为19海里，远远小于严格的美国标准24海里的要求。从其与邻国解决海域争端的实践来看，有关国家似乎对于马来西亚领海基线的划法没有异议。与泰国湾其他沿海国的领海基线相比，马来西亚的划法相对保守，这可能是邻国对其领海基线没有异议的主要原因。马来西亚的直线基线的效力似乎得到了邻国的承认。马来西亚据此妥善解决了于领海的海域争端，而未遭到有关当事国的抗议。

二、历史性水域

越南、柬埔寨和泰国都提出了历史性水域的主张。

（一）泰国的布莱特湾

1959年泰国宣布“布莱特湾”（Blight of Thailand）为其历史性海湾，封口线内的水域为“内水”。③ 布莱特湾一直由泰国管

---

① J. R. V. Prescott, Maritime Jurisdictional Issues, in Kent, G. and Valencia, M. J. (eds) Marine Policy in Southeast Asia, University of California Press, 1985.

② Haller-Trost, The Contested Maritime and Territorial Boundaries of Malaysia: An International Law Perspective, Kluwer Law International 1998, p. 97.

③ Announcement of the Office of the Prime Minister concerning the Historic Bay, 26 September 1959.

辖，而且符合 1958 年《日内瓦领海和毗连区公约》第 4 条第 4 款“有关地区所特有的、并经长期惯例清楚地证明为真实而重要的经济利益”的规定。同时，它符合 1982 年《联合国海洋法公约》关于“历史性海湾”的定义。总的来说，泰国关于布莱特湾的主张是合法合理的。它未招致外界的质疑。

（二）柬埔寨的磅逊湾

1975 年，柬埔寨主张磅逊湾（Kompong Som Bay）为历史性海湾。柬埔寨关于历史性海湾的主张完全符合 1958 年《日内瓦领海和毗连区公约》和 1982 年《联合国海洋法公约》关于“历史性海湾”的规定。因此，柬埔寨的该主张也没有招致区域内和区域外国家的异议。

（三）越南和柬埔寨的共同的历史性水域

在越南控制柬埔寨期间，1982 年 7 月 7 日两国签署了《越南和柬埔寨关于历史性水域协议》（Agreement on Historic Waters of Vietnam and Kampuchea）。① 根据该协议，两国主张该水域的性质为“内水”，面积约 8000 平方公里。②

1987 年美国照会联合国秘书长对两国上述做法表示抗议。美

① 1959 年 9 月 26 日，泰国总理府发表了关于历史性海湾的声明。The text of this agreement may be found in IV FBIS Asia & Pacific, July 9, 1982, No. 132, atK3-K4.

② 美国学者扎瑞克认为越南和柬埔寨的历史性水域的面积约为 8600 平方公里。参见 Daniel J. Dzurek, Maritime Agreement and Oil Exploration in the Gulf of Thailand, in Gerald Blake (eds), Boundaries and energy: Problems and prospects, Springer, 1998, p. 120。Article 3 of the agreement on Historic waters of Cambodia and Vietnam: Pending the settlement of the maritime border between the two States in the historical waters... Patrolling and surveillance in these territorial waters will be jointly conducted by the two sides. The local population will continue to conduct their fishing operations and the catch of other sea products in this zone according to the habits that have existed so far. The exploitation of natural resources in this zone will be decided by common agreement. 参见 Nguyen Hong Thao, Joint Development in the Gulf of Thailand, IBRU Boundary and Security Bulletin, Autumn1999, p. 97, note 5。

国抗议的理由如下：首先，根据习惯国际法和国家实践，有效的历史性水域要包括以下要件，其一，主张国以公开的方式主张；其二，主张国在相当长的一段时间里持续地对该水域行使了管辖权；其三，该主张获得其他国家的承认。而两国关于上述水域的公开的主张始于 1982 年 7 月 7 日。这既不符合上述第二条，也不符合越南和柬埔寨在其协议中称“该历史性水域长久以来属于柬埔寨和越南”的说法。而且，两国以“由于该水域的地理位置对于两国的国防和经济至关重要”为由主张对该水域享有完全主权。美国认为，国际上没有任何一个国家以此为由主张历史性水域。越南和柬埔寨的上述做法既不符合习惯国际法也不符合现有的国家实践。另外，包括美国在内的国际社会并没有承认两国的上述主张。因此，美国保留对此海域的任何权利。① 泰国和新加坡也通过照会的形式对越南和柬埔寨的主张向联合国秘书长提出抗议。② 两国都认为当时的柬埔寨政府不是合法有效的政府，且改主张也不具有法律依据。

笔者认为，越南和柬埔寨关于共同的历史性水域主张的有效性有待考证。首先，从起源来看，它是 20 世纪 50 年代随着科技发展，海洋资源被人类广泛关注，海洋油气产业发展推动下，沿海各国扩大海洋管辖权的国际背景下产生的，完全是人为创设的，而不是由于“长期惯例”自然而然形成的。其次，从主张的依据来看，历史性海湾的依据应该是一国长期对特定海域的经营和管理。而柬埔寨和越南两国关于“历史性水域”的主张是以特殊的地理条件（两国沿海遍布大小岛礁）和该海域对于两国国防和经济具有特别

---

① United States Mission to the United Nations in New York Note dated June 17, 1987, reprinted in U. N. LOS BULL. No. 10, Nov. 1987, at 23 and U. N. Office for Ocean Affairs and the Law of the Sea, The Law of the Sea: Current Developments in State Practice No. II, at 86 , U. N. Sales No. E. 89. V. 7, 1989. 参见 Roach. J. A & Smith. R. W, Excessive Maritime Claims, International Law Studies, Vol. 66, Newport, RI: US Naval War College, 1994, pp. 23-24, 26-27, 45, 48。

② 泰国发给联合国秘书长的照会 U. N. Doc. A/4011033，新加坡发给联合国秘书长的照会 U. N. Doc. A/41。

重要的意义为由主张该海域为历史性水域。目前，不存在这样的国际条约法或国际习惯法规则。再次，从国际社会的反应看，越南和柬埔寨共同的历史性水域建立时间比较晚，不仅没有取得国际社会的普遍承认，就连泰国和马来西亚也对其合法性持坚决反对的态度。最后，从地域范围来看，一般主张“历史性水域”是三面被陆地包围的海湾。而柬埔寨与泰国主张“历史性水域”属于两国，并且是从两国海岸向海域的延伸。这与一般的历史性水域的国家实践也不同。综上所述，柬埔寨和越南的历史性水域的主张是否有效，还要看后续相关国家实践的发展。

三、领海、大陆架和专属经济区

泰国湾沿海四国都根据1958年日内瓦海洋法四公约、1982年《联合国海洋法公约》的相关规定或者习惯国际法主张享有领海、专属经济区和大陆架以及相关权利。

（一）越南的主张

早在1971年，南越当局就颁布了越南泰国湾内大陆架界限。越南统一后，继承了南越当局关于大陆架的外部界限的主张，并于1977年公布了《越南关于领海、毗连区、专属经济区和大陆架的宣言》，主张了12海里领海、12海里毗连区、200海里专属经济区和大陆架（见图1.4的阴影部分）。①

（二）柬埔寨的主张

柬埔寨于1957年公布了全海岸的直线基线，1972年和1982年两次对领海基线作了修订。1972年柬埔寨颁布了其主张的大陆架及全部海域的外部界限。1982年柬埔寨外交部发表关于领海、毗连区、专属经济区和大陆架的公告。② 1982年柬埔寨政府又颁

① Statement on the Territorial Sea, the Contiguous Zone, the Exclusive Economic Zone and the Continental Shelf of 12 May 1977，联合国网站：http：//www. un. org/depts/los/LEGISLATIONANDTREATIES/STATEFILES/VNM. htm.

② Statement Issued by the Spokesman of the Ministry of Foreign Affairs of 15 January 1978，联合国网站：http：//www. un. org/depts/los/LEGISLATIONANDTREATIES/STATEFILES/KHM. htm。

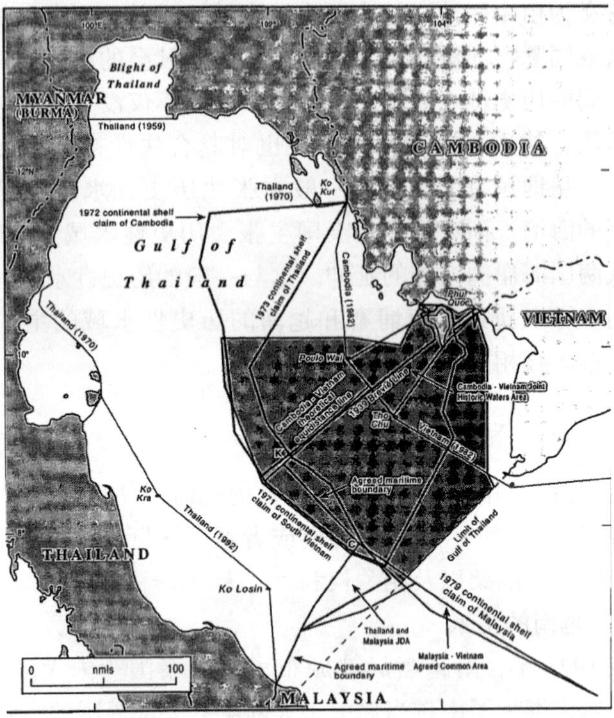

图 1.4　越南主张的泰国湾大陆架范围

Source: Clive Howard Schofield, Maritime boundary delimitation in the gulf of Thailand, Durham University, 1999, p. 246. Available at Durham E-Theses Online: http://etheses. dur. ac. uk/4351/.

布了关于领海和大陆架的法令。① （柬埔寨主张管辖的海域见图 1.5）

（三）泰国的主张

1966 年 1 月 6 日，泰国发表了关于领海宽度的宣言。② 1973

---

① Decree of the Council of State of 13 July 1982，联合国网站：http://www. un. org/depts/los/LEGISLATIONANDTREATIES/STATEFILES/KHM. htm.

② Proclamation establishing the Breadth of the Territorial Waters, of 6 October 1966，联合国网站：http://www. un. org/depts/los/LEGISLATIONANDTREATIES/STATEFILES/THA. htm。

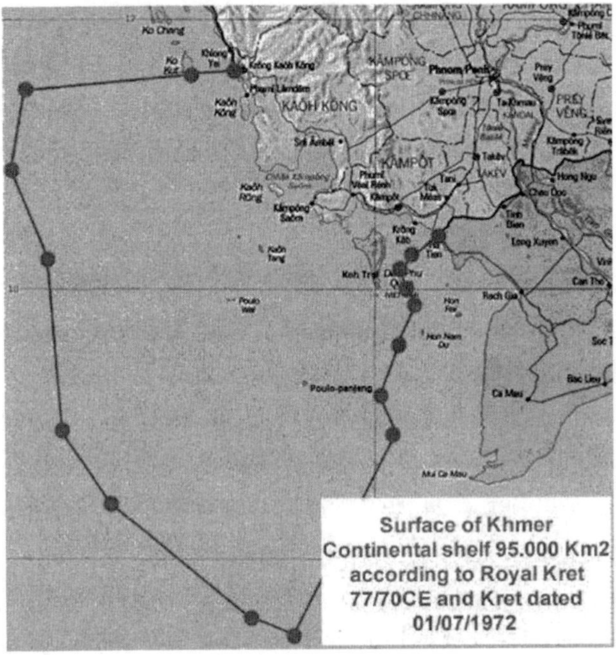

图 1.5 柬埔寨大陆架主张

Source：http：//www.cfcambodge.org/Anglais/images/Carte5Plateau.gif

年 5 月 18 日，泰国政府颁布了《泰王国关于泰国湾大陆架的声明》。① 1981 年 2 月 23 日，泰国发表了《泰王国关于专属经济区的宣言》。② 1992 年 8 月 11 日，泰国总理府颁布了《直线基线和内水的公告》。③ 1988 年 2 月 18 日，泰国颁布了《泰王国关于邻

① Royal Proclamation establishing the Continental Shelf of the Kingdom of Thailand in the Gulf of Thailand, 18 May 1973，联合国网站：http：//www.un.org/depts/los/LEGISLATIONANDTREATIES/STATEFILES/THA.htm。

② Royal Proclamation establishing the Exclusive Economic Zone of the Kingdom of Thailand, 23 February 1981，联合国网站：http：//www.un.org/depts/los/LEGISLATIONANDTREATIES/STATEFILES/THA.htm。

③ Announcement of the Office of the Prime Minister concerning the Straight Baselines and Internal Waters of Thailand, 11 August 1992，联合国网站：http：//www.un.org/depts/los/LEGISLATIONANDTREATIES/STATEFILES/THA.htm。

接马来西亚的专属经济区的声明》。① 同年7月18日，泰国公布了《泰王国关于专属经济区的公告》。② 1995年8月14日泰国公布了《泰王国关于建立毗连区的公告》。③ 根据上述法律文件，泰国主张12海里领海、24海里毗连区、200海里专属经济区和大陆架（见图1.6斜线部分）。

（四）马来西亚的主张

与泰国湾其他国家不同，马来西亚没有公布领海基线和大陆架范围的地图。但是它主张享有领海、大陆架和专属经济区。1966年，马来西亚颁布了大陆架法案，1972年对其进行了修订。④ 1978年4月25日发表专属经济区声明。⑤ 1984年，马来西亚颁布了《专属经济区法》。⑥ 从上述法律文件的规定可以看出，马来西亚主张12海里领海、24海里毗连区和200海里专属经济区和大陆

---

① Proclamation establishing the Exclusive Economic Zone of the Kingdom of Thailand adjacent to the Exclusive Economic Zone of Malaysia in the Gulf of Thailand, 18 February 1988，联合国网站：http：//www. un. org/depts/los/LEGISLATIONANDTREATIES/STATEFILES/THA. htm。

② Proclamation establishing the Exclusive Economic Zone of the Kingdom of Thailand in the Andaman Sea, 18 July 1988，联合国网站：http：//www. un. org/depts/los/LEGISLATIONANDTREATIES/STATEFILES/THA. htm。

③ Royal Proclamation establishing the Contiguous Zone of the Kingdom of Thailand，14 August 1995，联合国网站：http：//www. un. org/depts/los/LEGISLATIONANDTREATIES/STATEFILES/THA. htm。

④ Continental Shelf Act 1966 - Act No. 57 of 28 July 1966，as Amended by Act No. 83 of 1972，联合国网站：http：//www. un. org/depts/los/LEGISLATIONANDTREATIES/STATEFILES/MYS. htm。

⑤ Proclamation of the Economic Zone of 25 April 1978，联合国网站：http：//www. un. org/depts/los/LEGISLATIONANDTREATIES/STATEFILES/MYS. htm。

⑥ Exclusive Economic Zone Act，1984，Act No. 311 - An Act pertaining to the exclusive economic zone and certain aspects of the continental shelf of Malaysia and to provide for the regulations of activities in the zone and on the continental shelf and for matters connected therewith 联合国网站，http：//www. un. org/Depts/los/LEGISIATIONANDTREATIES/PDFFILES/MYS_1984_Act. pdf。

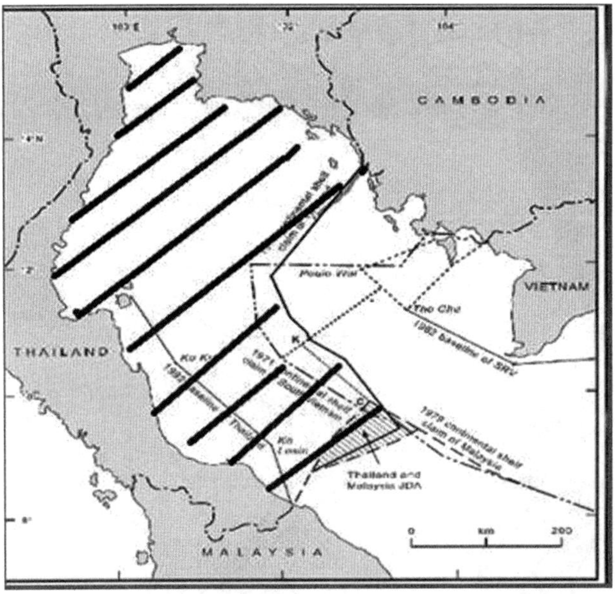

图 1.6　泰国在泰国湾的大陆架主张

Source：http：//www. un. org/depts/los/nippon/unnff _ programme _ home/alumni/tokyo_alumni_presents_files/alum_tokyo_dong. pdf.

架（见图 1.7 黑色阴影区域）。

通过上述分析可以看出，泰国湾沿海四国的海域主张归纳起来主要有这么几个特征：第一，采用直线基线的划法，将尽可能多的海域变为管辖内水域，不管海岸情况是否符合国际法关于直线基线的规定。例如，泰国的海岸线并不符合“极为曲折”的特点。但是，泰国适用直线基线，使其管辖的海域面积与适用正常基线相比增加 72%，其主张的海域管辖面积约占泰国湾总面积的 69%。第二，选取最外缘的岛礁，作领海基点，使内水的面积最大化。例如，越南、柬埔寨将远离其海岸的土珠岛（80. 7 海里）、波罗威岛（距离海岸 53. 05 海里）等岛礁作为领海基点；泰国将距离其海岸约 37. 26 海里的鼠岛和距离海岸 27. 5 海里的象岛作为领海基点；马来西亚将距离其海岸 32. 4 海里（约 60 公里）的奥尔岛（Pulau

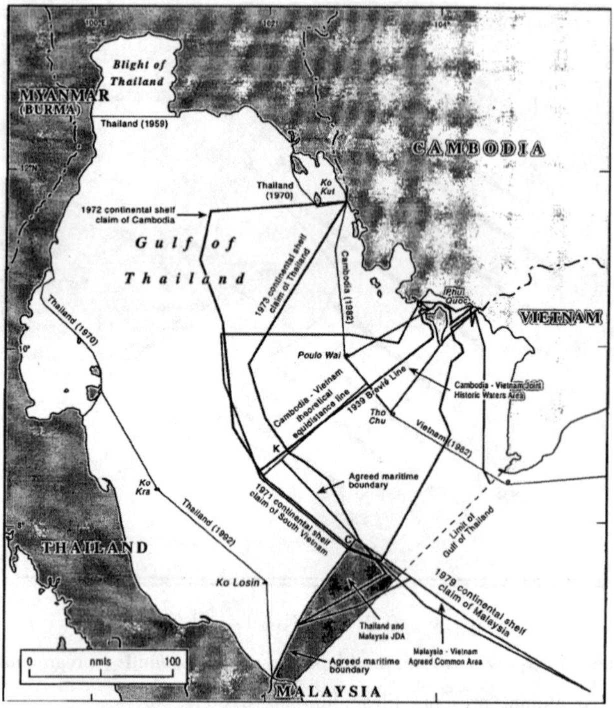

图 1.7　马来西亚在泰国湾的大陆架主张

Source: Clive Howard Schofield, Maritime boundary delimitation in the gulf of Thailand, Durham theses, Durham University, 1999 , p. 237, Available at Durham E-Theses Online: http: //etheses. dur. ac. uk/4351/.

Aur）作为领海基点，这明显不符合公约“邻近”的概念。① 第三，根据具体情况赋予所属岛礁不同的划界效力。有时，它们对于岛礁不作区分，都主张享有 200 海里专属经济区和大陆架。有时，它们对岛礁采取双重标准。对于自己所属的岛礁主张完全划界效力，对于他国主张的岛礁主张零划界效力。例如泰国的鼠岛（Ko

① 上述数据参见 Clive Howard Schofield, Maritime boundary delimitation in the gulf of Thailand, Durham University, 1999, p. 204, Available at Durham E-Theses Online: http: //etheses. dur. ac. uk/4351/。

Losin），本质上属于岩礁，但是泰国主张其为有效领海基点，具有完全划界效力，而对越南的名副其实的岛屿“土珠岛”则认为其不具有任何划界效力。第四，为扩大海域管辖权而争夺岛礁主权。例如，越南和柬埔寨为了获得更多的海域管辖权，都主张对重叠海域内的岛礁享有主权。第五，泰国湾内国家通过多次更改领海基点和划法不断扩大海域管辖权。例如泰国、柬埔寨和越南均多次修改领海基点和基线，不断向外推展。

总而言之，泰国湾沿海四国上述做法的目的就是为了扩大自己的海域管辖权和管辖海域的面积，从而使各自的海洋权益最大化。

四、关于划界原则

国际法关于划界的规则也主要集中在 1958 年日内瓦海洋法四公约和 1982 年《联合国海洋法公约》中。其中关于专属经济区的划界规则主要集中在《日内瓦联合国海洋法公约》中。二者关于领海的划界规则基本相同，关于大陆架的划界规则不同。

（一）关于海域划界的国际法规定

1. 领海。关于领海划界的国际法规则主要集中在 1958 年《日内瓦领海和毗连区公约》（Convention on the Territorial Sea and the Contiguous Zone）和 1982 年《联合国海洋法公约》（United Nations Convention on the Law of the Sea）中。

1958 年《日内瓦领海和毗连区公约》第 12 条规定：“如果两国海岸彼此相对或相邻，在彼此没有相反协议的情形下，两国中任何一国均无权将其领海伸延至一条其每一点都同测算两国中每一国领海宽度的基线上最近各点距离相等的中间线以外。但如因历史性所有权或其他特殊情况而有必要按照与上述规定不同的方法划定两国领海的界限，则不适用上述规定。”也就是说，领海划界需要争端当事国根据划界协议确定；如果相关当事国未达成划界协议，则两国的领海界线需要根据“等距离-中间线原则”确定，但如果争议领海存在“历史性所有权”或者“特殊情况”，则有关国家的领海划界不受“等距离-中间线原则”的约束。此外，1958 年公约还规定，相关国家的领海划界要用双方官方都承认的大比例尺海图标明。

1982年《联合国海洋法公约》第15条基本上是1958年公约第12条的重述，没有变化。因此，领海的划界规则可以归纳为“协议-等距离或者中间线-特殊情况（包括历史性因素）”。

2. 大陆架。关于大陆架划界原则的国际法规定主要体现在1958年《大陆架公约》（Convention on the Continental Shelf）和1982年《联合国海洋法公约》中。二者关于大陆架划界的规则存在差异。

1958年《大陆架公约》第6条第1款是关于海岸相向国家大陆架划界的规定。它指出“部分之界线由有关各国以协议定之。倘无协议，除因情形特殊应另定界线外，以每一点均与测算每一国领海宽度之基线上最近各点距离相等之中央线为界线”。1958年《大陆架公约》第6条第2款则是关于海岸相邻国家大陆架边界的规定，“界线由有关两国以协议定之。倘无协议，除因情形特殊应另定界线外，其界线应适用与测算每一国领海宽度之基线上最近各点距离相等之原则定之”。也就是说，1958年《大陆架公约》规定，大陆架划界争端当事国如果存在相关的划界协议，则以该协议为准；如果不存在这样的划界协议，那么相向国家根据“中间线原则”确定大陆架界限，相邻国家则根据“等距离原则”确定大陆架边界；但是如果争议海域存在特殊情况，那么有关国家的大陆架划界可以免受“等距离”或者“中间线原则”的限制。此外，根据该公约第6条第3款的要求，“应根据特定期日所有之海图及地理特征订明之，并应指明陆上固定，永久而可资辨认之处”。

关于海岸相向或相邻国家间大陆架界限，1982年《联合国海洋法公约》首先指出：“海岸相向国或相邻国家间大陆架的界限，应在国际法院规约第38条所指国际法的基础上以协议划定，以便得到公平解决。”“如果有关国家间存在现行有效的协定，关于划定大陆架界线的问题，应按照该协定的规定加以决定。”在未达成划界协议前，“有关各国应基于谅解和合作的精神，尽一切努力作出实际性的临时安排，并在此过渡期间内，不危害或阻碍最后协议的达成。这种安排不妨害最后界限的划定”。如果公约的缔约国在合理期间内未能达成任何最终的或者临时性的协议，则应诉诸公约第15部分的争端解决程序解决大陆架划界争端。可见，该公约关于大陆架的划界规则与1958年《大陆架公约》的大陆架划界规则完全不同。它摒弃了“等距离-中间线原则”的划界方法，只是要求当事国公平地解决划界争端，并未规定具体的划界方法或者方式。此外，还鼓励争端当事国在划界前采取临时措施积极地利用争议海域资源。此外，1982年《联合国海洋法公约》还要求大陆架界线“应在足以确定这些线的位置的一种或几种比例尺的海图上标出”。“在适当情形下，可以用列出各点的地理坐标并注明大地基准点的表来代替这种外部界线或分界线。”根据公约规定，沿海国还应将这种海图或地理坐标表妥为公布，并应将各该海图或坐标表的一份副本交存于联合国秘书长，如为标明大陆架外部界线的海图或坐标，也交存于管理局秘书长。

3. 专属经济区。由于专属经济区概念产生于20世纪60年代，第一次海洋法会议没有关于专属经济区的讨论，理所当然也没有相关的国际法规定。关于专属经济区的规定主要集中在1982年《联合国海洋法公约》中。其中第74条是关于专属经济区界线的规定。从条约的内容来看，专属经济区的划界规则与大陆架规则基本相似。在这里就不再赘述。

值得注意的是，虽然根据1982年《联合国海洋法公约》，专属经济区和大陆架在海域范围上有融合且二者划界规则相似，但是二者是两种完全不同的法律制度。尤其需要注意的是，影响二者划界考虑的因素不同；二者的边界并非完全一致。实践中，为了方便管理、简化划界工作，确实有些国家主张专属经济区和大陆架适用同一条海域边界，但这并不意味着专属经济区划界实践与大陆架划界实践完全相同，或者一者可以被另一者取代。

（二）泰国湾沿海国关于划界原则的主张

从上述两公约关于划界的规定来看，二者主要的区别在于大陆架和专属经济区的划界规定不同。1958年《大陆架公约》指出“等距离-中间线原则”是争端当事国应该采取的划界方法，除非有特殊情况。而在第三次联合国海洋会议期间，根据1958年大陆架公约的缔约情况和1958年之后的大陆架划界的国家实践和司法实践，与会国家谈判代表认为“等距离-特殊情况”并不是习惯国际法，考虑到全世界争议海域的多样性和复杂性，不易采取整齐划一的划界方法，只要求争端当事国根据国际法的原则、精神、规则与制度，在协议的基础上确定大陆架边界，不管采取何种划界方法，即不论是否采用“等距离线”或者“中间线”，重要的是解决海域争端的过程和结果公平即可。这样获得争端当事国合意的界线就是有效的大陆架界线。但是如果一国只签署了1958年《大陆架公约》而未签署或者批准1982年《联合国海洋法公约》，则这些国家与有关国家的划界仍受“等距离线-中间线-特殊情况”划界方法的约束，除非相互之间达成划界协议。

虽然1958年《大陆架公约》和1982年《联合国海洋法公约》关于大陆架划界的规定不同，但是二者不是决然割裂的，相互之间是有联系的。例如，二者都鼓励争端当事国通过谈判的方式达成合意的划界协议。而且1982年《联合国海洋法公约》要求“公平解决”大陆架划界争端，并没有完全排除“等距离”或者“中间线”划界方法的适用，只是认为除了这些划界方法外，根据海域的客观情况，当事国还可以选择其他能够取得公平划界结果的划界方法。

泰国湾沿海四国均是1958年日内瓦海洋法四公约的缔约国。因此，它们均主张在各海域的划界都适用“协议-等距离/中间线-特殊情况原则”。而且，如前所述，虽然专属经济区和大陆架是两种不同的法律制度，而且“单一划界原则”也尚不是国际习惯法。但是，越南、柬埔寨、泰国和马来西亚都主张适用“单一划界原则”划定专属经济区和大陆架边界。泰国湾沿海各国之所以都选择专属经济区和大陆架采用同一海域边界线，可能是出于简化划界难度的考虑。

第三节 泰国湾海域划界复杂

泰国湾地理环境复杂，地域范围狭窄。从各国主张的领海基线起算，其长度和宽度都不足400海里，而泰国湾沿海各国都主张

200 海里的大陆架和专属经济区。因此，泰国湾存在大面积重叠主张海域。

虽然泰国湾沿海四国在海域划界的问题上都主张“等距离-中间线原则”和“单一划界原则”，但是由于各国对领海基点的选取、岛礁的划界效力和岛礁主权的归属和相关协定的解释等问题持不同观点，所以泰国湾沿海各国的海域边界主张并不一致。况且，海洋法的划界规则本身较为原则和模糊。此外，泰国湾海域划界争端的解决还受地缘政治和历史因素等影响。因此，泰国湾海域划界异常复杂。

一、泰国湾存在广泛海域争议

（一）泰国湾普遍存在海域划界争端

泰国湾总面积约 283700 平方公里。① 由于泰国湾地理范围有限，沿海四国都主张 200 海里专属经济区和大陆架导致泰国湾大部分海域存在双边、三边甚至四边重叠争议海域。泰国湾近三分之一的海域为重叠争议海域。大陆架和专属经济区制度产生后，泰国湾内原来的公海成为各沿海国管辖的海域。

（二）泰国湾沿海四国都牵涉其中

柬埔寨与越南存在岛礁主权争议和领海、大陆架划界争议。它与泰国存在领海和大陆架划界争议、岛礁主权争议、渔业争议。

① 不同的学者对于泰国湾面积的观点不同。澳大利亚学者普瑞斯考特认为泰国湾的总面积为 283700 平方公里。参见 J. R. V. Prescott, On the Resolution of Marine Boundary Conflicts, in Craven, J. P. , Schneider, J. and Stimson, C. (eds) The International Implications of Extended Maritime Jurisdiction in the Pacific, Honolulu: Law of the Sea Institute , 1988, pp. 33-40。泰国学者认为泰国湾的总面积为 320000 平方公里。参见 A. Snidvongs, The Oceanography of the Gulf of Thailand: Research and Management Priority, in Johnston, D. M. (ed.), Integrated Studies of the Gulf of Thailand, Vol. 1, Bangkok: Southeast Asian Programme on Ocean Law, Policy and Management, 1998, pp. 1-68。美国学者认为泰国湾的面积为 289000 平方公里。参见 Daniel J. Dzurek, maritime Agreement and Oil Exploration in the Gulf of Thailand, in Gerald Blake (eds), Boundaries and energy: Problems and prospects, Springer, 1998, p. 118。

泰国与越南、柬埔寨和马来西亚都有渔业纠纷。自古以来，泰国湾是泰国的天然渔场。泰国是世界排名前十的远洋捕捞大国，拥有世界先进、东南亚最大的远洋捕捞船队，渔业收入是泰国国民收入的主要来源之一。20 世纪 80 年代早期，泰国湾沿海各国主张 200 海里专属经济区，泰国湾传统的公海变为各国管辖海域。泰国失去近 300000 平方公里的传统渔场，每年因此损失约 400000~600000 吨渔获量。泰国渔民为了生计非法进入邻国的专属经济区捕鱼。各国打击非法捕捞，扣留泰国渔船。由此，泰国与湾内其他三国的渔业纠纷频繁，成为影响泰国湾安全的新的非传统安全问题，并严重损害了泰国与邻国的友好关系。例如，一向和睦的马来西亚与泰国因渔业纠纷造成两国关系紧张。此外，泰国与柬埔寨存在岛屿主权和海域划界争议，与越南和马来西亚存在大陆架划界争议。

与前述的海域争端相比，马来西亚与邻国的海域划界争端最简单，仅与泰国和越南在泰国湾存在单纯的海域划界争议。

（三）泰国湾海域划界争端繁杂

泰国湾的海域划界争议既有双边，也有三边和四边重叠的海域划界争议。其中双边重叠争议主要有：越南和柬埔寨争议内水面积约为 8600 平方公里，争议的大陆架海域面积约为 1000 平方公里；柬埔寨与泰国重叠主张海域面积约为 27000 平方公里①；泰国与越南的重叠海域面积约为 5800 平方公里②；泰国和马来西亚在泰国

① 参见 Gerald Blake, Boundaries and energy: Problems and prospects, Springer, 1998, p. 122。有的观点认为两国重叠海域面积为 30000 平方公里。Captain Somjade Kongrawd, Thailand and Cambodia Maritime Disputes, http://172.31.255.127/files/20420000000CE18D/www.globalsecurity.org/military/library/report/2009/thailand-cambodia.pdf, visited on Nov. 12, 2014. 有的观点认为两国重叠争议海域面积为 25895 平方公里。参见 Clive Schofield, Unlocking the Seabed Resources of the Gulf of Thailand, Contemporary Southeast Asia, Vol. 29, No. 2, 2007, p. 301。

② 参见 Gerald Blake, Boundaries and energy: Problems and prospects, Springer, 1998, p. 125。

湾的海上争议面积为8000余平方公里；马来西亚与越南之间的重叠主张海域面积约为2500平方公里。三边争议海域的面积约为12519平方公里，约占泰国湾总面积的4.4%。它们主要是越南-泰国-马来西亚和越南-柬埔寨-泰国之间的三边海域划界争端。湾内四边重叠争议海域约为300平方公里，约占泰国湾总海域面积的0.1%。

除了海域划界争端外，部分海域还存在岛礁主权争端。

二、泰国湾海上争议原因繁复

泰国湾海域资源丰富，自古对其沿海国的生存和发展至关重要。它是泰国湾沿海国食物的主要来源，也是各国与外界沟通的纽带。20世纪50年代，随着海洋开发技术和船舶技术的发展，海洋经济价值凸显，海洋资源成为泰国湾沿海国经济发展的依托和动力。为了获得更多的海洋资源，泰国湾各沿海国纷纷扩大海域管辖权，按有利于自己的方式解释与划界相关的协议和国际法规则。沿海四国均选取远离大陆的岛礁作为领海基点，并主张本国岛礁具有完全划界效力。由于1982年《联合国海洋法约》赋予岛屿与大陆同等的海洋权利，泰国湾沿海各国对岛礁主权的争夺也日益激烈。

（一）海域管辖权重叠

20世纪70年代左右，泰国湾沿海各国纷纷扩大海域管辖权。越南、柬埔寨、泰国和马来西亚均采用直线基线作为领海基线，并主张12海里领海、24海里毗连区、200海里专属经济区和大陆架。泰国湾沿海四国通过直线基线主张的内水面积约为26066平方海里，如果包括泰国历史性海湾（2834平方海里）和越南柬埔寨之间的共同的历史性水域（2711平方海里），泰国湾沿海各国主张的内水面积近31611平方海里，约占泰国湾海域总面积的11%。

泰国湾各国为了获得更多的海域资源，多次修改领海基线，将远离海岸的岛礁作为领海基点。例如越南1982年颁布了《越南关于领海基线的声明》，将远离大陆的土珠岛和波罗威岛作为其领海基点。柬埔寨于1957年建立了全海岸的直线基线，1972年和1982年两次对领海基线做了修订。每次修订，都将更远的岛礁作为领海基点，领海基线不断向外扩展。如1982年柬埔寨将远离海岸的波罗威岛（Poulo Wai）和Poulo Panjang（越南称“土珠岛”）作为直线基线的基点。再如，1992年8月17日泰国总理府颁布了《关于泰国领海和大陆架声明》。① 该声明将远离泰国海岸的“象岛”（Ko Kra）和“鼠岛”（Ko Losin）作为领海基点。

泰国湾地理空间有限，各国想方设法将各自的领海基线向外推展，因此造成泰国湾沿海四国海域管辖权纷纷重叠。

（二）相关划界协议的分歧

在东南亚被殖民时期，英国和法国为了划分势力范围，签订了一些边界协定。这些边界协定对泰国湾有关国家的海域划界有重要影响。由于各国对上述协定部分条款的解释存在分歧，导致部分海域划界争端难于解决。例如，越南和柬埔寨关于海上“布莱维线”效力的争议。再如，柬埔寨和泰国对1907年《法泰边界条约》的不同解读。

1. 布莱维线。“布莱维线”（the Brévié Line）是1939年法国人在印度支那殖民时期，为了行政管辖方便，在海上划的一条行政管辖分界线。越南和柬埔寨对于“布莱维线”的效力解读不同。这是导致两国海域划界争议的主要原因之一。越南认为该线是岛礁归属线。该线两侧的岛礁分别归两国管辖。土珠岛（柬埔寨称Poulo Panjang）位于该线越南一侧，当然属于越南。而波罗威岛位于柬埔寨一侧，属于柬埔寨。虽然富国岛的大部分位于该线的柬埔寨一侧，但其一直被越南实际控制。因此，越南主张对富国岛享有主权。而柬埔寨认为“布莱维线”是两国的海上分界线。两国应以“布莱维线”为界各自对两侧的水域进行管辖。该线以西的水域及岛礁属于柬埔寨，而该线以东水域及线内岛礁则属于越南。两国就此争执不下。

2. 1907年《法泰边界条约》。柬埔寨和泰国关于1907年《法

---

① UN Law of the Sea Bulletin, June 25, 1994, pp. 82-84, available online: http://www.un.org/Depts/los/LEGISLATIONANDTREATIES/PDFFILES/THA1992_Announcement.pdf.

泰边界条约》(Franco Siamese Boundary Treaty) 的划界效力持不同观点。泰国认为，1907 年《法泰边界条约》不具有划分两国海域的效力。首先，1907 年的海洋制度，除了领海就是公海，而当时的领海宽度为 3 海里。狗骨岛距离泰国海岸约 19 海里，不可能以之为依据划分两国的专属经济区或者大陆架。因此，1907 年边界条约不具有划分两国海域边界的作用。其次，根据“任何人不得转让超过自己原有的权利”原则 (*nemo dat quod non habet*)，法国不可能让与柬埔寨其当时不享有的权利。法国当时对该海域不享有主权，柬埔寨自然也不可能享有该海域的主权。而柬埔寨认为，该条约明确规定“海上边界起始于狗骨岛”，从该点起“偏向东北与豆蔻山 (Pnom-Krevanh) 山脉相连 ”。因此，柬方认为 1907 年《法泰边界条约》所指的分界线就是两国海上边界线。

一般条约解释的理论和实践都要求结合条约的缔约意图、宗旨与目的、约文的通常意义，上下文以及缔约背景来解释条约。但是，从越南柬埔寨和柬埔寨泰国湾的上述实践看出，当事国都是从有利于自己海域主张的角度对特定的条款做比较随意的解释。

(三) 岛礁划界效力的异议

所谓岛礁的划界效力主要是指，岛礁是否可以作为领海基点，是否享有专属经济区和大陆架的问题。由于海洋法关于领海基线选择的标准不明确，关于“岛屿”与“岩礁”区别的规则不具体，泰国湾沿海四国对于有关岛礁是否可以作为领海基点，是否可以享有海洋权利都存在争议。

1. 柬埔寨与泰国关于岛礁划界效力的争议。泰国以其所属的狗骨岛（中文名又称“沽岛”“库特岛”“阁骨岛”，英文名分别为 koh kut, or island of kut, kooh）作为领海基点，并主张该岛享有 200 海里专属经济区和大陆架。但是，它认为柬埔寨所属的波罗威岛 (Poulo Wai) 和其所属的鼠岛和象岛都不具有划界效力。泰国以上述标准确定的两国的领海基线，根据“等距离-中间线”和“单一划界原则”划分两国大陆架。这样使其主张的海域界线明显东移，即向柬埔寨方向偏转。而柬埔寨则认为狗骨岛是两国海上边界的分界点，自己所属的波罗威岛享有完全的划界效力，但未给予泰国所属的狗骨岛（koh kut）、象岛（Ko Kra）和鼠岛（Ko Losin）任何划界效力。这样柬埔寨主张的两国海域边界线向西移，即向泰国方向偏转。这是两国海域划界争议产生的主要原因之一。

2. 泰国与越南关于所属岛礁划界效力的争议。1971 年泰国主张其所属的象岛和鼠岛以及越南所属的土珠岛均不具有划界效力。两国应根据其 1970 年的领海基线和越南的海岸线平均划分两国海域。而越南则认为，泰国的象岛和鼠岛不是“岛屿”而是“岩礁”，且“不能维持自己的经济生活”，因此不具有划界效力，至多享有领海和毗连区。而越南所属的土珠岛，面积 10 平方公里，其上有 500~600 名居民。因此，越南认为该岛具有划界效力，应该享有 200 海里专属经济区和大陆架。越南主张以泰国 1970 年颁布的领海基线和越南的领海基线划分两国海域边界。由此，两国海域界线主张重叠。

3. 泰国与马来西亚关于鼠岛划界效力的争议。马来西亚与泰国在距两国领海基线 38 海里外的大陆架海域存在争议。争议的焦点即泰国的“鼠岛”是否可以作为领海基线的基点，是否享有 200 海里专属经济区和大陆架。泰国主张“鼠岛”是有效的基线基点且享有专属经济区和大陆架。这样泰国主张的大陆架分界线向马来西亚偏转。马来西亚则认为“鼠岛”是一个无人居住的高潮时高于海平面 1.5 米的岩礁，根据 1982 年《联合国海洋法公约》的规定它不能“维持自身的经济生活”，该岛不享有专属经济区和大陆架。而且该岛距泰国海岸 39 海里，不能作为直线基线的基点。因此该岛对两国的海域划界不产生任何影响。马来西亚主张的大陆架边界线向泰国方向偏转。因此，两国未能就“鼠岛”以外的大陆架重叠海域达成划界协议。

4. 马来西亚与越南关于土珠岛划界效力的争议。越南认为该岛是有效的领海基点，该岛具有完全划界效力，应该享有 200 海里专属经济区和大陆架。1971 年 6 月 9 日，南越以“土珠岛”为基点，采用“中间线原则”，平均划分与马来西亚的大陆架边界。马来西亚则认为“土珠岛”远离越南大陆海岸线，该岛既不是有效的基点也不具有划界效力。马方以马来西亚的热浪岛（Island of

Redang）和越南的南端金瓯角（Cape Ca Mau）为准平均划分了两国大陆架。由此，两国大陆架划界争议产生。

从上述泰国湾沿海四国关于岛礁划界作用的分歧可以看出，四国海域主张分歧的焦点主要为以下三点：

分歧之一，岛礁是否可以作为有效的领海基点。关于岛礁是否可以作为领海基点的问题，涉及沿海国采用正常基线或者直线基线，关乎沿海国领海、毗连区、专属经济区和大陆架的起算点。根据 1958 年《领海及毗连区公约》第 4 条第 1 款，沿海国的海岸“甚为曲折”的地区或者岛屿“罗列密迩”地区，可以采用直线基线，连接选取的领海岛礁，划定测算领海宽度的基线。1958 年《领海及毗连区公约》第 4 条第 2 款、第 3 款、第 4 款、第 5 款和第 6 款对直线基线的适用作出如下限制：“此项基线不得与海岸一般方向相去过远”，且“基线内之海面必须充分接近领陆方属内水范围”；低潮高地不得作为领海基点，但是如果低潮高地上建有灯塔等经常高出海平面的设施，则可以作为领海基点；此外，适用直线基线时，如果关系区域内的“特殊经济利益经由长期惯例证明实在而重要者”，应适当顾及；适用直线基线，不得将他国的领海与公海隔绝开来；沿海国应将其直线基线在海图上表明，并妥为公告。1982 年《联合国海洋法公约》则规定，沿海国可以在海岸线“极为曲折”，或者“如果紧接海岸有一系列岛屿”的地方，或者在“三角洲和其他自然条件以致海岸线非常不稳定之处”，采用直线基线。① 上述两公约的规定都表明适用直线基线须符合一定条件。遗憾的是，上述两公约未对“甚为曲折的海岸”“紧接海岸的一系列岛屿”“偏离海岸的一般方向”“基线内的海域必须充分接近陆地领土”以及“特殊经济利益经由长期惯例证明实在而重要者”等重要的概念作出明确解释。而在泰国湾实践中，争端当事国往往根据各自的利益，自由解释上述条款，以致对海域界限的起算、走向和具体位置等存在异议，导致海域划界争端。例如，越南主张土珠岛是有效的领海基点，马来西亚则不认同。再如，泰国主

① 1982 年《联合国海洋法公约》第 7 条第 1 款和第 2 款。

张鼠岛是有效的领海基点，而越南、柬埔寨和马来西亚则不认同。

分歧之二，关于岛礁的海洋权利，即岛礁是否可以享有200海里专属经济区和大陆架。1982年《联合国海洋法公约》第121条第2款赋予岛屿与陆地同等的海域权利，可以享有领海、毗连区、专属经济区和大陆架。由此，不同的国家出于海域利益最大化的考虑，对同一岛礁的划界效力存在异议。例如，越南主张“土珠岛”是岛屿，应该享有200海里专属经济区和大陆架，而泰国和马来西亚认为该岛远离越南海岸，因此不是有效的领海基点且不享有完全的划界效力，再如泰国主张“鼠岛”和“象岛”具有完全的划界效力，而越南、柬埔寨和马来西亚则持不同的观点。它们认为二者本质上属于岩礁，因此不具有任何划界效力。

分歧之三，有些国家还对于岛礁的划界效力采取双重标准。一是表现在，对本国的岛礁与别国的岛礁采取不同的标准。不论是否符合海洋法的规定，泰国湾沿海各国基本主张本国岛礁是有效的领海基点并享有完全的划界效力。对于他国所属的岛礁，不论法律性质如何，一律忽略不计，主张其享有零划界效力。例如，越南所属的土珠岛符合1982年《联合国海洋法公约》关于“岛屿”的规定。因此，越方主张该岛是有效的领海基点，享有完全的划界效力；而泰国和马来西亚认为该岛远离越南海岸，不是有效的领海基点，且不具有划界效力。而马来西亚和泰国却赋予自己所属的远离海岸的岛礁完全划界效力。海洋法公约关于这种远离大陆的岛屿是否可以作为领海基点没有明确的判断标准。因此，实践中没有统一客观的标准评价这些岛礁是否为有效的领海基点。但是，如果按照1982年《联合国海洋法公约》的规定，越南所属的土珠岛与泰国和马来西亚所属的岛礁相比，似乎更有资格享有一定的海洋权利，因为它符合岛屿的定义；而如果按照1982年《联合国海洋法公约》的规定，泰国和马来西亚所属的远岸岛屿无论是在面积上、法律性质上都不应该比越南所属的土珠岛享有更多的划界效力。二是表现在，对同一岛礁在不同的海域争端采取双重标准。换言之，在不同的海域争端中赋予同一岛礁不同的划界效力，例如，泰国的“鼠岛”。在解决与柬埔寨、越南的海域划界过程中，泰国主张其所属的“鼠岛”“象岛”不具有任何划界效力。在解决与马来西亚划界争议中，泰国又主张上述岛礁具有完全的划界效力。泰国之所以这么做主要是因为：在与柬埔寨和越南的海域划界的争议中，如果赋予这些岛礁划界效力，那么柬埔寨和越南所属的岛礁享有的划界效力更具有优势，这样海域划界的结果对自己不利；而在与马来西亚的海域划界争议中，如果赋予这些岛礁划界效力，最后的划界结果对泰国比较有利。

综上所述，虽然泰国湾沿海四国都采取直线基线，主张适用“等距离-中间线原则”和“单一划界原则”。但是1958年日内瓦海洋法公约和1982年《联合国海洋法公约》关于岛礁的区别、岛礁的划界效力规定不明确。泰国湾沿海四国对于岛礁划界效力的解读，不是从客观的标准出发，而是从使自己海域主张最大化的角度出发，任意决定有关岛礁是否享有划界效力。由此，各国主张的海域分界线不同。

（四）岛屿主权归属的争议

由于1982年《联合国海洋法公约》规定岛屿可享有专属经济区和大陆架，沿海国为了主张更多的海洋权利，而争夺岛屿主权和控制权。泰国湾关于岛礁主权的争议主要有：越南和柬埔寨关于海上岛礁主权的争议，柬埔寨和泰国关于狗骨岛归属的争议。

1. 越南和柬埔寨关于岛礁主权争端。越南、柬埔寨对于两国海域内的波罗威岛、富国岛（柬埔寨称“玉岛”）、土珠岛（越称Tho Chu，柬埔寨称Poulo Panjang）的主权归属存在争议。柬埔寨主张对上述岛屿享有主权。柬方认为这些岛屿自古属于柬埔寨。只是法国殖民时期，法国将玉岛的行政管辖权授予越南。但是柬埔寨一直没有放弃对该岛的主权。越南属于非法取得该岛的控制权。因此，越南不享有该岛的主权。而越南则主张对波罗威岛、富国岛、土珠岛享有主权。对于越南实质控制的富国岛的主权归属，越南认为，在法国殖民时期已将富国岛交由越南管辖，此后一直由越南占领。越南以“实际控制原则”主张对富国岛享有主权。

2. 柬埔寨与泰国关于狗骨岛的主权争议。泰国主张对狗骨岛享有主权。根据1907年《法泰边界条约》第2条，法国将包括狗骨岛在内的岛礁让与泰国。而且，柬埔寨作为法国的继承国没有就此提出异议。这表明柬埔寨承认狗骨岛属于泰国的事实。而且法国已经把狗骨岛让与泰国，没有理由将其再让与柬埔寨。柬埔寨则主张享有狗骨岛的部分主权。它认为，1907 年《法泰边界条约》附件 1 第 1 条明确规定“两国海域边界从狗骨岛起偏向东北”，那么该线以东的狗骨岛部分自然属于柬埔寨，该线以西的狗骨岛部分属于泰国。

岛礁主权争端与海域划界争端交织在一起，使泰国湾海域划界问题更为复杂。尤其在海域资源丰富的争议海域，争端当事国的立场更为强硬。因此，上述国家间的海域划界争端异常复杂。

第四节　泰国湾青睐海上共同开发

20 世纪 70 年代后泰国湾的大部分海域争端得到妥善解决。与 20 世纪 70 年代前形成鲜明对比（参见图 1.8 和图 1.9）。泰国湾沿海各国陆陆续续达成一些解决海域争端的协议。其中，除了已经达成的两个海域划界协定和 1982 年越南柬埔寨达成的历史性水域协定外，泰国湾的大部分争议海域通过共同开发的方式，搁置海域划界争端，达到利用争议海域资源的目的。泰国湾成功的共同开发案例主要有泰国马来西亚共同开发案和马来西亚越南共同开发案；还在谈判过程中的共同开发案有柬埔寨和泰国共同开发案以及越南、泰国和马来西亚三边重叠海域共同开发案。

一、泰国湾共同开发的进展

泰国湾争端当事国达成的划界前临时安排主要有：1979 年 2 月 21 日，马来西亚和泰国为了开发两国争议海域的油气资源，签署了《马来西亚和泰王国为开发泰国湾两国大陆架划定区域内海床资源而建立联合管理局的谅解备忘录》（Memorandum of Understanding between Malaysia and the Kingdom of Thailand on the Establishment of the Joint Authority for the Exploitation of the Resources of the Sea Bed in a Defined Area of the Continental Shelf of the Two

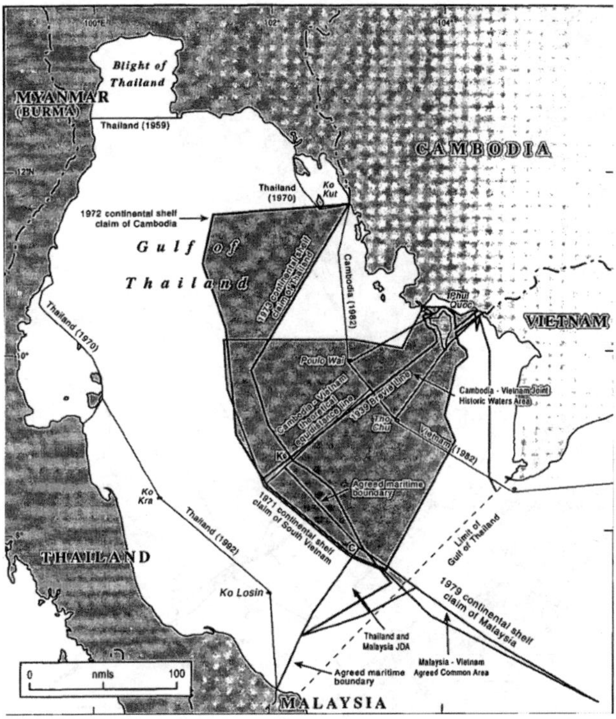

图 1.8　20 世纪 70 年代泰国湾争议海域

Source：Clive Howard Schofield, Maritime boundary delimitation in the gulf of Thailand, Durham：Durham University，1999，p. 251. Available at Durham E-Theses Online：http：//etheses. dur. ac. uk/4351/.

Countries in the Gulf of Thailand)，1982 年 7 月 7 日越南和柬埔寨签订了《关于越南和柬埔寨历史性水域的协议》（Agreement on the Historic Waters of Vietnam and Kampuchea）（以下简称“1982 年越柬协议”），1990 年马来西亚和泰国又签订了《马来西亚和泰王国政府关于建立马来西亚—泰国联合管理局及其他事项的 1990 协定》（1990 Agreement between the Government of Malaysia and the Government of the Kingdom of Thailand on the Constitution and Other Matters Relating to the Establishment of the Malaysia-Thailand Joint

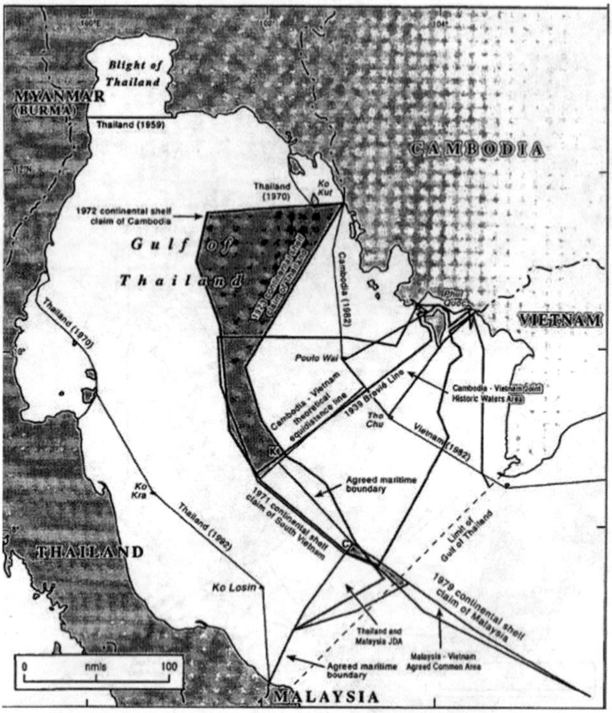

图 1.9　目前泰国湾争议海域面积

Source：Clive Howard Schofield，Maritime boundary delimitation in the gulf of Thailand，Durham：Durham University，1999，p. 254. Available at Durham E-Theses Online：http：//etheses. dur. ac. uk/4351/.

Authority），1992 年马来西亚和越南达成《马来西亚和越南社会主义共和国关于两国大陆架划定区域内石油勘探和开采的谅解备忘录》（1992 Memorandum of Understanding between Malaysia and the Socialist Republic of Vietnam for the Exploration and Exploitation of Petroleum in A Defined Area of the Continental Shelf Involving the Two Countries），2001 年柬埔寨和泰国达成《柬埔寨和泰国关于重叠海域的谅解备忘录》（Memorandum of Understanding Between Thailand and Cambodia regarding the Area of their Overlapping Maritime Claims to the Continental Shelf)。通过上述安排，泰国湾争议海域面积降至7 755平方海里（约26597平方公里）。①（参见图1.8、图1.9阴影部分）现存的泰国湾内未解决的争议海域主要是柬埔寨和泰国的双边争议海域和三边、四边重叠争议海域。

表1.1　**泰国湾海域争议解决状况**

争端当事国	海域边界争端	解决状况
越南和柬埔寨	历史性水域（相当于内水）	共同区域
	领海	未解决
	毗连区	未解决
	专属经济区和大陆架	未解决
柬埔寨和泰国	领海	未解决
	专属经济区/大陆架	未解决
泰国和马来西亚	领海	划界
	大陆架/专属经济区	部分划界，部分共同开发
泰国和越南	大陆架/专属经济区	划界
马来西亚和越南	大陆架/专属经济区	共同开发

二、泰国湾国家青睐共同开发的原因

泰国湾国家之所以倾向于共同开发解决海域划界争议，主要有以下几个原因：

首先，泰国湾达成划界协议不易。第一，由于海洋法的原因，争端各方很难达成共识。海洋法关于划界的规则模糊，如关于直线基线的适用、领海基点的选择、岛礁的划界效力等问题的相关具体概念不明确，导致实践中没有统一的判断标准。因此，

① 参见Clive Howard Schofield, Maritime boundary delimitation in the gulf of Thailand, Durham: Durham University, 1999, p. 238, Available at Durham E-Theses Online: http://etheses.dur.ac.uk/4351/。

争端当事国很难说服对方达成共识。第二，泰国湾海域油气资源丰富。泰国湾沿海各国为了获得更多的海域资源，海域主张立场强硬，很难就划界达成共识。第三，地理地质原因，泰国湾沿海国众多，岛礁遍布该海域，存在双边、三边和四边重叠海域划界争端，而且伴随着岛礁归属和划界效力的争议。泰国湾海域划界争议复杂，海域划界异常困难。第四，殖民遗留问题。各国对历史条约的部分条款有不同的解读。因此各国很难就海域划界问题达成共识。

其次，在工业化、城镇化快速发展和经济持续增长的背景下，泰国湾各国对海域油气资源需求迫切。共同开发可以不受划界争端的影响，尽快实现对争议海域油气资源的利用，符合各国的利益与需求。虽然从海洋法规定来看，泰国湾沿海四国的海域主张属于“过分的主张”，为区域内外国家广泛诟病，但这也为各国共同开发创造了合作的条件。因此，在1982年《联合国海洋法公约》第74条第3款和第83条第3款的鼓励下，泰国湾沿海四国倾向于通过共同开发的方式解决争议海域油气资源利用问题。

再次，共同开发可以使欠发达国家获得开发海洋油气资源的资金、技术和丰富的管理经验。如越南与马来西亚开发两国重叠主张海域的过程中，不仅弥补了其资金、技术的缺陷，而且通过与马来西亚合作，其国内的油气产业发生翻天覆地的变化。可见，共同开发是符合当事国利益的选择。

最后，与划界相比，共同开发在海域资源利用上具有优越性。共同开发灵活、务实。与划界相比，它主要有以下优点：第一，共同开发符合油气资源的特点。海域划界是国家根据国家利益和行政管理的需要对海域进行人为划分，并没有考虑海洋地质特点和生态需要，因此不能很好地实现对海洋资源的管理和海洋环境的保护，实现海洋生态的可持续发展。而共同开发针对油气资源流动性和矿藏统一性的特点，采取合作的方式开发，能够实现对油气资源最佳开发，能够使相关国家的利益最大化。第二，划界具有终局性。在对海域油气资源缺乏了解的情况下，划界就像抽签一样，海底油气资源可能位于本国海域，也可能位于两国边界，还不排除完全位于对方的海域内而本国海域内一无所有的情况。而共同开发至少是一种“即使没有收获也不会有什么损失”（no loss no gain）的解决海域争端办法。如果争议海域资源丰富则往往为共赢的结果。这种“共赢”的方式比划界可能失去争议海域的油气资源更为稳妥和安全。第三，划界本身的复杂性和敏感性，不可能在短期实现。而共同开发灵活、务实，避开划界障碍，避免对抗，通过友好合作的方式解决争议海域资源利用的问题。这对于地理、文化、政治、经济、外交等紧密相连的泰国湾沿海国更具有吸引力。第四，共同开发能够为石油公司提供安全和稳定的投资环境。海洋油气资源开发是一项投资巨大、风险极高的商业活动，它需要有安全稳定投资环境。第五，通过共同开发，可以增进相关国家的友谊，建立互信，有利于为划界扫除障碍。第六，共同开发不影响相关国家的海域主张和立场，相关国家合作可以避免冲突的发生，有利于地区和国际社会的和平与稳定。另外，共同开发符合石油作业的需要。由于油气资源具有流动性和矿藏一体性的特点，任何一方单独开发都会损害相关方的利益，需要当事国合作开发争议海域资源。最后，它符合国际法的原则和精神。根据国际法和国际判例争议海域当事国有保持克制的义务和谈判的义务。例如，1969 年《维也纳条约法公约》第 18 条明确指出：“一国负有义务不得采取任何足以妨碍条约目的及宗旨之行动。”《联合国海洋法公约》第 74 条和第 83 条均规定，在未达成划界协议前有关国家应避免采取任何“危害或阻碍最后协议的达成”行为。这就意味着有关国家必须自我克制，不得单方开发。虽然海上共同开发原则对国家没有普遍法律约束力，但是就此认为在海域重叠区或争议区对共有自然资源可进行单方面开发在政治和法律方面都可以接受，从法律常识来看这种观点是不正确的。根据国际判例，不管能否达成共同开发协议，共同开发的主体之间必须保持克制。国际法院在 1976 年“爱琴海大陆架案”（the Aegean Sea Continental Shelf Case）中明确提出，使用爆炸方法搜集地球结构的资料，从国际法发展的观点来看应予以禁止，因为利用爆炸物探测可能造成大陆架资源无法补救的损害；土耳其单方的地震勘探活动，未经希腊同意，会产生侵害后者的探测专属权利的可能性。① 综上所述，这就是泰国湾沿海各国倾向于通过谈判合作开发争议海域油气资源。

本章小结

泰国湾海域资源丰富。它对于沿海四国越南、柬埔寨、泰国和马来西亚的经济发展和国家安全具有重要意义。泰国湾沿海四国均是发展中国家，但政治体制和经济发展水平存在差异。虽然各国都重视发展海洋油气产业，但开发海洋资源的能力不同。

泰国湾海上争议产生于20世纪50年代。直到冷战后，由于泰国湾的政治格局发生巨变，泰国湾各国关系改善，其沿海各国才开始着手解决海域争端。但由于海洋法关于划界的规则具有原则性和模糊性的特点，湾内部分国家还存在岛礁主权归属和岛礁划界效力的争议，且有的国家对与划界相关条约的解释存在分歧，泰国湾沿海各国海域划界困难。

随着两次能源危机以及各国经济发展对能源需求不断增加，泰国湾沿海四国都关注海洋油气资源的利用和开发。鉴于泰国湾海域划界困难，越南、柬埔寨、泰国、马来西亚倾向于通过共同开发解决海域争议，合作开发争议海域油气资源，从而达到发展经济目的。经过多年艰苦的谈判，泰国湾海上共同开发取得实质性进展。目前，泰国湾争议海域仅一小部分海域达成划界协定，大部分争议海域正在进行共同开发的谈判或者已经完成共同开发谈判并付诸实践。

① 参见 the Aegean Sea Continental Shelf Case（Greece v. Turkey），Judgment of 19 December 1978，available at http：//www.icj-cij.org/docket/index。

第二章 泰国湾海上共同开发的谈判

海上共同开发只是国际法上的概念。它既不是国际法规则，也不是习惯国际法。如果争端当事国希望通过共同开发达到利用争议海域资源的目的，就需要通过谈判为争议海域资源的勘探和开发建立一套法律制度。

本章将结合泰国湾海上共同开发实践，对争议海域共同开发谈判的基本问题及影响谈判成败的因素进行探讨。本章主要研究泰国湾成功的共同开发案例和正在谈判中的共同开发案例。鉴于有的学者将越南和柬埔寨达成的共同的历史性水域也算做共同开发案例。本章也将对越南柬埔寨共同的历史性水域做简要的评析。

第一节 海上共同开发谈判的基本问题

根据对泰国湾共同开发实践的研究，发现争端当事国通过谈判需要就以下问题达成共识，才能顺利缔结共同开发协议，将共同开发的构想付诸实践。争端当事国首先要确定共同开发的主体，然后确定共同开发区、利益分配比例、开发模式（例如石油开采制度的类型及承包商合作的方式等）、适用的法律、“先存权”以及第三方权利等问题。

一、共同开发的主体

根据现有的共同开发实践，共同开发的主体需要满足一定条件。

（一）适格主体

所谓适格主体是指争议海域油气资源共同开发主体资格的问题。它既是海域划界争端的当事国，也是共同开发协议谈判、缔结和执行的主体。① 共同开发的适格主体需要满足以下条件：

第一，共同开发的主体须是国际法主体。② 由于共同开发制度是通过共同开发协议确立的，共同开发协议本质上属于国际条约，而国际法主体才具备缔约能力。所以，共同开发的主体必须是国际法主体。虽然，在共同开发实践中石油公司具体负责争议海域资源的勘探和开发。但是，它不是国际法的主体，不具备缔约能力，不能缔结共同开发协议。因此，共同开发实践中的石油公司不是共同开发的主体，只是履行和实施共同开发协议的主要实践者。从现有的共同开发的实践来看，共同开发的主体都是国家。例如，最早的海上共同开发实践 1958 年巴林与沙特阿拉伯共同开发案，1974 年日本与韩国共同开发案，1981 年冰岛与挪威扬马延岛共同开发案等。上述案例的共同开发主体都是国家。此外，尽管各国学者对共同开发有不同的定义，但这些学者在共同开发的主体问题上是没有异议的，都认为共同开发的适格主体是国家。例如，日本学者三友（Miyoshi）③、德国学者拉戈尼（Lagoni）④、加拿大学者高尔特（Gault）⑤、荷兰学者塔弗恩（Taverne）⑥、中国学者高之国⑦和蔡

① 何海榕：《争议海域油气资源共同开发五要素及对中国的启示》，载《武大国际法评论》2016 年第 2 期，第 324 页。

② 张丽娜：《南海油气资源共同开发的主体适格性》，载《法学杂志》2012 年第 11 期，第 108 页。

③ 参见 Miyoshi Masahiro, The Basic Concept of Joint Development of Hydrocarbon Resources on the Continental Shelf, International Journal of Estuarine & Coastal Law, Vol. 3, No. 1, 1988, p. 3。

④ 参见 Rainer Lagoni, Oil and Deposit Across National Frontiers, American Journal of International Law, Vol. 73, No. 2, 1979, p. 215。

⑤ 参见 W. G. Storement and I. Townsend-Gault, Offshore Petroleum Joint Development: Functional Instruments? Compromise? Obligation?, in G. H. Blake et al. (eds.), The Peaceful Management of Transboundary Resources, Graham & Trotman, 1995, pp. 51-76。

⑥ 参见 Bernard Taverne, An Introduction to the Regulation of the petroleum industry, Gram & Trotman, 1994, p. 114。

⑦ 参见 Gao Zhiguo, The Legal Concept and Aspects of Joint Development in International Law, Ocean Yearbook, Vol. 13, 1998, p. 110.

鹏鸿①。

第二，共同开发的主体需依法对特定海域的资源享有专属的主权权利。共同开发的主体需根据 1958 年《日内瓦大陆架公约》第 2 条、1982 年《联合国海洋法公约》第 77 条或者习惯国际法主张对大陆架的主权权利；或者依据 1982 年《联合国海洋法公约》第 56 条或者习惯国际法主张对专属经济区的主权权利；或者依据 1982 年《联合国海洋法公约》第 121 条规定，主张享有相应的专属经济区和大陆架权利。这里有两个问题需要特别注意：一是主体必须依符合国际法的方式取得上述权利，否则不能享有对海底油气资源的主权权利，不能成为共同开发的主体。例如，1982 年《联合国海洋法公约》第 121 条第 2 款和第 3 款的规定，岛屿和可以“维持人类居住或其本身的经济生活的岩礁”被赋予了与陆地同样的海洋权利。一些国家企图通过非法占领岛礁的方式，宣称其对岛礁享有主权，从而主张享有相应的大陆架和专属经济区。根据国际法及其实践，非法取得的岛礁主权不产生权益。首先，根据一般国际法原则“非法行为不产生权利”（*jus ex injuria non oritur*）。其次，国际判例也支持上述原则。例如，在“东格陵兰案”（the Eastern Greenland case）中，常设国际法院认为，东格陵兰不是“无主地”。丹麦享有先占权（prior title）。挪威不能依其 1931 年法令，宣称该地为“无主地”，从而享有该地主权。再次，国际法知名学者布朗利（Brownlie）指出不法行为不获益（no benefit can be received from an illegal act）。② 前国际法院法官劳特派特（Lautpacht）在他所著的《国际法上的承认问题》一书中也指出“违法者不能取得权利”的原则也是国际法规则。他说：“违反国际法的行为是无效的，不能成为违法者取得权利的根据。”③ 因此，

① 参见蔡鹏鸿：《未划界海域共同开发的管理模式：比较研究》，上海社会科学院出版社 1998 年版，第 10 页。

② 参见 Ian Brownlie, Principles of Public International Law (7th ed), Oxford University Press, 2008, p. 509。

③ 参见 Lautpacht, Recogniton in International Law, Cambridge University Press, 1947, pp. 402-421。

如果一国非法取得岛礁主权，并不依此享有特定海域资源的专属性主权权利。例如，中国周边一些国家通过非法占领中国岛礁的方式主张对这些岛屿享有主权，这样的海域主张不具有合法性，因此，这些国家不可据此要求与中国进行共同开发。二是，享有其他合法海洋权利国际法主体也不是共同开发的主体。以南海为例，非南海海域划界争端国如美国、日本、法国等享有航行自由权的国家，它们绝不可能是南海共同开发的主体，因为它不享有南海资源的专属主权权利。换言之，它们并不享有南海专属经济区或者大陆架权利或者历史性权利的主体。因此，它们不可能是未来南海共同开发的主体。

第三，适格主体之间的海域主张具有重叠性、竞争性、同一性。① 其一，国际法的主体需要根据 1982 年《联合国海洋法公约》第 56 条或者第 76 条或者国际习惯法，主张对特定海域的资源享有专属的勘探、开发海底油气资源的主权或者主权权利。其二，两个或者两个以上的国家需对同一海域相同的资源提出专属权利。这种权利主张具有排他性和竞争性。这样的主体才可能是共同开发的适格主体。也可以说，正因为重叠海域主张的存在才有共同开发的必要性。

此外，关于适格主体的数量。从理论上讲，争议海域共同开发的主体只需满足上述条件，没有数量上的限制。共同开发主体的数量往往由重叠主张国的具体数量决定。不过，现有的油气资源共同开发实践都是双边的。② 其原因主要在于：第一，多数海域划界争端多为双边争议，涉及三方或者三方以上的争议比较少。第二，从条约执行角度而言，双边共同开发通常容易对权利义务、收益成本进行分配。如果涉及第三方或者更多的争端当事国，那么分配、执

① 参见何海榕：《争议海域油气资源共同开发五要素及对中国的启示》，载《武大国际法评论》2016 年第 2 期，第 326 页。

② Robert Beckman, Beyond Territorial Disputes in the South China Sea: Legal Framework for the Joint Development of Hydrocarbon Resources, Edward Elgar Publishing Limited. 2013, p. 155.

行、监管的问题就变得复杂。第三，海洋油气资源开发本身是一项复杂工程，需要多个部门之间密切合作。共同开发即便只涉及两个国家，也牵涉多个政府部门和公司机构，要求多方协调和配合。倘若涉及三方或者三方以上，协调与合作的难度增大，共同开发协议不易执行。因此，从海域划界争端的实际情况，共同开发协议的执行、监管和有效性以及海洋油气开发活动的特点来看，双边共同开发是首选。

（二）泰国湾共同开发的主体

泰国湾海上共同开发的谈判主要于越南与柬埔寨，柬埔寨与泰国、泰国与越南、泰国与马来西亚、马来西亚与越南之间展开。此外，越南、泰国和马来西亚还就相互之间的三边重叠海域的共同开发问题展开谈判。这些共同开发的主体完全符合前文对共同开发主体的要求。

首先，共同开发谈判的主体是海域争端当事国。泰国湾共同开发谈判的主体相互之间都存在海域划界争端。这些国家都依据1958年《大陆架公约》或者1982年《联合国海洋法公约》的相关规定以及习惯国际法主张专属经济区和大陆架权利，从而主张对特定海域的资源享有主权或者主权权利。例如，越南和柬埔寨对于两国共同的历史性水域资源享有主权。柬埔寨、泰国、马来西亚和越南对所主张的大陆架资源享有勘探和开发的主权权利。

其次，一般共同开发谈判的主体限于两国之间。虽然国际法对于谈判的主体数量没有限制，但是泰国湾海上共同开发的实践中，除了泰国、越南和马来西亚之间的三边谈判之外，其他海上共同开发谈判都在两国之间展开，例如越南和柬埔寨、柬埔寨与泰国、泰国与越南、泰国与马来西亚、马来西亚与越南。

二、共同开发区

界定共同开发区是共同开发的谈判首先要解决的问题。共同开发区的建立，意味着当事国将合作开发该海域的资源。共同开发区是指一块特定的区域，依据国际法两国或者两国以上的国家对该海域享有开发其海洋资源的主权或者主权权利，当事国根据共同开发协议在特定海域内通过约定的合作方式对该特定的资源进行开发。确定共同开发区需要明确以下两个基本问题：首先，需要明确设立共同开发区的目的。它与共同开发的对象，与共同开发的制度密切相关。不同海洋资源的开发和合作方式不同，相关法规制度也不同。此外，它还与争端当事国的产业政策密切相关。不同国家产业政策的倾向性对共同开发的对象有重要影响。在实践中，有的国家设立共同开发区是为了利用和保护特定海域生物资源，有的则是为了开发特定海域的非生物资源。就泰国湾而言，其沿海各国产业政策的重点是发展海洋石化产业。从前文对导致泰国湾海上争议的原因也可以看出，泰国湾各国扩大海域管辖权、争夺岛礁的主权、对岛礁的划界效力和与划界有关的历史事实根据有利于自己的原则进行任意解释，这些行为的根本目的就是为了获得更多的海域资源，尤其是海洋石油资源。① 因此，泰国湾沿海各国设立共同开发区的目的就是为了利用争议海域的油气资源。这在泰国湾达成的共同开发协议的前言中也有反映。例如，1979 年马来西亚泰国谅解备忘录前言提到“考虑到对重叠海域海床资源尽快进行开发符合两国的最佳利益”，鉴于此两国达成共同开发协议。再如，1992 年马来西亚越南谅解备忘录的前言也提及“考虑到搁置两国在马来西亚西部的东北部海岸和越南西南部海岸的大陆架划界，达成在重叠海域进行石油勘探和开采的临时安排，符合两国最大利益”。此外，泰国湾海上共同开发的宗旨就是为了当事国利益最大化。从马来西亚泰国共同开发协议和马来西亚越南共同开发协议的上述表述中可以看出，共同开发的安排是出于两国利益最大化的考虑。这也是争端当事国建立共同开发制度的基本原则。其次，需明确共同开发区的具体范围。

下面将结合泰国湾的实践，分析共同开发区的设立过程。

（一）越柬共同开发区

越南和柬埔寨是海岸相邻的国家。两国的领海基线都为直线基

① 本书石油的概念采取广义的理解，包括一切碳氢化合物。本书除非特别声明，石油资源和油气资源同义。

线，都主张12海里领海、24海里毗连区、200海里专属经济区和大陆架，并主张采取“等距离-中间线原则”和“单一划界原则”划分两国海域边界，都主张岛礁享有完全的划界效力。但是，两国对该海域存在的“布莱维线”和岛礁主权的归属持不同观点。因而，两国在内水、领海、毗连区、大陆架的海域划界主张均存在重叠。两国争议内水面积约为8600平方公里，争议的大陆架海域面积约为1000平方公里。①

“布莱维线”（the Brévié Line）是1939年法国人在印度支那殖民时期，为了行政管辖方便，在海上划的一条行政管辖分界线。越南和柬埔寨对该线的效力解读不同。这是两国导致争议海域界限主张存在争议的主要原因之一。越南认为，该线是岛礁归属线。该线两侧的岛礁分别归两国管辖。土珠岛（柬埔寨称“波罗般洋”Poulo Panjang）位于越南一侧，当然属于越南。波罗威岛位于柬埔寨一侧，属于柬埔寨。富国岛的大部分位于该线的西侧。但从18世纪以来，该岛一直由越南实际控制并实施管辖权，因此该岛属于越南。柬埔寨则认为“布莱维线”是海上分界线。两国应以“布莱维线”为两国海上分界线，这样相当于两国重叠海域的79%划归柬埔寨。此外，越南和柬埔寨关于岛礁主权归属也存在争议。柬埔寨和越南都主张对波罗威岛、富国岛、波罗般洋群岛（越称“土珠岛”，Tho Chu）享有主权，并且主张这些岛屿是有效的领海基点，且享有完全的划界效力。由于对上述两个问题存在根本的分歧，两国无法就海域划界问题达成共识。

在越南控制柬埔寨时期，两国于1982年签订了《越南和柬埔寨历史性水域协议》。两国约定该水域为两国的内水，该海域的划界日后由两国谈判确定。也就是说，两国在该水域享有完全的排他的主权，而不仅仅限于开发自然资源的主权权利。

① 参见 Gerald Blake, Boundaries and energy: Problems and prospects, Springer, 1998, p. 124。有的学者认为越柬历史性水域面积为13720平方公里。参见 Clive Schofield, Unlocking the Seabed Resources of the Gulf of Thailand, Contemporary Southeast Asia, Vol. 29, No. 2, 2007, p. 294。

越南和柬埔寨设立该共同区域的目的不仅是为了开发该海域的油气资源。两国约定由两国共同对该水域巡逻。两国的渔民可以继续在该海域捕鱼。开发该海域的资源需由两国共同协议决定。因此，越南和柬埔寨设立的“共同历史性水域”也可以视做两国的共同开发区。(见图 2.1 斜线区域)

图 2.1　越柬、马来西亚泰国、马来西亚越南共同开发区

Source: Daniel J. Dzurek, Southeast Asian Offshore Oil Disputes, Ocean Year Book, Vol. 11, 1994, p. 161.

（二）柬泰共同开发区

柬埔寨和泰国重叠争议海域面积约为 27000 平方公里。① 1972 年柬埔寨颁布了大陆架界限。1992 年 8 月 17 日，泰国总理府颁布了《关于泰国领海和大陆架声明》。由于两国选取的领海基点、主张的岛礁划界效力以及对 1907 年《法泰边界条约》存在分歧，两国存在海域划界争端。

关于 1907 年《法泰边界条约》相关条款的解读。该条约是法国对中南半岛殖民时期与泰国签订的一个陆上边界条约。但是，它对两国的海域划界有重要影响。泰国认为，1907 年《法泰边界条约》不具有划分两国海域的效力。首先，1907 年的海洋制度，除了领海就是公海，而当时领海宽度为 3 海里。而该条约中提到的狗骨岛距离泰国海岸约 19 海里，狗骨岛与两国陆地分界点的连线不能视为划分两国专属经济区或者大陆架海域的依据。因为，当时没有专属经济区和大陆架制度，而且任何国家无权对公海进行分配。泰国认为 1907 年《法泰边界条约》不具有划分两国海域的作用。其次，根据“任何人不得转让超过自己原有的 权利”原则（*Nemo dat quod non habet*），法国不可能让与柬埔寨其当时不享有的权利。法国当时对该海域不享有主权，柬埔寨自然也不可能享有对该海域的主权。而柬埔寨则认为，1907 年《法泰边界条约》的规定具有划分两国海域的效力。海上边界的分界点为狗骨岛上的最高点。因为，该条约明确规定“海上边界为狗骨岛”与“偏向东北与豆蔻山脉（Pnom-Krevanh）”陆地分界点的连线，这就是两国海上分界线。

---

① 参见 Gerald Blake, Boundaries and energy: Problems and prospects, Springer, 1998, p. 122。有的观点认为两国重叠海域面积为 30000 平方公里。参见 Captain Somjade Kongrawd, “Thailand and Cambodia Maritime Disputes”, p. 1。http: //172. 31. 255. 127/files/20420000000CE18D/www. globalsecurity. org/military/library/report/2009/thailand-cambodia. pdf, Nov 12, 2014. 有的观点认为两国重叠争议海域面积为 25895 平方公里。参见 Clive Schofield, Unlocking the Seabed Resources of the Gulf of Thailand, Contemporary Southeast Asia, Vol. 29, No. 2, 2007, p. 301。

关于岛礁划界效力的分歧。泰国以其所属的狗骨岛（中文名又称“沽岛”“库特岛”“阁骨岛”，英文名分别为 koh kut，or island of kut，kooh）、象岛（Ko Kra）和鼠岛（Ko Losin）作为领海基点，并主张这些岛礁享有 200 海里专属经济区和大陆架。但是，它认为柬埔寨所属的波罗威岛（Poulo Wai）远离海岸，不可以作为领海基点，且不具有任何划界效力。泰国根据“等距离-中间线原则”和“单一划界原则”，以泰国领海基线和柬埔寨的海岸线为准划分两国大陆架。这样使其主张的海域界线明显东移，向柬埔寨方向偏转。柬埔寨则认为狗骨岛是两国海上边界的分界点，自己所属的波罗威岛享有完全的划界效力，但未给予泰国所属的狗骨岛（koh kut）和象岛（Ko Kra）和鼠岛（Ko Lsin）任何划界效力。这样柬埔寨主张的两国海域边界线向西移，向泰国方向偏转。

两国不能就上述问题达成共识，因此无法划界。2001 年 6 月 18 日两国达成《泰国和柬埔寨关于重叠海域的谅解备忘录》，两国同意采取合作的方式解决海域划界争端。柬埔寨和泰国依据各自的海域主张，将重叠主张区划分为两部分：北部拟划界，南部拟共同开发解决争议海域资源利用问题。柬埔寨泰国的共同开发区的性质属于大陆架。两国共同开发区的范围仅限于两国重叠大陆架主张的一部分。（见图 2.2）

（三）马泰共同开发区

泰国和马来西亚在泰国湾的海上争议面积为 8000 余平方公里。① 两国海域主张范围明确，并颁布了大陆架法案。1992 年 8 月 17 日，泰国总理府颁布了《关于泰国领海和大陆架声明》。1966 年马来西亚就颁布了大陆架法案，1972 年对该法案进行修订，2009 年对该法案再次进行修订。

1979 年，泰国和马来西亚划定领海和近海大陆架的海域边界。由于两国关于泰国所属“鼠岛”（Ko Losin）的划界效力存在分歧，两国剩余的重叠大陆架主张的海域边界未划定。泰国认

---

① 参见 Gerald Blake，Boundaries and energy：Problems and prospects，Springer，1998，p. 126。

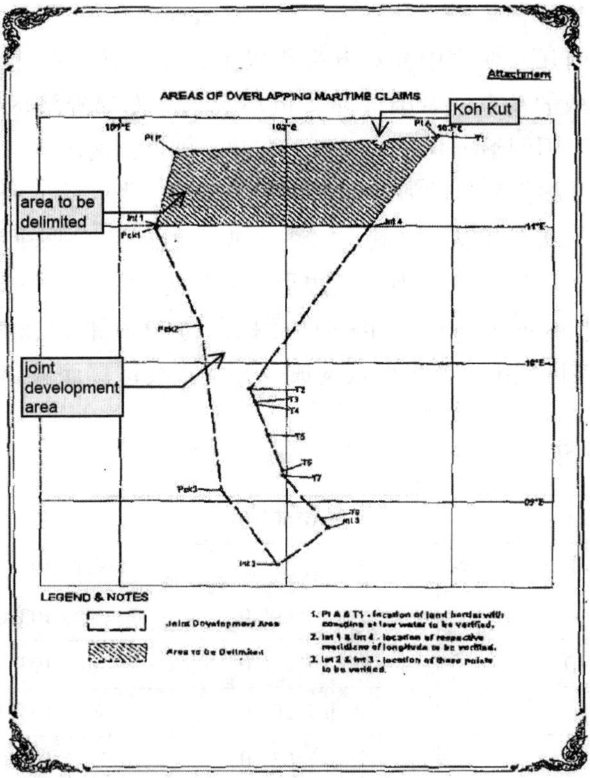

图 2.2 柬埔寨泰国重叠主张海域

Source: http://mfa.go.th/main/contents/files/media-center-information-28017.pdf.

为“鼠岛”是有效的领海基点且享有专属经济区和大陆架。马来西亚则认为“鼠岛”是一个无人居住的高潮时高于海平面 1.5 米的岩礁，根据 1982 年《联合国海洋法公约》的规定“不能维持自身的经济生活”，该岛不享有专属经济区和大陆架；而且该岛距泰国海岸 29 海里①，不能作为直线基线的基点，认为该岛对

① 参见 J. R. V. Prescott, The Maritime Political Boundaries of the World, Methuen, 1985, p. 218。

划界不产生任何影响。

在共同开发谈判中，双方都作出了让步。马来西亚承认“鼠岛”为有效的基点，泰国放弃“鼠岛”享有专属经济区和大陆架的主张，泰国调整了其海域主张。在此基础上，两国承认存在重叠大陆架，并根据各自的海域主张划定了重叠主张区的范围。该区域就是两国的共同开发区，其法律性质属于大陆架。马来西亚泰国共同开发区的形状呈不规则的五边形，名称为“共同开发区”（the joint development area）。该区域的面积大约 7250 平方公里。①（见图 2.3）该区域由 7 个坐标点构成，并由直线连接而成。② 各点的坐标如下：

A	北纬 6°50′.0	东经 102°21′.2
B	北纬 7°10′.25	东经 102°29′.0
C	北纬 7°49′.0	东经 103°02′.5
D	北纬 7°22′.0	东经 103°42′.5
E	北纬 7°20′.0	东经 103°39′.0
F	北纬 7°03′.0	东经 103°06′.0
G	北纬 6°53′.0	东经 102°34′.0

尽管调整后，两国完全可以根据“等距离-中间线原则”和“单一划界原则”，划定该海域边界。但是两国更倾向于合作开发该海域资源，共同分享该海域的石油资源利益，然后再划界。

① 参见 M. J. Valencia and M. Miyoshi, Southeast East Sea: Joint Development of Hydrocarbons in Overlapping Claims Areas?, Ocean Development & International Law, Vol. 16, 1986, p. 63; David M. Ong, The 1979 and 1990 Malaysia-Thailand Joint Development Agreements: A Model for International Legal Cooperation in Common Offshore Petroleum Deposits?, The International Journal of Marine and Coastal Law, Vol. 14, No. 2, 1999, p. 222。

② 1979 年马泰谅解备忘录第 1 条。

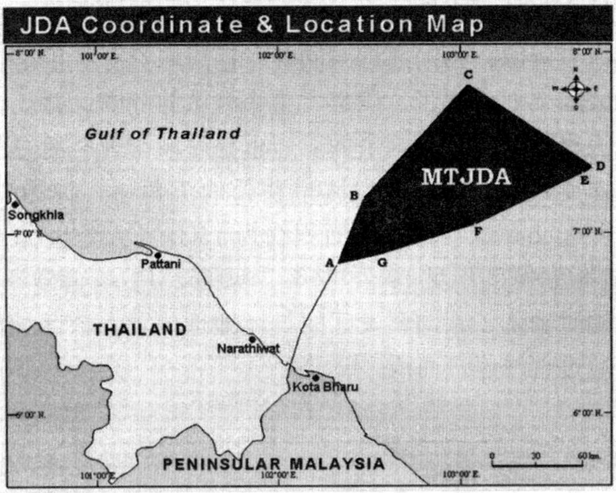

图 2. 3　马来西亚泰国共同开发区

Source：https：//www. mtja. org/about_jda. php

(四) 马越共同开发区

马来西亚和越南在泰国湾的海域主张非常明确。1966 年马来西亚颁布了大陆架法案。1971 年南越颁布了越南泰国湾内大陆架界限。越南统一后，1977 年公布了《越南关于领海、毗连区、专属经济区和大陆架的宣言》，继承了南越的大陆架主张。

由于两国领海基点的选择和领海基线起算位置不同，两国的大陆架划界主张存在分歧。两国之间存在大陆架划界争端，重叠主张海域面积约为 2500 平方公里。两国大陆架划界争端的焦点为越南所属“土珠岛”的划界效力。越南认为“土珠岛”是名副其实的岛屿，其不仅是自然形成的高潮高地，而且能满足自身的经济生活，其上还有居民定居，因此是有效的领海基点，享有完全的划界效力。马来西亚则认为该岛远离越南海岸，不符合公约关于领海基点的规定，越南不能将土珠岛作为领海基点并由它开始测算领海、大陆架范围。

两国在谈判中承认“在马来西亚西部的东北部海岸和越南的

西南部海岸的大陆架存在重叠”。① 但是，这不意味着马来西亚承认越南海域主张的正当性。由于两国无法划定海域边界，为了尽快利用争议海域资源，两国愿意共同开发该海域资源。于是，两国根据各自的大陆架划界主张，确定了重叠海域的范围；并且排除了与泰国的三边重叠海域，将剩余的双边重叠海域作为两国的共同开发区。马来西亚泰国的共同开发区呈狭长的三角形，称为“划定的区域”（the defined area）。它面积约为 1500 平方公里，长度超过 100 公里，但是宽度不足 10 公里。②（见图 2.1）

两国同时确认了共同开发区的具体地理位置。该区域由以下 6 个坐标点通过直线连接而成。③

A	北纬 7°22′	东经 103°42.5′
B	北纬 7°20′	东经 103°39′
C	北纬 7°18.31′	东经 103°35.71′
D	北纬 7°3′	东经 103°52′
E	北纬 6°5.8′	东经 105°49.2′
F	北纬 6°48.25′	东经 104°30′

两国还各自授权制图部门绘制共同开发区的地图。马来西亚的主管当局为马来西亚国家测绘局以及其授权的个人，越南社会主义共和国的主管当局为地理制图部和海军地理制图部门，及其授权的个人。④

（五）几点认识

从上述泰国湾确定共同开发区的实践中，可以得出以下几点结论：

---

① 1992 年马越谅解备忘录前言和第 1 条。

② Nguyen Hong Thao, Vietnam and joint development in the Gulf of Thailand, Asian Yearbook of International Law, 1999, p. 141.

③ 1992 年马越谅解备忘录第 1 条。

④ 1992 年马越谅解备忘录第 1 条。

第一，共同开发区的设立不影响最终划界。① 按照《联合国海洋法公约》第 74 条和第 83 条的规定，在达成划界协议前，“有关各国应基于谅解和合作的精神，尽一切努力作出实际性的临时安排，并在此过渡期间内，不危害或阻碍最后协议的达成。这种安排应不妨碍最后界限的划定”。从这一规定可以看出，共同开发作为临时安排的一种类型并不影响海上边界的划定。诚如有学者所指出的：“共同开发区虽然可以当成边界的替代物，但无须一定这样做；在大多数国际实践中，共同开发至少在最初是被看作临时措施的。”② 例如，马来西亚、泰国两国建立了共同开发区，但是两国将继续就该海域的划界问题谈判。③ 而马来西亚越南设立共同开发区，对于该海域的划界争议采取搁置的方式。④

第二，共同开发区的确定不仅仅是个法律问题，还与经济、政治、地缘政治等因素密切相关。虽然在泰国湾共同开发协议中双方都约定共同开发，但并不意味着承认对方或者放弃自己的海域主张和立场。这说明共同开发重点在于经济的可行性和便利性，与争端当事国的海域主张和立场是否有效和正当无关。值得注意的是，虽说共同开发不影响划界，也不是对对方海域主张的承认。但是，共同开发区的设立往往根据当事国的单边海域主张确定。如果当事国的海域主张完全符合国际法的规定或者公平合理，那么两国依据各自的海域主张建立共同开发区无可厚非。但是如果双方或者一方的海域主张明显不符合国际法的规定或者不合理，那么是否要依据这样的海域主张建立共同开发区，是争端当事国应该认真考虑的问

---

① 参见王冠雄：《南海诸岛争端与渔业共同合作》，台北秀威出版社 2003 年版，第 33 页；廖文章：《国际海洋法论：海域划界与公海渔业》，台北扬智文化出版社 2008 年版，第 69~70 页。

② Patrick Armstrong and Viv Forbes, Calming the Ripples: The Cooperative Management of Ocean Resources- The Falkland Islands Example and Some Southeast Asian Comparisons, in Gerald Blake etc. (eds.), Boundaries and Energy: Problems and Prospects, Kluwer Law International, 1998, p. 356.

③ 详见 1979 年谅解备忘录的前言和第 6 条。

④ 1992 年马越谅解备忘录前言。

题。如果依据这样的主张建立共同开发区，那么就意味着这些不合法不合理的海域主张在一定程度上是有效的，并且在一定程度上得到承认。以柬埔寨和越南共同的历史性海域主张为例。无论从习惯国际法和一般国际法的规则看，两国联合主张历史性共同水域的做法不合法且不合理。虽然马来西亚不承认越南海域主张的正当性。但是，马来西亚越南共同开发区的建立却意味着越南过分的海域主张为其争得了实实在在的经济利益，而且对两国海域争端的解决产生了实际影响。这并不意味越南海域主张的合法性得到承认，而是与当时的国际背景和区域地缘政治有关。马来西亚之所以愿意与越南建立共同开发区，与当时特定的时代背景有关。冷战结束后，国际格局和国际力量对比发生巨变。马来西亚希望东盟地区作为一个整体对国际事务有更多的发言权和主导权。而这时越南失去了苏联这个靠山，也希望加入东盟，改善同东南亚国家的关系。正是基于这种考虑，两国都希望通过海上共同开发的合作，改善两国关系，实现各自的政治目的。由此，马来西亚虽然不认同越南海域主张的合法性，但是愿意让渡一定的经济利益给越南以实现两国的政治合作。因此，是否依据争端当事国的海域主张建立共同开发区，由当事国根据各自的战略、政治、军事、外交和经济利益等综合来权衡。需要注意的是，虽然共同开发对最终的海域划界不产生影响，但是不可否认事实上它对两国有重要影响，特别是对海域资源的利用和分配产生了实质性的影响。

第三，争端当事国的海域主张明确和承认争议的存在是当事国确立共同开发区的前提。共同开发区是一块特定的海域。共同开发区一般是争端当事国的重叠主张海域区。它的范围与当事国各自的海域主张密切相关。它既可以是当事国重叠主张海域的全部，也可以是当事国重叠主张海域的一部分。根据争端当事国的意愿和海域资源分布状况决定。泰国湾沿海四国的海域主张范围和法律性质都非常明确，而且当事国之间承认争议的存在。一般当事国都通过各自的海域主张确定其范围，然后排除第三方重叠主张海域，并通过地理坐标的方式明确其位置和范围。例如，马来西亚泰国共同开发区是根据泰国调整后的大陆架主张和马来西亚的大陆架主张确定的。马来西亚越南共同开发区也是依据两国的大陆架主张确定的。

第四，一般来讲，共同开发区以双边重叠海域为主。这一方面与海域争议的情况有关。目前，大部分海域争议为双边海域争议。三边或者三边以上的海域争议存在，但是所占比例较小。另一方面与谈判的难易程度有关。共同开发本身是涉及国家主权和利益的敏感问题，两国之间谈判所需要协调和解决的问题就比较复杂，如果多个国家谈判更不容易就相关问题达成共识。因此，实践中共同开发区以双边重叠海域为主。也就是说，多边共同开发不是不可行，而是概率比较小，实施比较困难。

第五，共同开发区的性质一般为专属经济区或者大陆架。这主要与不同的海域，沿海国享有不同的权利有关。在内水，沿海国享有完全的排他的主权。一般国家都不愿将全部主权让渡，或者说与他国共享。在专属经济区和大陆架，沿海国仅享有有限的主权权利。尤其是未划界的争议海域，当事国往往愿意合作利用争议海域资源。所以，泰国湾沿海国倾向于领海（近海）划界，大陆架或者专属经济区（远海）共同开发。虽然实践中共同开发区以大陆架或者专属经济区为主，但是如果当事国同意，也可以将内水作为共同开发区，例如越南和柬埔寨。

第六，共同开发区的期限由当事国协商确定。油气开发一般期限较长。例如，泰国和马来西亚两国约定，共同开发的期限为50年，但是如果两国达成划界协议，则共同开发协议自动终止。① 如果期满，两国仍未共同开发区划定界限，则共同开发区继续有效。② 再如，马来西亚越南通过换文的形式约定，共同开发区的期限为40年。

另外，共同开发区的名称、面积大小不同。这些共同开发区的名称都属于没有任何法律意义的中性语言，而未采用内水、领海专属经济区、大陆架等具有特定法律意义的词语。这主要为了避免引起不必要的争议。比如，越南柬埔寨称之为“共同的历史性水

① 1979年马泰谅解备忘录第3条和第6条。

② 1979年马泰谅解备忘录第6条。

域”，柬埔寨泰国和泰国马来西亚称之为“共同开发区”，马来西亚越南将之命名为“确定的区域”。共同开发区的面积亦有大有小。例如，马来西亚和越南的共同开发区面积比较小。马来西亚和越南的共同开发区面积比较大。马来西亚泰国共同开发区的面积是马来西亚越南共同开发区面积的 7 倍之多。① 虽然这些区域的名称、面积等不同，但是这些区域具备一些基本的共性。首先，都是由当事国海域主张的重叠区域；其次，区域内的资源都需由当事国共同分享、协商确定开发类型和开发制度；最后，这些区域都有明确的地理范围，一般当事国都通过画图、明确地理坐标的方式标明其具体范围。

综上所述，确立共同开发区需要具备以下几个条件：第一，海域资源丰富且未划界；第二，当事国都提出明确的海域主张且承认存在海域争议，承认重叠区域的存在；第三，当事国协商一致决定共同开发区的目的与宗旨、具体范围、面积大小和名称。

三、利益分配模式

海上共同开发的目的就是分享共同开发区内的油气资源。因此，利益分配比例或者说采取何种利益分配模式是当事国在共同开发谈判过程中最为关心的问题，也是共同开发谈判中的核心问题之一。相关国家是否能就此问题达成共识是决定共同开发协议能否付诸实践的关键问题之一。

所谓共同开发的利益分配模式，是指对共同开发区内直接的和间接的经济利益按照一定的分配比例进行分配的方式。它与日后共同开发区适用的石油开采制度和财税制度密切相关。根据现有的共同开发国际实践来看，共同开发区利益分配的模式可以分为两类：一类是当事国平均分享共同开发区利益的模式，一类是当事国按约定有利于一方的比例分配共同开发区利益的模式。下面将结合泰国湾争端当事国对共同开发区的油气资源分配比例的

① 参见何海榕：《马泰与马越共同开发案的比较研究》，载《太平洋学报》2015 年第 12 期，第 87 页。

谈判过程进行分析。

（一）柬泰共同开发案的利益分配

2001年柬埔寨泰国两国确立了共同开发区，此后两国主要就共同开发区的利益分配方式展开谈判。

柬埔寨陆地能源缺乏，国家经济落后。它迫切希望通过开发柬埔寨泰国争议海域的资源改善国民经济状况。但是，它不具备单独开发海洋资源的资金、技术、管理经验和法规制度。因此，它希望通过与泰国合作开发争议海域油气资源。2003年起石油价格一路攀升，2006年石油价格处于高位。① 在此背景下，柬埔寨再次敦促泰国尽快与之就共同开发区利益分配的问题达成共识。柬埔寨建议将两国全部争议海域作为共同开发区，由两国平均分享收益和分担成本。柬方认为，即使按这样的比例分配还是有利于泰国。因为，在共同开发区开采出的天然气需要借助泰国的输送管道实现传输，然后由泰国对油气进行加工、液化和分离。泰国总体上可以获得85%的经济利润。这样不仅公平合理，而且体现了两国主张的合法性和平等性。而且，这种简单便捷的分配方式可以使双方都尽快获得经济收益，满足各自所需，双方共赢。这不仅有利于柬方经济发展，也有利于满足泰国经济发展对油气资源需求，减少对进口油气资源的依赖。

泰方则建议将共同开发区细化为一个中央区（a central zone）和两个侧翼区（flanking zone）。其中，中央区的收益分配比例为50∶50，侧翼区则按有利于邻近的国家，分配比例为85∶15。② 这种分配方案，对于将海洋油气资源视为其改变现状的“救命稻草”的柬埔寨来讲无法接受。而泰国具备开发海洋资源的资金、能力和经验，并且随着马来西亚泰国共同开发的顺利实施，它对于能源的

① 孙建斌：《石油价格涨涨跌跌为哪般?》，2009年9月24日，凤凰资讯网：http：//news.ifeng.com/history/gongye/jiyi/zhanwang/200909/0924_7258_1363450.shtml。

② Clive Schofield, Maritime Claims, Conflicts and Cooperation in the Gulf of Thailand, Ocean Year. Book, Vol. 22, 2008, p. 114.

需求并不像柬埔寨那样迫切。而且两国因为帕威夏寺等领土问题一再交恶，泰国一直对柬埔寨存在敌视情绪。因此，泰国并不同情柬埔寨经济的处境。况且，泰国不认可柬埔寨海域主张的合法性。因此，泰国在利益分配的问题上不愿意作出任何让步。另外，2006年他信下台，两国由领导人构建的亲密关系不复存在。自此，两国海上共同开发谈判没有再取得实质性的进展。

从柬埔寨泰国的谈判实践可以看出，两国开发海洋资源的能力存在差异，共同开发的意愿程度不同，两国的政治关系也并非友好真诚。这些因素是导致两国迟迟未能就两国争议海域资源的利益分配问题上达成共识的根本原因。

（二）马泰共同开发案的利益分配

泰国和马来西亚一直保持着传统的友谊，两国意识形态相似、经济发展水平相当。20世纪70年代，两国经历了两次能源危机。泰国的石油高度依赖进口，两次能源危机后的高油价使泰国经济处于崩溃的边缘。因此，泰国迫切需要通过开发近海油气资源，降低对进口石油的依赖，促进国内经济平稳健康发展。虽然马来西亚作为能源出口国，不存在能源安全的问题，但是，当时油价高企，它希望尽快开发海域资源，换取更多外汇，提高国内经济和人民生活水平。由此可以看出，两国合作开发争议海域油气资源的意愿都比较强烈。所以，两国很快就共同开发区的利益分配问题达成共识。两国对于对方的海域主张基本认可。

双方对于费用的承担、收益的分享以及缴纳的方式和比例都做了讨论并达成共识。第一，缔约国之间平均分享收益与分担费用。关于联合管理局的收益和费用，两国约定联合管理局在共同开发区的活动所产生的费用应由双方政府平等分担，所获收益也由双方政府平等分享。① 例如特许权使用费。承包商应向联合管理局缴纳石油总产量的10%作为特许权使用费，再由联合管理局向双方政府分别缴纳石油总产量5%。② 第二，缔约国与石油公司之间平均分

① 1979年马泰谅解备忘录第3条第5款，1990年协定第9条第1款。

② 1979年马泰谅解备忘录第8条第2款b项。

享收益。① 即共同开发区石油总产量的一半作为成本油扣除后，剩余的50%由缔约国和作为承包商的石油公司平均分享。第三，作为承包商的石油公司之间平均分担费用和分享收益。比如勘探开发成本，由作为承包方的石油公司平均承担。② 此外，承包商应从其收益中再向联合管理局支付石油总产量的0.5%作为研究经费。但是，这笔费用不能从共同开发区的石油产量中作为成本进行补偿。两国对于平均分享共同开发区的收益、分担共同开发区的费用没有异议。

从上述分配方案可以看出，泰国与马来西亚对共同开发区的平均分享利益、共同承担风险和费用的模式，与两国的地位、经济实力以及承担的权利与义务相称。两国之所以能够顺利快速地就利益分配方式达成共识，与两国的友好关系和同样强烈的共同开发意愿分不开。

（三）马越共同开发案的利益分配

根据1971年南越主张的大陆架界限和1979年马来西亚颁布的大陆架界限，越南和马来西亚排除涉及泰国的重叠主张海域，将面积约1 000平方千米的双边重叠主张区作为共同开发区。③

就两国海域主张而言，马来西亚的海域主张明显优于越南的海域主张。④

从两国石油产业的发展水平来看，马来西亚也明显处于优势地位。20世纪90年代，马来西亚的石油产业已具规模，具有雄厚的资金、成熟的技术和丰富的管理经验，还有完善的石油开采法规制度。而越南在两国共同开发协议缔结之前，石油产业主要依靠苏联的资金和技术，基本没有相关的法规制度。越南希望通过与马来西亚合作，利用马方的资金、技术和管理经验，尽快获得共同开发区

① 1979年马泰谅解备忘录第8条第2款d项。

② 1979年马泰谅解备忘录第8条第2款e项。

③ Hazel Fox et al eds., Joint Development of Offshore Oil andGasn Vol. Ⅱ, British Institute of International & Comparative Law, 1990, p. 126.

④ 主要是越南历史性水域的主张不符合国际法和国际惯例。

的资源和收益。就马来西亚海域主张和开发能力而言，在马方明显处于优势的情况下，它仍同意与越南平均分享收益、平均承担成本，对越南经济给予了极大的支持与援助。两国同意“双方应平等分担‘划定区域’内石油勘探和开采而产生的所有费用，平等分享其产生的收益”。① 这意味着，两国合作开发过程中马来西亚承担更多的资金和技术义务。

（四）几点认识

从上述泰国湾的实践看，共同开发区的利益分配有以下一些特点：

首先，关于共同开发区利益费用分配的比例。一般相关国家同意平均分享共同开发区的资源收益、共同承担相关税费和享有相同的权利和义务。但不是所有共同开发案的分配比例都采取等分的方式。例如在泰国和柬埔寨的谈判中，泰国坚持不同的共同开发区的次区域按不同的比例分配。

其次，三种利益关系需要协调好。它们分别是缔约国之间的利益关系，缔约国与作为承包商的石油公司之间的利益关系，还有作为承包商的石油公司之间的利益关系。海洋石油产业是资本密集型产业，只有协调好上述三种的利益关系，这样当事国才有积极性合作，石油公司也有积极性作业。

再次，共同开发区的利益既包括直接利益，也包括石油开采配套设施的建设、员工培训等带来的间接利益。对于前者范围明确好分配，而对于后者利益则很难界定，因为分配过程中很难做到完全公平。这需要在实践的过程中由有关机构不断地协调相互之间的利益分配问题，避免冲突的发生，保障共同开发得到有效实施。

最后，分配比例与所承担的权利和义务关系。从理论和公平的角度看，利益分配比例应该与当事国所承担的权利和义务相称。但是，当事国也可以根据实际情况权衡采取何种分配方式。也就是说，共同开发区的利益分配比例既可以和当事国承担的权利和义务相称，也可以不与各自承担的权利和义务相匹配。也可以说，采取何种分配比例完全由当事国根据实际情况权衡。例如，马来西亚、

① 1992年马越谅解备忘录第2条第3款。

泰国的利益分配方式完全与两国的能力、地位和承担的义务相称。而马来西亚越南共同开发区的分配比例表面上看两国获得相同的利益、承担相同的费用，但是由于两国的经济水平、开发能力、相关的制度建设不同，意味着马方承担更多的义务，但是双方却平均分享收益。这说明，决定利益分配方式的因素，除了与当事国承担的权利和义务、与国家的实力、海域主张的优劣、国家间的关系等因素有关，还与国家政治、外交等综合因素有关。

四、共同开发的管理类型

(一) 管理模式的分类

共同开发的管理类型，主要是指共同开发的当事国采取何种方式管理共同开发区的石油开采活动，适用何种制度规范共同开发各主体的行为，如何协调当事国冲突的管辖权制度。国内学者多将之称为“共同开发模式”。①

一般学界将共同开发的管理类型分为三类。② 它们分别为“一

① 参见蔡鹏鸿：《争议海域的共同开发模式：比较研究》，上海社会科学院出版社 1998 年版，第 63~71 页；萧建国：《国际海洋边界石油的共同开发》，海洋出版社 2006 年版，第 227~228 页；安应民：《论南海争议区域油气资源共同开发的模式选择》，载《当代亚太》2011 年第 6 期，第 133~134 页。

② 参见 David M. Ong, Joint Development of Common Offshore Oil and Gas Deposits: “Mere” State Practice or Customary International Law?, The American Journal of International Law, Vol. 93, No. 4, 1999, pp. 788-792; Ana E. Bastida, Adaeze Ifesi-Okoye, Salim Mahmud, JamesRoss, and Thomas Walde, Cross-border unitization and joint development agreements: an international law perspective, Houston Journal of International Law, Vol. 29, No. 2, 2007, pp. 416-418; . Yusuf Mohammad Yusuf, Is joint development a panacea for maritime boundary disputes and for the exploitation of offshore transboundary petroleum deposits?, International Energy Law Review, Vol. 4, 2009, pp. 132-133; Robert Beckman (eds.), Beyond Territorial Disputes in the South China Sea: Legal Framework for the Joint Development of Hydrocarbon Resources, Edward Elgar Publishing Limited, 2013, p. 145; 萧建国：《国际海洋边界石油的共同开发》，海洋出版社 2006 年版，第 122~127 页；蔡鹏鸿：《争议海域共同开发的管理模式：比较研究》，上海社会科学院出版社 1998 年版。

国代理模式”（the single-state model）主要根据当事国约定由一个争端当事国代表其他共同开发的当事国负责共同开发区事务的经营和管理；“联合经营模式”（the joint-venture model）主要是指根据当事国的约定由所有争端当事国合作经营、共同管理共同开发区内事务，共享收益、共担风险；① “共同机构模式”（the joint authority model），即在共同开发区建立一整套新的石油开发法律机制，往往设立一个共同机构代表相关国家管理共同开发区内油气资源的开发。② 也有学者将共同开发的模式分为四类，例如蔡鹏鸿研究员认为共同开发的管理模式分别为：第一种为“超国家管理模式”，签约国双方同意将本国对共同开发区的管辖权转让给一个超国家机构来管理，并由该机构制定经营许可证的发放和管理的相关规定。于此管理模式中，允许领有经营许可证的经营人，对该海域的非生物资源拥有特定的所有权百分比，而签约国则从总额课征的税收中获利。第二种为“双方政府共同管理模式”。此管理模式是将共同开发区的管辖机构划分为两个层次：一是部长理事会；另一是联合管理局。将决策层次与经营操作管理层次明显地区分开来。把共同开发的真正权力集中于签约国双方政府之间的决策层，而把资源管理和开发功能交给联合管理局负责。此模式有利于双方政府直接指导共同开发区的勘探与开发工作。第三种模式“代理制模式”，即由缔约国协议，委请缔约国中的一国单独从事该海域的天然资源探采。关于共同开发的收益及费用则由缔约国依适当比例分配。第四种模式为“合资机构共同经营模式”，签约双方政府授权各自的特许权人进入共同开发区，然后双方特许权人订立共同经营协定（Joint Operation Agreement），以合资机构的形式对共同开发区内的矿物资源进行勘探与开发。特许权人可以根据经营协定，将

---

① 国内一些学者将之称为“强制经营模式”。参见萧建国：《国际海洋边界石油的共同开发》，海洋出版社 2006 年版，第 122～127 页。

② 国内一些学者将之称为“超国家模式”（super-national authority）。参见萧建国：《国际海洋边界石油的共同开发》，海洋出版社 2006 年版，第 122～127 页。参见蔡鹏鸿：《争议海域共同开发的管理模式：比较研究》，上海社会科学院出版社 1998 年版，第 63～65 页。

特许权转让给双方指定或抽签决定的经营人。

现有对共同开发管理模式分类只是对现有的共同开发案例表面现象的直接分类，未厘清共同开发管理的本质。而且这种分类无法对共同开发的管理形成清晰的认识。另外“超国家”的表述方式也有待商榷。以马来西亚泰国联合管理局为例，这个机构并不具有超国家的性质，它只是两国政府授权的管理共同开发事务的机构。它的权限事实上仅限于行政管理权。因此，无论从哪个角度它都不具备“超国家”的性质和特点。这种表述容易让人产生混淆和误解。

可能按下述两种分类方式，更容易理解共同开发的管理模式。

第一种分类方式。按照当事国承担的责任将共同开发的管理类型分为“一国代理模式”和“当事国共同管理模式”。二者的主要区别是两国在共同开发区内承担权利和义务的方式不同，前者主要由一国承担，后者由两国共同承担。无论是“一国代理模式”还是“当事国共同管理模式”，都由当事国共同分享共同开发区内特定资源的利益。可见，共同开发的本质特征是共同分享共同开发区的利益。上述学者提及的“联合经营模式”“共同机构模式”“超国家管理模式”和“双方政府共同管理模式”都属于“当事国共同管理模式”。它们之间的区别表现为：有的当事国授权代表两国的石油公司对共同开发事务进行管理，有的当事国建立独立的专门机构对共同开发事务进行管理。但是不管采取哪种方式，都是代表争端当事国对共同开发事务进行管理，因此将这些归为一类。

第二种分类方式。鉴于共同开发实践中，当事国并不直接参与共同开发区石油的勘探和开发和管理，而是授权不同的机构或者组织代表当事国管理共同开发事务，行使管理权限，由此，根据共同开发事务管理的组织机构，又可将共同开发的管理类型分为“石油公司代理模式”和“共同机构代理模式”。

根据泰国马来西亚和马来西亚越南共同开发谈判时的情况判断，两个案例采取的都是两国管理模式。具体而言，前者采取的是共同机构代理模式，后者采取的是石油公司代理模式。下面对两个案例的谈判进行简要分析。

（二）泰马共同开发案共同管理模式

泰国和马来西亚海域主张没有明显的瑕疵，而且两国的经济实力和开发海洋资源的能力不相上下。两国国内关于海上石油开发的制度都比较完善。因此，为了体现两国平等的地位，两国倾向于共同管理、共同开发特定区域的油气资源，并制定一套专门适用于共同开发区的石油开发制度。而不考虑交由一国管理共同开发事务或者适用一国的法规制度的模式。因此，泰国和马来西亚共同开发管理类型属于两国“共同管理模式”。

由于马来西亚泰国共同开发区的面积比较大，不适合由石油公司负责共同开发事务，两国决定设立专门机构——“联合管理局”负责管理共同开发事务。两国授权该机构管理并制定相关的开发规则和制度。该机构代表两国对共同开发事务进行管理并对两国负责。由此，泰国和马来西亚共同开发管理类型又属于“共同机构代理模式”。

两国对于联合管理局的职能、法律地位、目的、成员、议事程序、成员的责任、薪资、权利与职能等进行了详细的谈判。① 但是赋予联合管理局何种程度的职权困扰两国很久。起初，两国决定赋予联合管理局在共同开发区绝对的权力。两国约定“该机构代表两国全权行使对共同开发内油气资源勘探开发监督和管理的所有权利”。② 但是，后来两国认为这样容易导致共同开发区的活动脱离两国的控制，可能会对两国的海域主张和立场不利。经过 11 年艰苦谈判，两国最后决定，联合管理局在纯商业性事务上享有决策权；③ 在共同开发事务的行政管理上享有广泛决定权；④ 但是在重大事项上需经两国政府批准。⑤ 也就是说两国政府在重大事务上享有最终决定权。从马来西亚泰国联合管理局的职能来看，该机构只

① 详见 1990 年协定第 1~13 条。

② 1979 年马泰谅解备忘录第 3 条第 2 款。

③ 1990 年马泰协定根据第 7 条第 1 款和第 2 款。

④ 1990 年马泰协定第 7 条第 1 款和第 2 款 c、d、f、i、j、k 项的规定。

⑤ 1990 年马泰协定第 7 条第 2 款 a 项；1990 年马泰协定第 7 条第 2 款 e 项；1990 年马泰协定第 11、12 条；1990 年马泰协定第 14 条。

是代表两国对共同开发事务进行管理，而不具有超越两国的权力。如果将马来西亚泰国联合管理局界定为“超国家机构”，这种表述明显不准确，而且容易造成误解。

综上，泰国马来西亚共同开发案的管理模式属于共同管理模式和机构代理模式。

（三）马越共同开案的共同管理模式

马来西亚和越南的海洋石油产业发展水平和开采能力悬殊。20世纪90年代越南海洋石油产业刚起步，发展水平低，不具备开发海洋油气资源的能力。但是，越南希望与马来西亚合作管理和开发共同开发区的油气资源，以学习马来西亚管理开发海洋石油的经验。为了满足越南获取开发海洋石油资源的资金、技术和管理经验的愿望，两国决定采取“共同管理模式”。

马来西亚越南共同开发区面积小。一般对外合作开发中，授予合同区块的面积与马来西亚泰国共同开发区的面积差不多。如果为了开发该海域的资源，设立专门的机构，制定专门的制度，浪费时间、财力和精力，完全没有必要。因此，两国决定采取“石油公司代理”的管理模式，授权各自的国家石油公司全权负责两国共同开发区石油的开发与管理。①

值得注意的是，马来西亚和越南的管理模式的变化。当初，马来西亚和越南约定共同开发区适用的法律以两国现有的法规制度为主。但是，当时未考虑到越南石油开发的法规不完善，同时缺乏管理经验和开发能力，越南无法履行共同管理、共同开发的义务。因此，在实施的过程中变为“一国管理模式”。② 即马来西亚和越南共同开发区由马来西亚国家石油公司代表两国对共同开发区事务进行管理，负责共同开发区的石油勘探与开发。由此得出一个结论，在选择共同开发的管理类型时，既要考虑公平的问题，更要结合两国经济实力尤其是石油产业发展水平和完善程度，来考虑当事国履约能力，选择最切实可行的管理模式。

---

① 1992年马越谅解备忘录第3条a款。

② 这个问题将在第四章具体讨论。

从上述泰国湾共同开发实践的管理模式看出，它与当事国的国内石油开采机制、石油产业发展水平和开发海洋资源的能力、共同开发区的面积的大小等因素密切相关。例如，泰国与马来西亚两国实力相当，希望共同开发体现两国地位的平等，因而采取“当事国共同管理模式”。马来西亚泰国共同开发区面积大，根据管理的需要采取“共同机构代理模式”。而马来西亚和越南两国实力对比悬殊，越南希望通过与马来西亚的合作，共同管理共同开发区的石油作业从而学习开发海洋资源的技术和管理经验，因此也决定采取“当事国共同管理模式”。但由于两国共同开发区面积小，决定授权两国石油公司全权负责共同开发事务，采取“石油公司代理模式”。

从马来西亚泰国和马来西亚越南共同开发的实践看，可以说共同开发的管理模式对共同开发区的管辖权、石油开发权、法律适用和共同机构的职能等问题具有重大影响。① 从谈判实践来看，马来西亚泰国共同开发的管理模式耗费的时间较长。从两国原则确定采取“共同机构代理的模式”到两国签订 1990 年协定，谈判时间长达 11 年。这说明协调当事国不同的石油开发制度，制定专门适用于共同开发区的法规制度耗时费力。而马来西亚越南共同开发模式，授权两国石油公司全权负责，采取适用各自现有法律的方式，具体事宜由两国石油公司协商确定，因此谈判时间短。另外，共同开发的经验也对谈判有重要影响。马来西亚和泰国当时没有任何共同开发经验可以借鉴，因此谈判时间长。而马来西亚和越南在马来西亚泰国共同开发经验的基础上，很快达成了共同开发协议。

五、共同开发区适用的法律

法律适用是一国主权的具体表现，因此共同开发区法律适用问题也是谈判中的重点问题。

从现有的共同开发实践来看，共同开发区法律的适用一般可以分为以下四个类型：其一，分别适用当事国各自的国内法；其二，

① 后续将在第 4 章做深入探讨。

统一适用一国国内法；其三，统一制定适用于共同开发区的专门法;① 其四，以上述一种为主，其他为辅的综合类型。下面将结合泰国湾的实践进行具体分析。

（一）泰马共同开发案以适用专门法为主

泰国和马来西亚国内法规制度都比较完善，而且经济发展水平相当。但两国具体的石油开发法规制度不同。泰国石油开发采用许可制。其国内法规定，由主管机构颁发许可证，将特定合同区块的勘探、开发和生产的专营权授予许可人，被许可人对开采出的石油资源享有所有权，向东道国缴纳矿区使用费、租金等，东道国通过"国家参股"、利润分享以及较优惠的财政安排与石油公司共享利润。而马来西亚采用产品分成制，即政府授权国家石油公司与外国石油公司订立合同，马来西亚国家石油公司享有石油资源的所有权，外国石油公司作为承包商取得合同区块的经营权。在东道国国家石油公司的全面控制下，外国石油公司单独承担所有开采风险和经营成本，由最先开采出的石油补偿其投资成本。外国石油公司收回成本后，东道国石油公司和外国公司共同分享石油收益，同时外国石油公司需就其收益向东道国缴纳所得税。近代以来，许可制和产品分成制的区别已经不是很明显。可以说，两国的石油开采制度只是形式不同，本质内容区别不大，都具有互惠互利性、更有利于资源国政府、条款标准化、内容灵活性增强的特点。② 但法律适用是一国行使国家主权的表现，各国都希望共同开发区适用本国的石油开发制度，而不希望适用另一国的法律制度。为了尽量体现两国法律地位的平等性，同时平等对待两国石油公司和共同开发事务，双方最终决定制定专门适用共同开发区的管理和开发制度，而不适用任何一方现有的石油法规制度。但是，石油开采制度种类不外乎许可制、产品分成制、服务合同、综合石油开采制度这几种。马来

① 本书出现的"专门法"均指当事国制定的适用于共同开发的特殊的法规制度。

② 余劲松:《国际投资法》(第四版)，法律出版社 2014 年，第 77~84 页。

西亚和泰国不可能凭空创造出与上述类型完全不同的石油开采制度。为了实施的便利，两国需要就双方的石油开采制度作出选择。经过多轮的谈判，综合两国海洋开发的能力和经验，双方认为马来西亚的产品分成制比泰国的更具有优势。因此，在马方在其他事项上作出让步的情况下，泰国同意共同开发区适用产品分成制。值得注意的是，共同开发区的产品分成制不是简单照搬马来西亚的产品分成制，而是专门制定适用于共同开发区的产品分成制度。

其他与石油开采相关的法律制度，例如财政税收等法规制度，两国采取同时适用专门共同开发区的法律制度和两国的国内法。这些专门法大多属于原则性的规定，因此需要结合各自国内法适用。这样既节省了双方的精力，也充分体现了两国的平等性。

概言之，适用于马来西亚泰国共同开发区的法律主要有：马来西亚泰国共同开发协议，两国依据共同开发协议制定的适用于共同开发区的专门法，为了履行共同开发协议专门制定的国内法，为避免管辖权冲突的联合管理局与两国相关主管机构签订的各种合作协议或安排以及两国相关的国内法。其中共同开发协议居于主导地位，其他法律适用以之为指导，并不得违反共同开发协议的规定。如果专门法与一国国内法发生冲突，根据特别法优于一般法的原则适用专门法的规定。例如，泰国制定的《马来西亚—泰国联合管理局2533法案》第3条规定：“其他现行法律、法规和规章的规定与本法案不一致或冲突的，应以本法案规定为准。”马来西亚制定的《马来西亚和泰国联合管理局1990年第440法案》第25条规定：“若本法案条款与其他法律条款存在冲突或不一致，应优先适用本法案的规定。”

综上，泰国和马来西亚共同开发区的法律以专门法规为主，适用各自国内法为辅。

（二）马越共同开发案以适用马来西亚法为主

在谈判的过程中，马来西亚和越南约定各自相关法律制度适用于代表各方的石油公司。但越南当时尚未建立起完善的海洋石油开采法规政策，因此双方一致同意在马来西亚越南共同开发区由适用两国的法律变为以适用马来西亚石油开发相关的国内法为主。虽然适用法律是一国主权的表现，但由于越南当时处于“无法可依”的情况，而且法规政策的建立也不是一朝一夕之功，需要一段时间，为了尽快开发两国争议海域资源，两国约定适用马来西亚成熟的法规制度。这对越南实属无奈之举。此外，由于共同开发安排具有“不影响”和“临时性”的特点，这种安排并不意味着越南放弃自己的海域主张，而承认马来西亚的海域主张和主权。总体而言，这种安排不会对两国的主权造成实质性的损害。马来西亚越南这种共同开发法律适用的安排是以最小的成本换取最大效益的理性选择。客观来讲，这种安排是一种成本低、效率高的明智选择。

从泰国马来西亚和马来西亚越南共同开发的实践看，无论适用何种法律，采取何种类型，由当事国协商确定，以共同开发协议的规定为主。在实践过程中，也可以根据实际情况对共同开发区的法律适用的问题进行协商改变。例如，马来西亚越南共同开发的实践。

值得注意的是，共同开发区法律的适用不对当事国的国家主权和海域主张产生任何实质性影响，也不意味对对方主权和海域主张的承认或者否认。适用何种法律规范，主要是从便利海洋石油开发的实用角度考虑，而不是从主权或者政治的角度考虑。

六、“先存权”问题

“先存权”（preexisting right），是指共同开发协议生效前，缔约国单方授予石油公司，勘探或者开发原为争议海域现为共同开发区的部分或者全部的油气资源的权利。一般来讲，享有“先存权”的主体为外国石油公司。这主要是因为海洋石油开发是资本和技术密集型的产业，只有少数西方石油公司具备开发海上油气资源的能力。

“先存权”对于授权国来讲，具有以下几重意义：其一，经济意义。石油是工业的血液，开采争议海域资源可以满足授权国工业化对能源的需要。石油产业是高回报的产业，授权国通过开发海域油气资源，可以增加本国的财政收入、改善民生。海洋石油产业是技术、资本、知识密集型产业。而只有少数国家掌握海洋石油勘探和开发技术和资金，特别是深海油气开采。因此，授权国通过与外国石油公司合作的方式，可以获得技术、资金和管理经验，加强海洋石油产业基础设施建设、加快海洋油气资源开发、增加就业、改善国际收支，最终促进本国经济发展。其二，政治意义。授权国单边授权石油公司开发争议海域资源的行为具有宣誓享有争议海域主权的意义。尤其在存在岛礁主权争议的海域，这一行为的用意更为明显。其三，战略意义。对于战略地位重要的争议海域，授权国通过授予外国石油“先存权”的方式，拉拢石油公司的母国共同抗衡其他争端当事国，并起到促进相关谈判达到解决海域争议的目的。

在争议海域，争端当事国为了抢占先机，获得更多的海域资源，同时宣誓该国对特定的海域享有主权，往往采取授权外国石油公司开采争议海域油气资源的方式。因此，如何妥善处置“先存权”的问题是争端当事国在共同开发协议谈判过程中的一个非常重要的议题。

（一）柬泰争议海域的“先存权”

两国争议海域石油资源丰富，20 世纪 90 年代，石油价格高企。1992 年柬埔寨工业部（Ministry of Industry）和泰国石油界的代表有意解决两国海域争端。柬埔寨希望参照马来西亚泰国模式，达成共同开发协议。1994 年泰国授权的外国石油公司在两国争议海域发现了具有商业价值的油气矿藏，激发了两国解决该海域争议的积极性。① 1995 年 4 月，泰国邀请柬埔寨就相关事宜进行谈判。1997 年 3 月，柬埔寨抗议泰国在争议海域单边勘探的同时，授权外国石油公司勘探两国争议海域的油气资源。1997 年泰国总理访问柬埔寨，声称泰国将着手解决两国海域争端。1998 年，泰国联合越南共同勘探泰国柬埔寨越南重叠海域，再次引发柬埔寨抗议。泰国称这样做的目的是为了探明矿藏以便未来合作。2001 年 6 月 18 日，两国达成《泰国和柬埔寨关于重叠海域的谅解备

① 参见 Gerald Blake, Boundaries and energy: Problems and prospects, (Springer, 1998), 127。

忘录》（以下简称 2001 年柬埔寨泰国谅解备忘录）（Memorandum of Understanding Between Thailand and Cambodia regarding the Area of their Overlapping Maritime Claims to the Continental Shelf），两国同意就采取共同开发的方式解决争议海域资源利用的问题。① 双方根据该备忘录，成立了联合技术委员会。两国将重叠主张区划分为两部分：北部拟划界，南部拟共同开发解决争议海域资源利用问题。按照双方的协议，共同开发区划分为 4 个区域。第 1、第 2 区域交美国和日本公司开发；第 3 区域交荷兰和澳大利亚公司开发，第四区域交澳大利亚和日本公司开发。此外，约定双方政府官员每年举行三到四次会谈。但是，2001 年后至今两国合作的进展不大。这主要是因为两国在共同开发还是划界、利益分享等问题尚未能达成共识。此后，由于柬埔寨国内政变，泰国政府换届，以及历史问题（例如 2003 年两国因吴哥窟主权归属问题发生冲突），两国会谈一度停滞。

2008 年，柬埔寨再度公开向外国石油公司招标，勘探开发两国重叠海域的资源。② 2009 年 6 月，泰国总理阿披实上台。11 月，柬埔寨任命泰国前总理他信为柬政府经济顾问，双方召回驻对方国家大使。泰国单方面宣布撤销两国于 2001 年达成的柬埔寨泰国谅解备忘录。2010 年 8 月，他信辞去经济顾问职务，双方恢复大使级外交关系。2011 年，泰国外交部发表声明：第一，根据 1907 年法泰边界条约，狗骨岛属于泰国；第二，2001 年两国谅解备忘录明确狗骨岛属于泰国，柬埔寨没有异议；第三，两国 2001 年谅解备忘录继续有效。2012 年，在柬埔寨领导人访问泰国期间，柬方表示愿意加速与泰国的共同开发谈判，希望双方尽快就共同开发达成共识。但随后，泰国发生政变，阿披实执政，双方共同开发的前景又处于不明朗。2014 年，应洪森总理邀请，泰国总理巴育率领

① 参见 D. A. Colson and R. W. Smith, International Maritime Boundares, Vol. V（Leiden：Martinus Nijhoff, 2005）, 3743-3744。

② "Vietnam, Cambodia to share oil resources", Bangkok Post, http：//www.bangkokpost.net/breaking_news/breakingnews.php? id=112371.

代表团对柬埔寨进行正式访问。双方就泰国政局、两国合作、搁置边界争议、加强两国边境地区交流等议题交换意见。2014 年，泰国又发生政变，两国在该海域谈判又处于不确定状态。

（二）泰越争议海域的“先存权”

早在 1978 年泰国与越南就开始为解决海上争端而谈判。两国谈判因越南侵略柬埔寨而中断。1990 年泰国单方授权道达尔（Total）石油公司三个石油区块，面积约为 8000 平方公里。这三个石油区块与越南授予比利时石油公司（Petrofina）的部分石油区块重叠。1990 年 11 月，泰国外交部长访问越南期间，向越南外交部建议共同开发解决争议海域问题，两国之间的谈判重启。此后由于两国关于“土珠岛”的划界效力存在严重分歧，谈判进入僵持状态。1994 年道达尔石油公司在上述区块发现可开采的天然气，又激发了两国谈判的积极性，两国重新开始就海上争端进行谈判。1997 年两国达成划界协议，约定在各自的海域行使管辖权。

（三）马泰争议海域的“先存权”

与马来西亚谈判解决海域争议之前，泰国就依照国内勘探开发石油许可制，向两家美国石油公司颁发了石油勘探开发许可权。这两家公司分别获得专属性经营权，且开发区块位于马来西亚泰国重叠大陆架主张海域。而马来西亚没有单方授权外国石油公司开发该海域的油气资源。随后发现该海域具有可观的油气储量。1978 年，马来西亚泰国两国决定谈判解决海域争议。泰国暂停了对该海域的单边勘探。

两国谈判决定两国共同开发区内已经授予的“特许权、已签发的许可证或者已达成协定或安排”不受两国共同开发安排的影响，继续有效。①

（四）马越争议海域的“先存权”

从 20 世纪 80 年代中期，马来西亚就开始在马来西亚越南重叠主张海域从事油气勘探工作，先后特许三个外国石油公司勘探开发

---

①　根据 1979 年马泰谅解备忘录第 3 条第 2 款，

该海域的石油资源。1991年，马来西亚授权的汉密尔顿石油公司（Hamilton）发现了一个日产4400桶的油田。1991年5月30日越南公开抗议马来西亚的单边勘探开发行为，并给马来西亚外交部发了照会，强调基于双方友好和合作的精神，马来西亚不应该单方授予第三国石油公司开发该争议海域内的资源，同时表达在尊重主权和遵守国际法的原则下与马来西亚进行划界谈判。随后马来西亚暂停了在争议海域的勘探开发活动，接受越南关于谈判的建议。

两国谈判决定，存在于马来西亚越南共同开发区的马来西亚之前授予外国石油公司的开采权继续有效。① 通过保留“先存权”的做法，越南兑现了实实在在的经济收益和政治利益②，马来西亚则收获了对外资保护的声誉和外国投资对马来西亚的信心。

从泰国湾上述实践可以看出，“先存权”普遍存在于泰国湾争议海域。一般争端当事国在解决海域争端的谈判过程中都会要求有关外国石油公司暂停对争议海域的油气开采活动。争议海域的“先存权”还具有启动或者推动相关国家共同开发谈判的作用。例如，柬埔寨泰国、泰国越南、马来西亚泰国、马来西亚越南海上共同开发开发的谈判，都是在一方单独授权石油公司开采重叠海域的资源且有商业性发现后，当事国启动了海上共同开发的谈判。因政治、经济或者其他原因导致谈判中断，外国石油公司发现争议海域具有石油储量，具有再度启动双边谈判的作用。而且，“先存权”在共同开发中都得了保留。例如，泰国和马来西亚、马来西亚和越南的共同开发协议都没有撤销“先存权”，而是允许现有“先存权”的石油公司分享争议海域油气资源的利益。这么做主要有以下两点意义：第一，和平解决了“先存权”的问题，避免恶化当事国之间的争端和东道国与外国石油公司的投资争端和东道国与投资母国的外交争端。第二，兼顾了授权国、非授权争端当事国、投资母国和石油公司的利益。

---

① 1992年马越谅解备忘录第3（c）条。

② 在马来西亚的推动下，1995年越南加入东盟。

七、第三方权利的处理

共同开发区第三方的权利，如果按权利类型可将这些主体分为两类：一类是对该争议海域享有主权（权利）的国家，另一类是依国际法对争议海域享有航行、铺设管道等权利的国家。

对于前者，共同开发的谈判国一般采取排除的做法。例如，泰国马来西亚和马来西亚越南的双边争议海域中，都有一小块海域与第三方的大陆架主张存在重叠。马来西亚泰国和马来西亚越南采取将三边重叠海域排除在共同开发区外的做法。这么做可能是因为：双边共同开发协议谈判比三边或者三边以上的谈判更容易达成协议。另外也更容易执行，避免纠纷的产生。

对于后者，谈判当事国都表示共同开发的安排不影响任何一国依法享有的在该水域的权利。这一方面是由“共同开发”临时性的性质决定的，另一方面可能是因为“共同开发”具有“不影响”的特性。

除了上述基本问题，泰国湾沿海国都不太重视海洋油气开发与其他海洋产业协调，及其对海洋环境造成的影响，因此在共同开发协议的谈判过程中很少涉及这些问题。

第二节　影响共同开发谈判的因素

从泰国湾海上共同开发谈判的实践看，除了法律问题的分歧外，争端当事国的谈判还受以下因素的影响。

一、海域争议复杂程度

根据泰国湾海域争端实践，争端当事国之间的谈判是否顺利与海上争端的复杂程度密切相关。

首先，海域划界困难是争端当事国选择共同开发的前提条件。如果争端当事国能够就划界达成共识，也没有共同开发的必要。例如，泰国和越南划定了两国大陆架边界，除非存在跨界矿藏，否则两国没有必要就整个重叠主张海域的资源进行合作开发。

其次，海域划界争端的复杂程度主要取决定于争端当事国的数量、争议原因以及争议的内容。争端越复杂，谈判越艰难、进程越缓慢。而争议越简单，谈判越顺利，越容易达成共同开发协议或者划界协议。第一，争端当事国的多少。一般争端当事国的数量越多，争议越复杂，越难达成共同开发协议。目前，泰国湾和其他地区的共同开发实践都是双边的。例如，泰国湾双边海域划界争端，除了越南和柬埔寨、柬埔寨和泰国这二者海域争端特别复杂外，其他的海域划界争端都通过谈判得到解决，或者划界或者共同开发。但是，泰国湾的三边和四边重叠海域争议，除了越南、泰国、马来西亚这三个国家就其重叠海域的共同开发事宜进行接触外，其余部分至今没有任何进展。第二，争议的原因和内容。导致海域划界争议的原因前文分析主要有法律因素（如国际法关于划界规则、岛礁划界效力、岛礁主权争端）、地缘政治因素、历史殖民因素和经济因素。一般来讲，影响海域划界争端的因素越少，海域划界争端越容易解决；影响因素越多，越难解决。争端的内容越简单，争端越容易解决。从法律角度看，泰国湾海域争端主要关于岛礁主权的争端和海域管辖权的争端。从资源的角度看，该海域的争端主要有关于渔业资源的争夺和对油气资源的争夺。以柬埔寨和泰国的海域划界争端为例，影响两国海域划界争端的因素既有法律因素，也有历史因素，还有殖民遗留问题（例如1907年《法泰边界条约》）；两国海域划界还与岛礁主权争端交织在一起；双方不仅存在油气资源开发的纠纷，还存在渔业纠纷。另外，两国关系时好时坏。同样的，越南和柬埔寨的海域划界争端也比较复杂。导致两国海域划界争端的因素，不仅有法律原因、历史原因和殖民原因，还有地缘政治、经济等因素；两国争议海域还存在岛礁主权争端；而且柬埔寨越南海上渔业争议和海洋油气资源争议并存。由于柬埔寨与泰国和越南与柬埔寨的海域划界争端异常复杂，上述海域争端至今未取得实质性进展。与前两者相比，泰国与越南、泰国与马来西亚海域争端内容比较单纯，主要是由法律原因造成的，海上争端主要表现为海域划界争端和渔业纠纷。而马来西亚与越南之间的海域划界争端是泰国湾海域划界争议中最简单的，主要是由于海洋法关于划界规则不明确造成的海域划界争端，而且两国争议海域面积小。目前，泰国和越南则就争议海域达成海域边界协议；泰国与马来西亚近海争议海域达成划界协议，远海争议海域达成共同开发协议；马来西亚和越南就争议海域也已经达成共同开发协议。

二、经济技术可行性

从泰国湾各国共同开发谈判的进展来看，经济和技术上是否可行是决定争端当事国能否实现共同开发的主要因素。

这里主要涉及三个问题：争议海域的资源是否具备开采价值；争端当事国是否具备开发海洋资源的能力；争端当事国对油气资源需求是否强烈。

首先，争议海域的资源是否具有开采价值。争议海域有商业价值的油气资源，争端当事国才有合作开发的必要，石油公司才愿意投入巨资进行开发。反之，如果海域资源不具有商业价值，则没有共同开发的必要。泰国湾海域资源丰富且具有极高的商业价值，这是推动争端当事国进行共同开发的主要动力。例如，泰国主张海域探井成功率为50%，远远高于世界10%的平均探井成功率。又如，马来西亚的石油产品在国际市场上很受欢迎，除了价格合理外，还有一个主要原因就是该海域的石油纯度高。因此，泰国湾沿海四国都愿意合作开发争议海域油气资源。

其次，当事国是否具备开发海洋石油的能力。海洋石油开采比陆地石油开采对技术和资金要求都较高。如果争端当事国仅有合作的意愿，但是不具备开发海洋油气资源的能力，共同开发也不能实现。越南和柬埔寨就是典型的例子。两国虽然都有合作开发两国争议海域油气资源的意愿，但是两国都不具备开发海洋石油资源的能力，因此只能望洋兴叹。而泰国马来西亚和马来西亚越南共同开发进展顺利，与马来西亚的石油产业发达不无关系。有趣的是，一般不具备独立开发能力的当事国对于共同开发的态度更为积极。例如，泰国马来西亚共同开发的谈判中，泰国对共同开发的态度比较积极。马来西亚与越南的共同开发谈判中，越南合作的意愿更为强烈。柬埔寨与泰国的共同开发谈判中，柬埔寨对共同开发的态度明显比泰国更为主动。但能否达成共同开发协议主要是由具备开发能力的一方决定的，而态度积极的一方对此影响较小。例如，掌握资金和技术的马来西亚愿意与越南合作开发争议海域的油气资源，两国很快达成了共同开发协议。而对于柬埔寨，掌握资金和技术的泰国与之合作的积极性不高，两国迟迟未达成共同开发协议。这说明，掌握海洋石油开发的资金、技术和管理经验的国家，在共同开发谈判中更有优势，具有左右谈判的实力。

再次，对于石油能源需求的强烈程度。当事国对于海洋能源需求越强烈则对共同开发的态度越积极。例如，20 世纪 70 年代两次能源危机后，马来西亚泰国两国对于开发海洋石油的需求都很强烈。两国对共同开发的态度都比较积极。20 世纪 90 年代后，柬埔寨摆脱战乱的困扰，开始发展经济，迫切希望开发海洋能源。因此柬埔寨对于柬埔寨泰国共同开发的态度非常积极。而泰国对于海洋油气资源的需求不如 20 世纪 70 年代迫切。因此，它与柬埔寨的合作积极性不大。所以两国至今未能达成共同开发协议。

三、海域资源对当事国的重要性

争议海域资源对于当事国的重要性影响当事国对共同开发的态度。这主要表现在两方面。一方面，与争议海域的资源是否具有可替代性有关。另一方面，与一国的产业政策有关。

如果争议海域的资源是一国产业的支柱并且不具有可替代性，往往争端当事国不易达成共同开发协议。例如，油气产业虽然是越南和马来西亚的支柱性产业，但是由于其海上油气资源资源主要分布在南海。因此，两国在开发泰国湾海域资源的问题上比较容易妥协，达成共识。而泰国和柬埔寨则不同。双方陆地油气资源都比较贫乏，海洋油气资源主要分布在泰国湾，而石油是两国产业政策的重中之重。如对于柬埔寨来讲，两国争议海域的油气资源是其改变经济现状的“救命稻草”，而其对于泰国也至关重要，泰国湾的油气资源是泰国摆脱对进口油气资源依赖的唯一指望，是其工业的主要原料，对其经济发展具有不可替代的作用。因此，在海域划界和共同开发利益分配问题上两国不易妥协。

四、政治意愿是否强烈

政治意愿，尤其是国家领导人的关系，对于争端当事国共同开发的谈判有重要的影响。① 以柬埔寨和泰国为例，两国争议海域油气资源丰富，石油公司均发现该海域油气资源前景广阔。但历经近20年两国谈判无果。这与两国领导人不断更迭，对合作的态度不同有密切关系。例如，2001年2月他信任泰国总理。由于他信与柬埔寨的总理洪森私人关系密切，在他信执政期间，两国海上争端的谈判取得实质性突破。2001年6月18日，双方达成《泰国和柬埔寨关于重叠海域的谅解备忘录》两国同意就采取共同开发的方式解决争议海域资源利用的问题。② 2006年他信下台，两国在共同开发区利益分配上的分歧不能弥合。自此两国关于共同开发的谈判没有取得任何突破性进展。2009年6月泰国总理阿披实上台。11月，柬埔寨任命泰前总理他信为柬政府经济顾问，由此两国交恶，双方召回驻对方国家大使。泰国单方面宣布撤销两国2001年柬埔寨泰国谅解备忘录。至此，两国谈判中断。2011年8月，英拉当选为泰国总理。随后泰国外交部发表声明泰国外交部发表声明：第一，根据1907年《法泰边界条约》，狗骨岛属于泰国；第二，2001年两国谅解备忘录明确狗骨岛属于泰国，柬埔寨没有异议；第三，两国2001年谅解备忘录继续有效。2012年，柬方表示愿意加速与泰国的共同开发谈判，希望双方就开发方式达成共识。两国谈判重启。但2014年泰国又发生政变，英拉下台。两国海上共同开发的谈判又陷入停滞。从柬埔寨和泰国的共同开发谈判过程

① 参见杨泽伟：《海上共同开发“区块”如何选择?》，载《社会观察》2015年第9期，第19页；何海榕：《争议海域油气资源共同开发五要素及对中国的启示》，载《武大国际法评论》2016年第2期，第327~328页；Robert Beckman (eds.), Beyond Territorial Disputes in the South China Sea: Legal Framework for the Joint Development of Hydrocarbon Resources, Edward Elgar Publishing Limited 2013, p. 141。

② 参见D. A. Colson and R. W. Smith, International Maritime Boundares, Vol. V, Leiden: Martinus Nijhoff, 2005, pp. 3743-3744。

可以看出政治合作意愿，尤其是国家领导人的态度对共同开发谈判的进程有着重要的影响。

影响争端当事国共同开发谈判的政治因素还有国际格局、地缘政治。冷战后，随着国际格局和地缘政治变化，泰国湾国家关系改善，泰国湾海上共同开发谈判的进程明显加快。比如，1990 年 5 月 30 日泰国和马来西亚签署《马来西亚和泰王国政府关于建立马来西亚-泰国联合管理局及其他事项的 1990 协定》，两国结束了漫长的共同开发谈判。1992 年马来西亚和越南达成《马来西亚和越南社会主义共和国关于两国大陆架划定区域内石油勘探和开采的谅解备忘录》。两国同意采取共同开发的方式解决争议海域资源利用的问题。

国内政局也对当事国共同开发的谈判有重要影响。以泰国湾的马来西亚为例，其国内政局稳定，已经成功地解决了与邻国海上争议，分别与泰国和越南达成共同开发协议。再如越南，越南统一后，国内政局稳定，也成功与泰国和马来西亚解决了相互之间的海上争议。而泰国和柬埔寨则与上述两国形成鲜明的对比。泰国国内政权更替频繁，导致其与柬埔寨和马来西亚的海上共同开发谈判多次中断。柬埔寨直到 1993 年国家才进入和平建设时期，与泰国湾其他国家相比，它与邻国之间海域划界争端解决的进度最慢。

争端当事国国家关系也是影响共同开发谈判的一个政治因素。以泰国和马来西亚为例，两国历来关系友好，两国早在 1979 年就解决了两国的海域划界争端。再如，冷战后越南与泰国和马来西亚的关系得到实质改善，1992 年越南与马来西亚达成共同开发协议，1997 年越南与泰国达成海域划界协议。与之相反，由于历史上泰国和越南就对柬埔寨不断倾轧，柬埔寨与两国的关系时好时坏，相互之间缺乏信任。柬埔寨与泰国和越南的海域划界争端至今未得到解决。

五、当事国实力对比

泰国湾沿海四国政治制度、经济发展水平和国家实力存在明显差异。从泰国湾共同开发谈判的实践可以看出，国家实力的强弱也对共同开发的谈判有重要影响。

根据泰国湾共同开发的实践，如果争端当事国的实力相差悬殊，那么两国谈判是否顺利主要取决于强势的一方。也就是说，共同开发谈判成功与否主要取决于强势一方的合作意愿是否同样强烈。如果强势的一方合作愿望强烈，那么共同开发的谈判就容易成功。例如，马来西亚和越南，马方属于强势的一方，马来西亚愿意与越南合作，因此两国共同开发谈判进展顺利。如果强势的一方合作的意愿不是很强烈，那么谈判就比较艰难。例如，柬埔寨和泰国之间的谈判。泰国作为强势的一方对与柬埔寨合作的意愿不是很强烈，因此两国共同开发谈判进展缓慢，至今未达成任何划界或者共同开发协议。

对于实力相当的国家间的谈判则对争端当事国是否能达成共同开发协议影响不是很大，而更多地取决于上述提到的其他因素。例如，争议的复杂程度、开发海洋油气资源经济技术的可行性、海洋资源对于当事国的重要性、双方合作意愿尤其是领导人的态度。例如，泰国和马来西亚两国经济发展水平相似、政治意识形态相同、实力相当，两国的合作意愿强烈，并且具备开发海洋油气资源的能力。因此，两国早在1979年就达成了共同开发协议。

本章小结

争议海域共同开发既不是习惯国际法，也不是国际条约法规则，更不是一般法律原则。因此，争端当事国需要通过谈判为争议海域资源的开发建立起一套规则制度，为当事国确立共同开发的义务。当事国需要就如下问题进行磋商并达成共识：确定共同开发区的范围和利益分配比例，根据共同开发区面积的大小、当事国国内石油法规制度以及石油产业的发展水平来选择共同开发的管理类型、石油开采制度，并明确税费制度和司法管辖权制度，此外还需对“先存权”、第三方权利等问题作出妥善处理。

共同开发谈判能否成功主要受以下非法律因素影响：海域争议的复杂程度、争议海域的资源是否具备商业价值，争端当事国是否具备开发海洋资源的能力以及对油气资源需求的强烈程度，争议海域资源对争端当事国是否重要、是否具有替代性，争端当事国的政治意愿是否强烈，国际格局、地缘政治是否适宜，争端当事国的国家间关系是否友好以及国内政局是否稳定等。

综上，海上共同开发的谈判不仅仅是一个法律问题，还是一个经济问题，更是一个政治问题。

第三章　泰国湾海上共同开发的法律文件

目前，泰国湾达成的共同开发协议主要有1979年《马来西亚和泰王国为开发泰国湾两国大陆架划定区域内海床资源而建立联合管理局的谅解备忘录》(以下简称“1979年马来西亚泰国谅解备忘录”)、《马来西亚和泰王国政府关于建立马来西亚—泰国联合管理局及其他事项的1990协定》(以下简称“1990年马来西亚泰国协定”)和1992年《马来西亚和越南社会主义共和国关于两国大陆架划定区域内石油勘探和开采的谅解备忘录》(以下简称“1992年马来西亚越南谅解备忘录”)。此外，2001年柬埔寨和泰国达成了《泰国和柬埔寨关于重叠海域的谅解备忘录》(以下简称“2001年柬埔寨泰国谅解备忘录”)，但它不是真正意义上的共同开发协议，只是两国就共同开发进行谈判的政治承诺。

但海上共同开发相关的法律文件不仅限于共同开发协议，还与石油合作协议和石油作业协议等密切相关。其中共同开发协议居于主导地位，属于国际条约；而其他法律文件以之为依据受其约束，属于国际合同。

第一节　共同开发协议

共同开发协议是指争议海域争端当事国就利用特定的争议海域的特定资源相关的权利和义务达成共识的契约性条约。它为缔约国确立了共同开发的义务，建立了共同开发机制。

一、共同开发协议的法律性质

共同开发协议是国际法上的条约。它具备条约的基本特征。共同开发协议以国际法为准，体现平等互利和公平合理的国际法基本准则。它是缔约国在平等互利的基础上缔结的，内容公平合理。其缔结、生效、遵守与实施、修订与解释以及终止和无效完全符合条约法的规则。例如，1979 年泰国和马来西亚谅解备忘录规定："本备忘录自双方互换批准文书之日起生效。本备忘录于 1979 年 2 月 21 日在清迈用泰语、马来语和英语三种语言文本写成。三种文本若存在不一致，应以英文文本作准。"再如，1990 泰国和马来西亚共同开发协议中规定："（1）本协定自交换批准文书之日起生效，除非双方政府另达成一致，本协定有效期与《1979 年谅解备忘录》有效期一致。（2）本协定终止后，联合管理局应按照双方政府批准的清算程序解散。"①

与一般条约相比，共同开发协议具有以下四个突出特点：

其一，共同开发协议的主体不仅是国际法的主体，还是海域划界争端的当事国。从泰国湾共同开发的实践来看也是如此。例如，马来西亚泰国共同开发协议的主体是马来西亚和泰国。马来西亚越南共同开发协议的主体是马来西亚和越南。越南、泰国和马来西亚都是具有国际法主体资格的国家，同时也是泰国湾海域划界争端的当事国。

其二，共同开发协定是契约性条约。其主要作用是为缔约国创设国际法上共同开发的义务，并且对缔约国在共同开发区的行为进行规范。它只对缔约国具有法律拘束力。例如，1979 年马来西亚泰国谅解备忘录前言中表明该协议就是为了尽快开发"重叠海域海床资源"，确立两国的合作义务而签订的。重叠海域海床资源尽快进行开发符合两国的最佳利益；双方确信此种开发活动需要两国彼此间的合作。再如，1992 年马来西亚越南谅解备忘录前言中称

① 《马来西亚和泰王国政府关于建立马来西亚-泰国联合管理局及其他事项的 1990 协定》第 18 条。

为了“重叠海域进行石油勘探和开采”，两国就此“合作方面达成的协议”。

其三，泰国湾共同开发协议一般采取谅解备忘录的形式。共同开发属于1982年《联合国海洋法公约》第73和84条提到的划界前“临时安排”。与划界协议相比，它不具有终局性和正式性，只是争端当事国在划界前对海域海域资源的利用采取的一种临时措施。而且，它对未来的海域划界以及当事国的海域主张和立场都不产生任何影响。作为国际条约的谅解备忘录一般适用于对缔约主体影响较小、较不重要的事项。因此，泰国湾国家的共同开发协议一般采用谅解备忘录的形式。

其四，共同开发协议一般是双边的经济性的条约。国际和泰国湾的实践都表明共同开发协议一般是双边的。这在第二章第一节第一部分关于共同开发的主体已经做了阐述，这里就不再重复。此外，与划界协议相比，共同开发协议属于经济性的条约。它不对当事国的权利进行法律性处置。它的宗旨和目的就是为了利用和分享争议海域的油气资源。例如，1979年马来西亚泰国谅解备忘录前沿提到“考虑到对重叠海域海床资源尽快进行开发符合两国的最佳利益”。再如，1992年马来西亚越南谅解备忘录前沿中也提到“考虑到搁置两国在马来西亚西部的东北部海岸和越南西南部海岸的大陆架划界，达成在重叠海域进行石油勘探和开采的临时安排，符合两国最大利益”。从两国共同开发谈判的背景和上述表述都可以看出，共同开发协议就是为了开发争议海域油气资源。因此，与划界协议不同，它更多地考虑经济的便利性和可行性。

二、共同开发协议的形式

比较常见的条约主要有：条约（treaty），公约（convention），协定（agreement），协定书（protocol），宪章（charter），盟约（convenant），规约（statute），换文（exchange of notes），宣言（declaration），联合声明（joint statement），联合公报（joint communique），谅解备忘录（memorandum of understanding），文件

(act)，总文件（general act）或者最后文件（final act）。① 上述条约的区别在于缔约程序不同，适用的事项不同，但是在法律性质和结构上没有本质区别。例如，条约一般用于重大的事项，多见于政治性的或者限制性的多边条约如和平条约、友好条约、商务条约、航行条约、同盟条约、防御条约、人口条约、领土条约等。公约多为造法性的规定。协定一般为缔约主体的政府间或者行政部门间所缔结的范围较窄或者性质不重要、时间不长的事项的意思表示。不如条约和公约那么正规。议定书通常作为主条约的附属文件，是对主条约的补充、说明、解释或者改变主条约的部分条款。它可以看做主条约的一个组成部分。其他的类型多为政府缔结的一种简易形式的条约，签约程序比较简单。

笔者认为，共同开发协议采取"谅解备忘录"、"协定"、"议定书"或者"换文"的形式比较恰当。理由如下：

第一，共同开发协议不是对海域争端的最终解决。大部分共同开发协议仅仅是对重叠海域矿藏资源利用的一种安排。与划界、岛礁主权的归属相比，共同开发争议海域油气资源是国家较低程度的承诺。因此，采用"谅解备忘录"、"协定"、"议定书"或者"换文"等这些非正式的"条约"的形式比较恰当。

第二，当事国有必要通过条约的形式约定共同开发的国际义务。共同开发不是国际法义务。② 也就是说，缔约国达成共同开发协议非基于 1982 年《联合国海洋法公约》的规定或者习惯国际法的规则，而是基于当事国的政治意愿，为了经济的目的而达成的协议。马来西亚泰国和马来西亚越南共同开发协议都缔结于 1982 年《联合国海洋法公约》生效前。而且，泰国不是 1982 年《联合国海洋法公约》的缔约国。因此，即使 1982 年《联合国海洋法公

① 参见杨泽伟：《国际法（第三版）》，高等教育出版社 2017 年，第 268~269 页。

② 不同的学者对共同开发的法律性质持不同的观点。笔者认为共同开发目前尚不是国际法的义务，但有变成国际法义务的趋势。参见杨泽伟、董世杰、何海榕：《海上共同开发国际法问题研究》，社会科学文献出版社 2016 年，第 4~7 页。

约》关于专属经济区和大陆架“临时安排”的规定是国际法义务，也并不当然适用于马来西亚泰国共同开发区。并且，从马来西亚泰国和马来西亚越南共同开发协议前言的表述看，缔约国也不是出于对于“共同开发”的法律确信而达成的共同开发协议，而是当事国考虑到划界需要较长的时间，基于相互之间共同的利益、合作的精神和友谊，为了尽快利用重叠主张海域的资源而达成的共同开发协议。如1979年马来西亚泰国谅解备忘录称“注意到两国正在进行的关于划分泰国湾大陆架边界的谈判可能会持续一段时间”“考虑到搁置两国在马来西亚西部的东北部海岸和越南西南部海岸的大陆架划界，达成在重叠海域进行石油勘探和开采的临时安排，符合两国最大利益”。再如，1992年马来西亚越南谅解备忘录提到“考虑到搁置两国在马来西亚西部的东北部海岸和越南西南部海岸的大陆架划界，达成在重叠海域进行石油勘探和开采的临时安排，符合两国最大利益”。因此，缔约方有必要通过具有拘束力的法律文件的形式建立起争端当事国之间的共同开发义务。换言之，缔约国需要通过条约的形式，将共同开发的基本事项（共同开发的方式、利益分配方式、争端解决方式）、适用范围（如共同开发区的范围、共同开发的对象）和期限作出规定。值得注意的是，1994年《联合国海洋法公约》生效后的共同开发协议大多称之为“条约”。例如，2001年尼日利亚和圣多美普林西比共同开发案，其共同开发协议的名称为《尼日利亚联邦共和国与圣多美普林西比民主共和国共同开发两国专属经济区的石油及其他资源的条约》，2001年东帝汶与澳大利亚共同开发案的共同开发协议称为《澳大利亚—东帝汶关于帝汶海特定海上安排条约》，2003年巴巴多斯和圭亚那共同开发案《巴巴多斯—圭亚那关于在其他国家专属经济区外部界限以外两国专属经济区外部界以内的双边重叠区中的专属经济区行使管辖权的专属经济区合作条约》，2012年塞舌尔群岛和毛里求斯共同开发案的共同开发协议为《塞舌尔共和国政府与毛里求斯共和国政府关于共同管理马斯克林高原地区大陆架的条约》。这说明，《联合国海洋法公约》生效后有些国家承认共同开发是国际法上的义务。

第三，“谅解备忘录”“协定”“议定书”或者“换文”等条约形式的缔约程序都比较简单，一般不需要经过一国的宪法程序。符合当事国尽快利用争议海域油气资源的诉求。此外，谅解备忘录具有保密性的特点。避免引起不必要的舆论炒作和对主权、国家利益等敏感问题争议。共同开发协议容易为缔约国内所接受并生效。而且，谅解备忘录修正和终止都比较简单。符合“共同开发”作为争议海域临时性安排的特点。

第四，共同开发本质上属于经济合作。一般谅解备忘录的内容只规定基本的原则和准则。例如，1979 年《马来西亚泰国谅解备忘录》和 1992 年《马来西亚越南谅解备忘录》只包括了共同开发的基本的原则和准则。采取谅解备忘录的方式，让有关组织或者国家石油公司主导共同开发事务符合共同开发的经济性特点。它有利于共同开发按照符合商业的效率原则运作，防止缔约国政府对经济事务的过多干预。例如马来西亚泰国共同开发事宜主要由联合管理局负责。而马来西亚越南共同开发事宜由两国国家石油公司具体负责。

最后，符合泰国湾和其他海域共同开发的实践。大部分共同开发协议采取“协定”，例如，1962 年荷兰与联邦德国埃姆斯河口资源共同开发案①、1965 年科威特与沙特阿拉伯共同开发案②和 1974 年日韩共同开发案③都将共同开发协议称为“协定”。而泰国湾的国家倾向于将共同开发协议称为“谅解备忘录”。例如，1979 年马来西亚泰国谅解备忘录、1992 年马来西亚越南谅解备忘录。

三、共同开发协议的主要结构

一般来讲，条约主要由约首、主要条款、最后条款和约尾构

① 1960 年 4 月 8 日《荷兰王国与德意志联邦共和国签署的〈关于在埃姆斯河口合作安排的条约〉（〈埃姆斯-多拉德条约〉）之补充协定》。

② 参见《沙特阿拉伯王国和科威特国有关毗邻分隔区的水下区域的协定》。

③ 参见《日本和大韩民国关于共同开发邻接两国的大陆架南部的协定》。

成。共同开发协议与其他条约相同，也主要由上述四部分构成。

（一）共同开发协议的约首

条约的约首，也可以称之为“序言”、“前言”。一般包括缔约国的称号，缔结条约的意图和宗旨以及全权代表的姓名和职衔。

马来西亚泰国谅解备忘录的约首包括缔约国的称号、两国缔结共同开发协议的目的。两国在“相邻的大陆架上存在一块重叠区域”，而且该重叠海域的划界谈判“可能会持续一段时间”，因此基于两国的“最佳利益”的考虑，为了加强两国的“传统友谊”；两国决定合作尽快开发“重叠海域的海床资源”。为此，双方达成共同开发协议。

马来西亚越南谅解备忘录的约首也包括了缔约国的称号、两国缔结共同开发协议的目的和宗旨。两国“承认在马来西亚西部的东北部海岸和越南的西南部海岸的大陆架边界线主张存在重叠，遵守双方领导人仅在两国间重叠海域合作方面达成的协议，鉴于两国领导人决定在适当的时机和平解决两国间所有涉及多方的主张重叠问题”，两国基于“最大利益”的考虑，认为搁置划界问题，“达成在重叠海域进行石油勘探和开采的临时安排”，由两国合作勘探和开采活动。因此，达成共同开发协议。

从马来西亚泰国和马来西亚越南共同开发协议的表述可以看出，缔约国达成共同开发协议不是基于对“共同开发”的法律确信，而是基于两国利益的考虑，认为共同开发是在划界前符合两国利益的安排。共同开发协议的目的是两国合作开发重叠主张海域的油气资源资源。

（1）共同开发协议的主要条款

英国国际法和比较法协会，结合现有的共同开发实践，认为共同开发协议应该包括以下主要条款：共同开发协议的形式和基本原则（method and principle of the model of agreement），缔约方、第三方和“先存权”（parties，third parties，pre-existing rights），开发模式（development options），财税条款（financial provisions），法律适用、管辖权和执行条款（applicable law，jurisdiction and enforcement），争端解决条款（dispute settlement），管理机构

(regulatory authorities: the joint commission), 共同开发区 (the joint development zone: definition, overlap problems, unitization), 卫生安全条款 (health and safety), 保护环境条款 (protection of the marine environment), 最后条款 (不影响条款、生效和期限) (final clauses: without prejudice, entry into force, duration)。

英国的皮特·卡梅伦教授 (Peter Cameron) 和理查德·诺温斯基教授 (Richard Nowinski) 认为共同开发协议主要包括以下条款：共同开发的一般条款 (包括缔约方，关于开发的基本原则，第三方的权利，其他国家在上覆水域的权利，"先存权"，共同开发的模式/类型), ① 财税条款，法律适用、管辖权和执行条款，共同开发区的确定，卫生和健康保障条款，保护环境条款，期限，不影响条款和争端解决条款。

萧建国博士在其著作《国际海洋边界石油的共同开发》，认为共同开发协议的框架内容主要有：不影响主权或者划界立场条款、第三方权利的处理、共同开发区的划定、共同开发的管理模式、共同开发区合同制度的选择、共同开发区税收和收益分配、海洋环境保护、共同开发区管辖权的分配、共同开发争端的解决。

笔者认为，共同开发协议的主要条款是关于缔约国在共同开发区的权利和义务的规定。根据泰国湾共同开发的实践，它们主要是关于共同开发区的条款、关于跨界矿藏的条款，关于共同开发区管理类型的条款、关于"先存权"的条款，关于共同开发区利益分配的条款，关于海域划界的条款，关于共同开发区管辖权的条款和关于其他海上活动以及海洋生态保护的条款。

1. 关于共同开发区。1979 年马来西亚泰国谅解备忘录第 1

---

① 皮特·卡梅伦 (Peter Cameron) 和理查德·诺温斯基 (Richard Nowinski) 将之分为三类：一类为一国代理模式 (one state management), 例如沙特和巴林共同开发案；一类为强制合资经营模式 (compulsory joint venture), 例如韩国日本共同开发案；一类为共同管理局模式 (joint authority), 例如马泰共同开发案。参见 Robert Beckman (Eds), Beyond Territorial Disputes in the South China Sea, Edward Elgar Publishing Limited, pp. 165-166。

条明确了共同开发区的范围、坐标和位置。马来西亚和泰国将两国大陆架边界线重叠主张的海域作为共同开发区。该谅解备忘录第 3 条第 2 款将两国的重叠区域称之为“共同开发区”（the joint development zone）。

1992 年马来西亚越南谅解备忘录第 1 条也明确了两国共同开发区的具体范围、坐标和位置。两国将“位于马来西亚西部的东北部海岸和越南西南部海岸的大陆架边界线主张的重叠区域”作为共同开发区，将该区域称之为“划定区域”（the defined zone）。

马来西亚泰国和马来西亚越南共同开发协议都将两国大陆架主张的重叠海域作为共同开发区。而且采用中性的词语命名共同开发区，避免采用“争议海域”、“专属经济区”或者“大陆架”等具有法律意义的词语。例如，马来西亚和泰国直接将该区域称之为“共同开发区”。而马来西亚和越南则将两国的共同开发区命名为“划定区域”。

从马来西亚泰国和马来西亚越南共同开发协议关于共同开发区的规定可以看出，尽管共同开发区的位置、大小、名称不同，但是都是两国的重叠主张海域，是共同开发协议适用的地理范围。

2. 关于跨界矿藏。油气矿藏的位置和分布不受人为界线限制。因此，对于可能位于共同开发区边界的跨界矿藏的开发方式做预先的规定很有必要。它能够预防因此产生的纠纷，以及为可能的跨界矿藏的合作提供法律依据。

1979 年马来西亚泰国共同开发协议第 3 条第 6 款如果任何单一的地质石油或天然气构造或油气田，或其他任何类型的矿床延伸至本备忘录规定的共同开发区界限外，联合管理局和合同方应该就此交换所有信息，并就最有效地开发该构造、油气田和矿藏的方式达成一致安排。

1992 年马来西亚越南共同开发协议第 2 条第 2 款规定，一块油田如果部分位于“确定的区域”内，部分位于马来西亚与越南共同开发区界限之外，这种情形下，双方需要达成互相接受的勘探和开发该油田的条款。

马来西亚泰国和马来西亚越南共同开发协议都对跨界矿藏的问

题作出了安排，约定如果存在跨界矿藏，两国将就此问题进行合作以便达成协议。

3. 关于管理类型。关于共同开发的管理类型已在第二章第一节第四部分做了深入分析和探讨。这里将着重介绍 1979 年马来西亚泰国谅解备忘录和 1992 年马来西亚越南谅解备忘录的相关规定。

马来西亚泰国谅解备忘录第 3 条对此做了原则性规定。两国共同开发协议规定建立联合管理局的目的“旨在勘探和开发重叠区域内海床和底土中的非生物自然资源”。它“代表双方享有和承担勘探及开发重叠区域内，海床和底土非生物自然资源事宜所有权利和义务，以及共同开发区域内开发、控制和管理的所有权利和义务”，“代表双方行使，与共同开发区内勘探和开发海床及底土非生物自然资源，所必需的、有关的或附带的所有权利”。联合管理局的组成完全体现两国法律地位平等的原则。1979 年马来西亚泰国谅解备忘录规定联合管理局由主席和成员构成，其中“两名联合主席，每国各一名”，且来自每国的成员的数量相同。此外，该协议还规定联合管理局存在的期限为 50 年，“自备忘录生效之日算起”。

1992 年马来西亚越南谅解备忘录第 3 条也对共同开发的管理类型做了原则性规定。它规定两国“分别授权马来西亚国家石油公司（Petronas）和越南国家石油公司（PetroVietnam）代表各自利益在“划定区域”内进行石油勘探和开采活动”，并责成“马来西亚国家石油公司和越南国家石油公司就‘划定区域’内的石油勘探和开采达成商业安排。该安排的条款和条件应由马来西亚政府和越南社会主义共和国政府批准”。

从马来西亚泰国和马来西亚越南共同开发协议的规定可以看出，泰国和马来西亚建立“联合管理局”对共同开发事务进行管理，而马来西亚和越南则授权代表两国的石油公司对共同开发事务进行管理。

4. 关于“先存权”的规定。关于“先存权”的概念和意义在第二章第一节第六部分已做过分析。这里仅分析马来西亚泰国和马来西亚越南共同开发协议关于“先存权”的规定。

马来西亚泰国谅解备忘录第3条第2款规定："联合管理局的权利和义务不得以任何方式影响或减损任何一方迄今授予的特许权、已签发的许可证、协定或安排的有效性。"

马来西亚越南谅解备忘录第3条c款规定："鉴于'划定区域'内已存在实际投资，双方同意尽全力保证'划定区域'内初期连续地开展石油勘探。"

从上述规定可以看出，泰国湾共同开发实践都对"先存权"进行了保留。换言之，共同开发不影响在先的"先存权"的效力，享有"先存权"的石油公司可以分享共同开发区内的油气资源及其利益。

5. 关于共同开发区的利益分配。利益分配条款是共同开发协议的核心条款。根据现有的共同开发实践，大部分当事国将共同开发区内的利益进行平均分配，但也有部分当事国则按照有利于一方的比例分配。例如，2001年东帝汶与澳大利亚共同开发案，两国约定按有利于东帝汶的比例分配共同开发区的油气资源。"其中所产石油90%属于东帝汶，10%属于澳大利亚。"①

1979年马来西亚泰国谅解备忘录原则性的规定："联合管理局在共同开发区活动所产生的费用，以及由此获得的利润，应由两国平等分担和分享。"此外，该共同开发协议第6条第1款规定，如果两国在50年共同开发期限届满前达成划界协议，则联合管理局解散，"其所管辖的资产应该双方平均分享，其所有的债务也应双方对等分担"。

1992年马来西亚越南谅解备忘录第2条第3款规定："双方应平等分担'划定区域'内石油勘探和开采而产生的所有费用，平等分享其产生的收益。"

虽然现有的泰国湾共同开发实践都采取平均分享共同开发区利益的方式。但这并不意味着所有的共同开发案例都采取平均分配的方式。共同开发利益分配比例由当事国协商确定。

6. 关于海域划界。根据共同开发的实践，有的共同开发协议

① 《东帝汶—澳大利亚帝汶海条约》第4条。

规定共同开发期间继续就划界问题进行谈判，有的共同开发协议则规定共同开发期间暂停划界谈判。

1979 年马来西亚泰国谅解录规定：“双方都同意按照国际法原则和国际惯例，特别是遵照泰国和马来西亚于 1978 年 2 月 27 日至 3 月 1 日举行的，关于划分马来西亚和泰国在泰国湾和南海大陆架划界的官方会议所达成的协议备忘录中的条款，本着合作和两国的安全利益原则，采取协商谈判或双方同意的其他和平手段，来解决两国在泰国湾的大陆架的划界问题。”如果两国在“规定的 50 年期限届满之前，对大陆架划界问题达成了满意的解决方案，那么联合管理局应解散”，但是，若双方协商一致也可作出一项新的安排。可见，泰国和马来西亚约定在共同开发实践过程中继续将就共同开发区的划界问题进行谈判。

1992 年马来西亚越南谅解备忘录第 2 条第 1 款规定：“双方同意，搁置‘划定区域’内大陆架的最终划界，通过相互合作，在本谅解备忘录的有效期间内，按照备忘录的相关规定，勘探和开发区域内石油资源。”① 由此可以看出，马来西亚和越南共同开发期间将暂时搁置共同开发区海域划界的问题。

从泰国湾上述实践可以看出，共同开发不影响海域划界，争端当事国可以自由决定暂时搁置划界问题，或者在共同开发期间继续就划界问题进行谈判。

7. 关于管辖权的分配。沿海国除了对大陆架的油气资源享有专属管辖权之外，还享有以下管辖权。如对专属经济区内人工岛屿、设施和结构建造及使用享有专属管辖权（包括海关、财政、卫生、安全和移民的管辖权），科学研究的管辖权，保护和保全海洋环境的管辖权。换言之，沿海国具有上述事项的立法、行政和司法管辖权。例如，沿海国可制定防止、减少和控制来自船舶、陆地、海底活动、人工岛屿设施与机构、第三国铺设海底管道等事项的法规制度，并依法对上述事项进行行政管理，还可对本国或者外国船舶在该区域内违反上述规则的行为行使民事管辖权或者刑事管

① 1992 年马越谅解备忘录第 2 条。

辖权。

而对于争议海域，一般争端当事国约定共同对上述事务和共同开发事务进行管辖或者分别对上述事务进行管辖。

根据1979年马来西亚泰国谅解备忘录的相关规定，两国在共同开发区的法规制度和管辖权不受共同开发的影响。1979年马来西亚泰国共同开发协议第3条规定："联合管理局应代表双方享有和承担勘探及开发重叠区域内，海床和底土非生物自然资源事宜所有的权利和义务，以及共同开发区域内开发、控制和管理的所有权利和义务。"其第4条规定："任意一方国内当局在渔业、航行、水文和海洋勘测，防止和控制海洋污染及其他类似事项上，所赋予或行使的权利（也包括与此相关的执行的权力）都应沿用于共同开发区，而且这些权利应得到联合管理局的承认和尊重。""双方在共同开发区内应作出一项协调一致的安全安排。"此外，该协议的第5条规定两国分区行使刑事管辖权作了规定。"在共同开发区内，马来西亚的刑事司法管辖范围应于连接下列坐标点的直线区域内行使：

A	北纬6°50′.0	东经102°21′.2
X	北纬7°35′.0	东经103°23′.0
D	北纬7°22′.0	东经103°42′.5
E	北纬7°20′.0	东经103°39′.0
F	北纬7°03′.0	东经103°06′.0
G	北纬6°53′.0	东经102°34′.0

共同开发区内，泰王国的刑事司法管辖范围应于连接下列坐标点的直线区域内行使：

A	北纬6°50′.0	东经102°21′.2
B	北纬7°10′.25	东经102°29′.0

续表

C	北纬 7°49′.0	东经 103°02′.0
X	北纬 7°35′.0	东经 103°23′.0”

此外，两国强调：“本条款关于刑事司法管辖范围的规定，既不构成依据第二条确定的共同开发区内两国的大陆架界线，也不应损害任何一方在共同开发区内的主权权利。”从上述条款的规定可以看出，联合管理局的权利和职责仅限于共同开发事务，而其他渔业、航行、水文和海洋勘测，防止和控制海洋污染等事务的立法、行政管辖权等依然由两国依据各自的国内法由各自的主管当局履行相关的权利和义务。只是两国在行使各自管辖权发生积极或者消极冲突时，通过适当的安排进行协调。对于刑事管辖权，两国则采取分区行使的办法。

马来西亚越南共同开发协议未对两国在共同开发区的管辖权作出明确规定。只是授权各自的国家石油公司代表各自的利益对争议海域油气资源的开发进行合作。同时，该协议第 4 条第 1 款规定，本协议的任何条款不得作如下解释“影响任何一方对‘划定区域’的立场和主张”。这说明，在马来西亚越南共同开发区，两国的主管机关依据各自的国内法对共同开发区进行管辖。共同开发的安排不影响各自现有法规的适用和管辖权的行使。两国石油公司只在共同开发的事务上合作。

从马来西亚泰国和马来西亚越南共同开发协议的规定可以看出，争端当事国只在争议海域共同开发的事务上进行合作，对共同开发区内其他事项的管理依然依据各自的国内法由各自的主管当局负责，同时当事国建立协调机制对冲突的管辖权进行协调。马来西亚泰国和马来西亚越南共同开发协议关于管辖权规定唯一不同的是，马来西亚和泰国在各自的区域内行使刑事管辖权，其他管辖权则及于整个共同开发区。而马来西亚和越南则未对刑事管辖权作出特别规定，两国所有的管辖权都及于整个共同开发区。

8. 关于其他海上活动以及海洋生态的保护。海洋的开发和利用，除了对非生物资源的开发，还包括对生物资源的利用、航行、科学研究等。而开发石油设施的建立必然对上述活动造成一定的影响，因此，需要协调石油开发与其他海上活动的关系。

1979 年马来西亚泰国谅解备忘录第 4 条规定，任意一方国内当局在渔业、航行、水文和海洋勘测，防止和控制海洋污染及其他类似事项上，所赋予或行使的权利（也包括与此相关的执行的权力）都应沿用于共同开发区，而且这些权利应得到联合管理局的承认和尊重。同时，还要求两国对未规定的事项或者上述事项"双方在共同开发区内应作出一项协调一致的安全安排"。也就是说，在马来西亚泰国共同开发区内，两国或者第三国享有的其他的合法权利不受影响，但两国需建立协调机制，防止各自的权利发生冲突。

而 1992 年马来西亚越南共同开发协议则只是泛泛的规定，本谅解备忘录的任何条款都不"影响任何一方对'划定区域'的立场和主张"，"本谅解备忘录需要双方在一定时间内通过外交换文的方式进一步细化。"① 马来西亚和越南的共同开发协议未对上述事项作出具体规定，可能由以下三个原因。首先，共同开发协议是双边的契约性条约，只是为缔约国创设共同开发的权利和义务。因此，共同开发协议不影响缔约国依法享有的在共同开发区所享有的其他合法权利，也不应该影响第三方根据国际法享有的在该海域享有的特定的权利。其次，这可能也与马来西亚和越南都是 1982 年《联合国海洋法公约》的缔约国有关。根据公约的规定，共同开发不影响缔约国的捕鱼权以及利用海水、海流和风力生产能等其他活动的主权权利；也不影响第三国在共同开发区水域享有的合法权利，例如在大陆架上铺设海底电缆和管道的权利、航行和飞越的自由等。因此，马来西亚和越南可能认为无需再就上述事项在共同开发协议中作出额外规定。最后，再完备的条约也不能预见到社会生活中的所有现象和问题。两国在共同开发协议中设立了"兜底条

---

① 1979 年《马来西亚和泰王国为开发泰国湾两国大陆架划定区域内海床资源而建立联合管理局的谅解备忘录》第 4 条第 1 款和第 6 条。

款”。这样日后出现相关的问题或者纠纷，再由两国进行磋商。这样既不影响两国尽快开发共同开发区内的油气资源，也比较节省时间和精力。而且马来西亚越南共同开发区的面积小，即使出现了问题或者纠纷对当事国及该海域的影响有限。鉴于此，笔者认为马来西亚越南共同开发协议对未规定事项只是做了原则性的规定，此并无不妥，而且比较灵活、高效。

马来西亚泰国和马来西亚越南共同开发协议都没有专门的关于环境保护条款。这可能与共同开发协议的宗旨和共同开发区的位置有关。泰国湾的共同开发协议都是关于开发争议海域油气资源的共同开发，主要与大陆架的制度相关。就现行的国际法的有关规定来看，没有关于沿海国保护大陆架环境的强制性规定，而是由有关国家自由裁量对环境采取何种保护措施。由此，缔约国选择不承担额外的保护环境的义务。另外，缔约国已经约定共同开发不影响缔约国或者第三国在共同开发区的其他合法的海洋权利。但是，实践中海洋石油开发不可能不对渔业、航行等海上其他活动产生影响。例如，发展海洋油气产业会挤压渔业的产业地位和发展空间，会提高航运成本，增大海上航行的危险性。① 而且，海洋石油的开发必然会对海洋环境和生态造成一定的负面影响，忽视环境保护问题，不利于泰国湾海域的可持续发展。最为危险的是，一旦发生原油泄露会对海洋生物资源、海洋环境造成灾难性影响。例如，2010 年 5 月 5 日的墨西哥湾溢油事故给该海域及其生物资源造成灾难性的损害就是典型的案例。

从马来西亚泰国和马来西亚越南共同开发协议的上述规定来看，泰国湾沿海国都重视发展海洋油气产业，但对于其他产业的发展以及产业间的协调发展以及海洋环境保护并未给予过多的关注。这说明，油气产业是泰国湾沿海各国的核心产业。同时，也反映出泰国湾沿海国对于海洋环境的保护意识薄弱，重视短期的石油利益，不重视泰国湾海域的可持续发展。

---

① 参见余民才：《海洋石油勘探与开发的法律问题》，中国人民大学出版社 2001 年版，第 164~165 页。

（三）共同开发协议的最后条款

一般共同开发协议的最后条款主要包括争端解决条款、不影响条款、修订条款和条约生效、期限和终止条款。

1. 争端解决条款。一般来讲，共同开发过程中可能产生以下三类争端：一类是因共同开发协议的解释和适用而产生的争端，主要表现为缔约国之间的争端；另一类是因石油合同的解释和适用而产生的争端，主要表现为授权机构与被授权石油公司之间的争端；还有一类是因相关的经营或者作业协议的解释和适用而产生的争端，一般表现为承包商或者说石油公司之间的争端。第一类属于因共同开发协议引起的纠纷，后两类属于因石油合同引起的纠纷。通常，共同开发协议对这两种争端解决的方式和方法都作出规定。这一方面有利于预防争端的产生，另一方面有利于迅速解决争端而不影响共同开发的实施。

马来西亚泰国共同开发协议对两种争端的解决方式都作了具体规定。第一，关于共同开发协议争端的解决方式。1979 年马来西亚泰国谅解备忘录第 7 条规定因共同开发协议的解释或执行中所产生的分歧或争端，缔约国应通过协商或谈判的方式和平解决。1990 年马来西亚泰国协定对此作了进一步的完善。若是泰国和马来西亚两国政府不能在三个月内解决争端，任何一方政府可将争端提交至马来西亚首相和泰王国总理，由两国首相（总理）共同决定该争端解决方式。第二，关于石油合同的争端解决方式。1990 年马来西亚泰国协定第 8 条第 2 款 h 项规定了产品分成合同争议的解决方式。如果联合管理局和承包商因该产品分成合同产生的任何争端或分歧首先双方应该通过和平的方式解决；若双方不能和平地解决，则应该把该争议提交由 3 名仲裁员组成的仲裁小组仲裁。其中双方各自指派一名仲裁员，双方共同指派第三名仲裁员。若双方在一定的时间内不能就第三名仲裁员的人选达成一致，则应请求联合国国际贸易委员会指派一名仲裁员。仲裁程序应当依据联合国国际贸易委员会规则进行。仲裁地点应为曼谷或吉隆坡或双方一致同意的其他地点。

马来西亚越南共同开发协议只是原则性地规定缔约国“因本

谅解备忘录条款的解释或履行而产生的争端，需要双方通过协商或谈判的方式和平解决”。①

马来西亚泰国和马来西亚越南共同开发协议对于第一类争端均采取政治手段解决。对于第二类争端，泰国和马来西亚通过政治方式或者仲裁方式解决。而马来西亚和越南则由负责开发的两国国家石油公司自由协商。对于第三类争端，马来西亚泰国和马来西亚越南共同开发协议都没有作出明确的规定。但是按照石油开发的惯例，一般在经营协议种都会规定具体的争端解决方式。一般来讲将争端提交当地法院或者承包商所属国的法院管辖，当然承包商也可以协商通过仲裁的方式解决。

2. 不影响条款。由于争议海域的共同开发是划界前的临时措施。换言之，是争端当事国一时不能或者不愿划界的情况下，对争议海域油气资源的一种经济性安排。它并不意味着双方放弃了各自的海域主张或者立场，也不对各方的权利进行处分。因此，一般争端当事国在共同开发协议中都会有“不影响条款”。该条款对于争端当事国具有重要的意义：一是强调争端当事国对共同开发区的海域主张和立场继续有效，不受影响；二是能够让缔约国之间就划界争议问题增信释疑，促进缔约国之间为了开发资源目的的合作，有利于缔约国诚意履行共同开发协议。因此，从这个角度讲，共同开发对于海域划界的争端当事国只具有经济意义，不具有任何政治和法律意义。

马来西亚泰国共同开发协议中的“不影响条款”采取具体而分散的规定方式。首先，泰国和马来西亚约定共同开发不影响划界。缔约国将继续就划界问题“按照国际法原则和国际惯例，特别是遵照泰马两国于1978年2月27日至3月1日举行的，关于划分马来西亚和泰国在泰国湾和南海大陆架划界的官方会议所达成的协议备忘录中的条款，本着合作原则和两国的安全利益，采取协商谈判或双方同意的其他和平手段”，继续就两国在泰国湾的大陆架

① 1992年马越谅解备忘录第6条。

的划界问题进行谈判。① 其次，两国约定共同开发不影响缔约国在共同开发区依法享有的权利，如“在渔业、航行、水文和海洋勘测，防止和控制海洋污染等他类似事项上”依法所赋予或行使的权利（也包括与此相关的执行的权力）。② 再次，共同开发的任何安排不构成对任何一国的划界立场和主张的支持，也不是对任何一国主张的减损。1979 年马来西亚泰国谅解备忘第 5 条规定：“本条款关于刑事司法管辖范围的规定，既不构成依据第二条确定的共同开发区内两国的大陆架界线，也不应损害任何一方在共同开发区内的主权权利。”

马来西亚越南共同开发协议的“不影响条款”则采取集中原则性的规定方式。1992 年马来西亚越南谅解备忘录第 4 条规定，两国共同开发协议的任何条款“都不应当以任何方式影响任何一方对共同开发区的立场和主张”③；“不影响第三条规定的情形下，授予任何非当事国的任何人在‘划定区域’与石油资源相关的任何权利、利益或者特权”④。

从马来西亚泰国和马来西亚越南共同开发协议的相关规定来看，二者虽然采取不同的规定方式。但是本质相同，都具有以下特点：第一，共同开发协议不影响未来的海域划界；第二，不影响双方的海域主张和立场；第三，也不意味任何一方放弃或者接受另外一方的海域主张和立场。可以说，“不影响性”是共同开发的本质特征之一。

3. 关于修订。一般条约的修订目的是为了变更、补充或者完善某个条款，或者对条约的原有条款进行解释或者说明，有利于条约的执行和遵守，避免分歧。

马来西亚泰国谅解备忘录虽然没有关于修订的条款。但是马来西亚泰国明确授权联合管理局具有制定共同开发政策的权力。也就

---

① 1979 年马泰谅解备忘录第 2 条。

② 1979 年马泰谅解备忘录第 4 条第 1 款。

③ 1992 年马越谅解备忘录第 4 条第 1 款。

④ 1992 年马越谅解备忘录第 4 条第 2 款。

是说，如果实际需要对于未尽事项进行修订、完善、补充，联合管理有权制定相关的制度规则。其次，根据国际法理论，只要缔约国同意即可对条约修订。因此，共同开发协议无需专门订立“修订条款”。只要两国同意即可对共同开发协议进行修订。再次，两国于 1990 年达成《马来西亚和泰王国政府关于建立马来西亚—泰国联合管理局及其他事项的 1990 协定》。该协定已经对 1979 年马来西亚泰国谅解备忘录原则性的规定做了完善、细化和补充。因此，缔约国可能认为没有必要再制定“修订条款”。

马来西亚越南共同开发协议第 5 条规定，未来缔约国将通过外交换文的方式进一步细化马来西亚越南谅解备忘录的内容。这条相当于“修订条款”。

谈判桌上的约定不一定适用于条约的实践与履行。而且，客观情况和形势在不断发生变化。为了共同开发协议得到切实的遵守与执行，有必要授予专门的机构或者组织修订完善共同开发协议的相关规定。

4. 关于生效、期限与终止。海洋油气资源的开采投入高风险大，当争议海域油气资源开采完或者争端当事国就海域划界问题达成共识，有必要对共同开发协议的生效、期限以及终止等作出明确规定。

马来西亚泰国共同开发协议关于共同开发协议期限的条款。两国约定共同开发协议的期限为 50 年。如果共同开发期间，两国达成划界协议，则共同开发协议终止；如果 50 年期满两国仍未解决大陆架划界问题，那么现有的共同开发协议期满后继续有效；但是，划界后若双方同意也可作出一项新的安排。① 马来西亚泰国共同开发协议由两国元首签字。泰国和马来西亚约定“互换批准文书之日起”共同开发协议生效。②

马来西亚越南共同开发协议规定其生效日期为“两国互换外交换文的日期”。两国并未在共同开发协议中约定共同开发协议的

① 1979 年马泰谅解备忘第 6 条。

② 1979 年马泰谅解备忘第 8 条。

有效期，而是在两国 1993 年换文时约定共同开发协议的有效期为 40 年。①

从马来西亚泰国和马来西亚越南共同开发实践看出海洋油气开发的周期都比较长。因此，一般共同开发协议的期限都比较长。

（四）共同开发协议的约尾

一般条约的约尾主要包括条约的签订日期和地点，条约正本的份数、条约使用的文字和作准的文字以及缔约国全权代表签字盖章。

1979 年马来西亚泰国谅解备忘录规定“于 1979 年 2 月 21 日在清迈用泰语、马来语和英语三种语言文本写成。三种文本若存在不一致，应以英文文本作准”。②

1992 年马来西亚越南谅解备忘录对特定的词语做了解释。例如，所谓“划定区域”是指本备忘录第 1 条第 1 款所指的区域；“石油”是指任何自然状态下（" casinghead petroleum spirit" ）矿物石油或者相关的碳氢物和天然气，包括沥青页岩和其他可以提炼出石油的积层；“油田”是指由单一储油层或者多层储油层构成的区域；但后者具有或者有相关的单一地质构造的特征，或者具有石油商业开发的地质条件；“Petronas”是马来西亚国家石油公司（马来语：Petroliam Nasional Berhad）的缩写，该公司根据 1965 年马来西亚公司法成立；而“PetroVietnam”是越南国家石油和天然气公司的缩写，该公司根据 1990 年 7 月 6 日 No. 250/HDBT 法令成立。

共同开发协议属于划界前的临时措施，不需要完整的条约形式，何况马来西亚泰国和马来西亚越南共同开发协议都采取谅解备忘录的形式，这并不影响它作为条约的法律效力。

四、泰国湾的共同开发协议

目前，泰国和马来西亚、马来西亚与越南就重叠主张海域的油

① 参见 Clive Schofield, Unlocking the Seabed Resources of the Gulf of Thailand, Contemporary Southeast Asia, Vol. 29, 2007, No. 2, p. 297。

② 1979 年马泰谅解备忘第 8 条。

气资源达成共同开发协议。

（一）马泰共同开发协议

马来西亚泰国共同开发协议由1979年马来西亚泰国谅解备忘录和1990年马来西亚泰国协定组成。1979年马来西亚泰国谅解备忘录对共同开发的基本问题作了原则性的规定，相当于主条约。1990年马来西亚泰国协定是在1979年马来西亚泰国谅解备忘录的基础上，对它的说明、解释和补充。1990年协定相当于1979年谅解备忘录的补充协议。

1. 1979年马来西亚泰国谅解备忘录。1979年2月21日，马来西亚和泰国为了开发两国争议海域的油气资源，签署了《马来西亚和泰王国为开发泰国湾两国大陆架划定区域内海床资源而建立联合管理局的谅解备忘录》（Memorandum of Understanding between Malaysia and the Kingdom of Thailand on the Establishment of the Joint Authority for the Exploitation of the Resources of the Sea Bed in a Defined Area of the Continental Shelf of the Two Countries in the Gulf of Thailand）。

该谅解备忘录一共由8个条款组成，主要是关于两国共同开发共同开发区油气资源的原则性规定。

第1条明确了泰国和马来西亚共同开发区的范围。马来西亚泰国共同开发区的形状呈不规则的五边形，名称为“共同开发区”（the joint development area）。该区域的面积约为7250平方公里。①两国确定了共同开发区的具体地理位置，该区域由7个坐标点构成，并由直线连接而成。② 各点的坐标如下：

① 参见 M. J. Valencia and M. Miyoshi, Southeast East Sea: Joint Development of Hydrocarbons in Overlapping Claims Areas?, Ocean Development & International Law, Vol. 16, 1986, p. 63; David M. Ong, The 1979 and 1990 Malaysia-Thailand Joint Development Agreements: A Model for International Legal Cooperation in Common Offshore Petroleum Deposits?, The International Journal of Marine and Coastal Law, Vol. 14, 1999, p. 222。

② 1979年马泰谅解备忘录第1条。

A	北纬 6°50′. 0	东经 102°21′. 2
B	北纬 7°10′. 25	东经 102°29′. 0
C	北纬 7°49′. 0	东经 103°02′. 5
D	北纬 7°22′. 0	东经 103°42′. 5
E	北纬 7°20′. 0	东经 103°39′. 0
F	北纬 7°03′. 0	东经 103°06′. 0
G	北纬 6°53′. 0	东经 102°34′. 0

该区域由附后该谅解备忘录后的 1967 年版第 2414 号英国海军航海图的标示。

第 2 条是关于两国海域划界的规定，表示该协定不影响两国对划界争端的解决。双方应按照“国际法原则和国际惯例，特别是遵照泰马两国于 1978 年 2 月 27 日至 3 月 1 日举行的，关于划分马来西亚和泰国在泰国湾和南海大陆架划界的官方会议所达成的协议备忘录中的条款”，本着“合作原则”，同时考虑“两国的安全利益”，采取协商谈判或双方同意的其他和平手段，来解决两国在泰国湾的海域划界问题。

第 3 条主要是关于共同开发的管理机构——联合管理局的职责、组成以及跨界矿藏的问题，并规定两国共同开发的期限为 50 年，自备忘录生效之日算起。此外，还规定联合管理局联的这种权利和义务“不得以任何方式影响或减损任何一方迄今授予的特许权、已签发的许可证、协定或安排的有效性”。也就是说，泰国之前授予外国石油公司开采该海域资源的权利不受影响。

第 4 条是关于该区域内两国其他利用海洋权利的规定。

第 5 条是关于刑事管辖权的规定。它规定两国分区刑事刑事管辖权。点 X 是点 C 和点 D 直线连线上的中间点。点 X 与点 A 的连线就是两国刑事管辖权的分界线。该线西侧，是泰国刑事司法管辖范围；该线东侧是马来西亚的刑事司法管辖范围。本条强调关于刑事司法管辖范围的规定，既不构成依据第 2 条确定的共同开发区内两国的大陆架界线，也不损害任何一方在共同开发区内的主权权利。

第 6 条是关于两国共同开发与边界关系的规定。如果两国在该协定终止前达成关于该海域的划界协议，那么联合管理局解散，相关的债权由两国平均分配。如果在该协议期满后，两国未能达成划界协议，那么该协议继续有效。

第 7 条是关于争端解决的规定。它规定凡是与本协定解释和适用有关的争端由双方通过协商或谈判的方式和平解决。

第 8 条是关于该协定生效的规定。它指出该协定自双方互换批准文书之日起生效。

2. 1990 年马来西亚泰国共同开发协定。本来两国签署了共同开发协议后，计划尽快建立联合管理局。但就在两国签署共同开发协议 10 月后，1979 年 12 月 21 日马来西亚国家测绘局出版了《马来西亚已经划定的海域边界的地图》和《马来西亚主张的领海和大陆架界限的地图》（Map Showing the Territorial Waters and Continental Shelf Boundaries of Malaysia）①，将马来西亚泰国共同开发区作为马来西亚管辖的水域。1980 年 4 月，泰国政府就此向马来西亚驻曼谷大使馆提交了一份外交备忘录，认为马来西亚的做法有悖于《泰马谅解备忘录》关于搁置海域划界的原则和精神。针对 1979 年马来西亚颁布的地图，1988 年 2 月 16 日，泰国发表了专属经济区的宣言，主张其管辖的海域包含整个共同开发区。在此期间，泰国发生了两次次政变，延迟了两国共同开发的谈判。② 所以，直到 1990 两国才签署了《马来西亚和泰王国政府关于建立马来西亚-泰国联合管理局及其他事项的 1990 协定》

该协定由 7 章 22 条组成。其中第 1 章主要是关于联合管理局的法律地位和组成规定。该章规定联合管理局具有独立的法律人格

---

① Published by the Malaysian Directorate of National Mapping. 参见 Haller Trost，The Contested Maritime and Territorial Boundaries of Malaysia：An International Law Perspective，Kluwer Law International. 1998，p. 1.

② 1981 年 4 月，以讪 · 集巴滴马上将、马依上校等为首的“革命团”发动政变，因未获三军支持，政变失败。1985 年 9 月，少壮派军官集团头目马依上校在一批退役军官的支持下发动政变，十余小时后便被平息。

和相应的权利能力，并详细规定了任用联合管理局人员的具体程序，同时指出相关工作人员的个人责任、薪资以及联合管理局具体的职责。第 2 章对联合管理局的职责和产品分成制做了规定。第 3 章是关于共同开发区财政审计的规定。第 4 章关于共同开发区法规制度的建设以及联合管理局与其他机构的关系。第 5 章关于本协定修订的规定。第 6 章是关于共同开发区的关税、消费税等税务制度。最后两章是关于未尽事宜的规定、争端解决方式以及该协定生效和终止。

之所以说 1990 年协定是 1979 年马来西亚泰国谅解备忘录的补充协议，二者是一个整体，依据有三：第一，1990 协定以 1979 年马来西亚泰国谅解备忘录为依据。该协定的目的是为了开发共同开发区的石油资源，其平均分配收益和费用、成本的原则，和平解决争端的原则以及有效期等规定都与 1979 年谅解备忘录的相关规定一致。例如，1990 马来西亚泰国协定前言指出该协定“旨在执行 1979 年 2 月 21 日签订的《马来西亚和泰王国为开发泰国湾两国大陆架划定区域内海床资源而建立联合管理局的谅解备忘录》”而建立“联合管理局”。再如，该协定第 2 条第 1 款规定“成立联合管理局的目的是在《1979 年谅解备忘录》有效期内，负责勘探和开发该备忘录规定的共同开发区内海床和底土的非生物自然资源，尤其是石油资源。”又如，第 18 条第 1 款指出：“本协定自交换批准文书之日起生效，除非双方政府另达成一致，本协定有效期与《1979 年谅解备忘录》有效期一致。”再如，第 19 条指出：“本协定条款的解释与适用，应与《1979 年谅解备忘录》的精神与条款保持一致。”第二，1990 年协定是对 1979 年谅解备忘录规定的解释、说明、补充和完善。该协定第 3 条是 1979 年马来西亚泰国谅解备忘录第 3 条第 3 款 b 项的基础上明确联合管理局的普通成员为每国各 6 名。1990 年协定第 7 条在 1979 年马来西亚泰国谅解备忘录的基础上对联合管理权的权力和职能做了限制和进一步细化。1979 年马来西亚泰国谅解备忘录第 3 条第 2 款规定“联合管理局代表双方享有和承担勘探及开发重叠区域（以下称“共同开发区”）内，海床和底土非生物自然资源事宜所有的权利和义务，以及共同开发区域内开发、控制和管理的所有权利和义务。”但是，在1990年马来西亚泰国协定第7条第1款关于联合管理局的权限表述为“联合管理局应当管控共同开发区内所有勘探和开发非生物自然资源的活动，也应负责制定政策。”从上述表述可以看出，联合管理局的权限大大缩减，只限于管控共同开发区的活动和负责制定相关政策，而不享有全部的管理权和决策权，强调缔约国在重大事情上享有最终决策权，例如联合管理局的人事任免，石油合同的审批，财务审核等事项。另外，该协定第9条、第16条和第19条是1979年马来西亚泰国谅解备忘录第3条第5款的基础上，对两国共同开发区的收益分配制度的进一步细化。该协定第4条对联合管理局的主席的选举程序作出了具体的规定。1990年协定第16条明确共同开发区的产品分成制。该协定第21条在1979年马来西亚泰国谅解备忘录第7条争端解决条款的进一步细化，指出“若三个月内仍未能解决争端，任何一方政府可将争端提交至马来西亚首相和泰王国总理，两国首相应共同决定该争端解决方式”。第三，1979年谅解备忘录是由两国政府首脑签署的，而1990年协定是由两国外交部长签署的。这也说明，1979年谅解备忘录是主协议，1990协定是补充协议。二者结合起来就是马泰共同开发协议，才使马来西亚泰国共同开发真正付诸实践。

（二）马越共同开发谅解备忘录

1992年6月5日马来西亚和越南签署了《马来西亚和越南社会主义共和国关于两国大陆架划定区域内石油勘探和开采的谅解备忘录》（Memorandum of Understanding between Malaysia and the Socialist Republic of Vietnam for the Exploration and Exploitation of Petroleum in A Defined Area of the Continental Shelf Involving the Two Countries）。它也由8个条款组成。

第1条是关于两国共同开发区的规定。该区一共由6个坐标点构成，长度超过50千米，但是宽度不足5千米。① 马来西亚越南

---

① 参见Hazel Fox et al，Joint Development of Offshore Oil and Gas，British Institute of International & Comparative Law，Vol. Ⅱ，1990，p. 126。

共同开发区呈狭长三角形。① 两国一致同意，根据 1971 年南越主张的大陆架界限和 1979 年马来西亚颁布的大陆架界限，两国排除涉及泰国的重叠主张海域，将面积约 1 000 平方千米的双边重叠区作为共同开发区。② 该条还给出了每个点的地理坐标，并用 1967 年版第 2414 号英国海军航海图标示。但是，该条又规定各点的具体位置“应该由双方主管当局以互相同意的方式确定”。这里的主管当局是指马来西亚国家测绘局或者其授权的个人和越南社会主义共和国地理制图部和海军地理制图部门及其授权的个人。上述提到的具体坐标的地理位置不确定，有待两国技术条件成熟后再确定。

第 2 条是关于共同开发方式和利益分配的规定。该条规定两国通过相互合作，在本谅解备忘录的有效期间内，按照备忘录的相关规定，勘探和开发区域内石油资源。如果存在“跨界矿藏”，例如一块油田如果部分位于“划定区域”内，另一部分位于马来西亚或者越南社会主义共和国的大陆架范围内。这种情况双方需就该油气矿产的勘探和开发达成共识。最后规定，双方应平等分担“划定区域”内石油勘探和开采而产生的所有费用，平等分享其产生的收益。

第 3 条是关于共同开发区的开发和管理问题的规定。根据两国的协议，共同开发区内的油气资源由马来西亚国家石油公司（Petronas）和越南国家石油公司（PetroVietnam）合作开发，两国的石油公司达成具体的勘探和开采的商业安排，经两国批准后生效。同时，指出之前存在的“先存权”不受两国共同开发的影响，继续有效。③

---

① 参见何海榕：《马泰与马越共同开发案的比较研究》，载《太平洋学报》2015 年在第 12 期，第 87 页。

② 参见 Nguyen Hong Thao, Joint Development in the Gulf of Thailand, International BoundariesResearch Unit Boundary and Security Bulletin, 1999, p. 82。

③ 参见何海榕：《马泰与马越共同开发案的比较研究》，载《太平洋学报》2015 年第 12 期，第 88 页。

第 4 条是“不影响条款”。① 该条规定，本谅解备忘录不影响“影响任何一方对‘划定区域’的立场和主张”，也不影响“授予任何非当事国的任何人在‘划定区域’与石油资源相关的任何权利、利益或者特权”。

第 5 条是关于未尽事宜的规定。它指出若出现任何没有规定或者需要解决的事项，“双方在一定时间内通过外交换文的方式进一步细化”。

第 6 条是关于共同开发相关的争端解决的规定。本条规定任何“因本谅解备忘录条款的解释或履行而产生的争端”，双方应该通过协商或谈判的方式和平解决。

第 7 条关于该谅解备忘录生效方式的规定。本谅解备忘录自“互相交换外交文书之日”起生效。

第 8 条关于一些概念的界定。例如“划定区域”是指本备忘录第 1 条第 1 款所指的区域；“石油”是指任何自然状态下（casinghead petroleum spirit）矿物石油或者相关的碳氢物和天然气，包括沥青页岩和其他可以提炼出石油的积层；“油田”是指由单一储油层或者多层储油层构成的区域；但后者具有或者有相关的单一地质构造的特征，或者具有石油商业开发的地质条件；“Petronas”是马来西亚国家石油公司（马来语：Petroliam Nasional Berhad）的缩写，该公司根据 1965 年马来西亚公司法成立；“PetroVietnam”是越南国家石油和天然气公司的缩写，该公司根据 1990 年 7 月 6 日 No. 250/HDBT 法令成立。

五、泰国湾关于共同开发的政治承诺

泰国湾达成的关于共同开发的政治承诺主要是 2001 年 6 月

---

① 由于争议海域的共同开发是在缔约国的重叠主张海域，一般争端当事国均不愿意对划界主张妥协。因此缔约方不希望共同开发的安排影响各自的主张和立场，故多采取制定“不影响条款”的方式表明各自的立场。该条款能够让缔约国之间就划界争议问题增信释疑，促进缔约国之间为了开发资源目的的合作，对于缔约国诚意履行共同开发协议具有重要意义。

18 日柬埔寨和泰国的《泰国和柬埔寨关于重叠海域的谅解备忘录》（以下简称 2001 年柬埔寨泰国谅解备忘录）（Memorandum of Understanding Between Thailand and Cambodia regarding the Area of their Overlapping Maritime Claims to the Continental Shelf），两国同意采取共同开发的方式解决争议海域资源利用的问题。① 两国根据该备忘录，成立了联合技术委员会。两国将重叠主张区划分为两部分：北部拟划界，南部拟共同开发解决争议海域资源利用问题。按照双方的协议，共同开发区划分为 4 个区域。第 1、2 区域交美国和日本公司开发；第 3 区域交荷兰和澳大利亚公司开发，第 4 区域交澳大利亚和日本公司开发。此外，约定双方政府官员每年举行三到四次会谈。

这个文件的签署是两国向最终解决两国间海域划界争端迈出的积极的一步。但是，这份文件与 1979 年马来西亚泰国谅解备忘录和 1992 年马来西亚越南谅解备忘录不同。它不是一份具有法律拘束力的共同开发协议，而只是表明双方未来将就该海域的划界和共同开发继续谈判（an agreement-to-agree）②。它没有为柬埔寨和泰国建立共同开发的义务，也没有为两国创设相关的权利。它只是表明双方愿意就解决争议海域问题进行合作，并将就上述问题进行谈判。因此，它是一种政治承诺而不是对两国具有法律拘束力的共同开发协议。它只是为两国实现争议海域共同开发提供了可能性。③

第二节　共同开发中的石油合作协议

共同开发协议的缔约国并不直接负责共同开发区油气资源的开发，而是通过石油合作协议，将油气资源的勘探和开发权授予专门

① 参见 D. A. Colson and R. W. Smith, International Maritime Boundares, Vol. V, Martinus Nijhoff, 2005, pp. 3743-3744。

② 参见 T. L. McDormnan, Maritime Boundary Delimitation in the Gulf of Thailand, The Chuo Law Review, No. 3, 2003, p. 277。

③ 参见 Clive Schofield, Maritime Claims, Conflicts and Cooperation in the Gulf of Thailand, Ocean Year Book, Vol. 2, 2008, p. 114。

的石油公司，由其负责共同开发的油气资源的开发。需要注意的是，这里的石油合作协议在法律性质上属于经济合同而不是国际法上的条约。下面将结合马来西亚泰国和马来西亚越南共同开发实践，对共同开发中石油合作协议进行分析。

一、石油合作协议的含义和类型

共同开发中的石油合作协议，一般是指共同开发协议的缔约国或者代表缔约国的机构与特定石油公司签订的有关油气勘探、开发和生产等活动的协定，适用于共同开发区特定的石油区块。根据共同开发实践，一般共同开发中的石油合作协议主要分为租让许可合同、产品分成合同、服务合同和复合合同。① 例如，马来西亚泰国共同开发案中石油合作协议为产品分成合同。而日本韩国共同开发案中的石油合作协议则为租让许可合同。

共同开发中的石油合作协议本质上属于跨国经济合同而不是国际法上的条约。虽然它与一国管辖海域内的石油合作协议有相似之

① 共同开发中的石油合作协议与一般的石油合作协议类型基本相同。一般的石油合作协议是指是适用于在一国管辖海域内，由东道国政府或者代表东道国政府的国家石油公司与作为承包商的外国石油公司之间签订的有关油气勘探、开发和生产等活动的协定。不同的学者对于石油合作协议的类型和名称持不同的观点。学者伯纳德·塔弗恩认为石油合作协议主要有：产品分成合同、风险服务合同、以及非风险服务合同。参见 Bernard Taverne，An Introduction to the Regulation of the Petroleum Industry，Graham & Trotman/Martinus Nijhoff Publishers，1994，p20。学者查尔斯·约翰逊认为石油合作协议主要分为合资合同、产品分成合同、服务合同以及上述各种类型的复合合同。参见 Charles J. Johnson，Establishing an effective production sharing type regime for petroleum，Energy，1981 Vol. 7 No. 2，pp. 129-141。中国学者高之国将之称为“现代石油合同”，认为主要有以下几种类型：现代租让合同、产品分成合同、服务合同、合资合同以及复合合同。参见 Gao Zhiguo，International petroleum contracts : current trends and new directions，M. Nijhoff，1994，p. 20。学者安娜·巴斯蒂达认为国际石油开发合同有租让许可合同、产品分成合同、服务合同以及混合型合同等类型。参见 Ana E. Bastida etc.，Cross-Border Unitization and Joint Development Agreements：An International Law Perspective，Houston Journal of International Law，2007，Vol. 29，No. 2，p. 418。

处，例如类型、名称、目的。但它们也不完全相同：第一，授权方不同。国际石油合作协议的授权方一般为东道国或者代表东道国的国家石油公司。而共同开发中的石油合同授权方，一般为共同开发协议的缔约国政府或者专门授权机构（例如联合管理局）。第二，被授权方不同。国际石油合作协议的被授权方为外国石油公司。而共同开发中的石油合同既可以为缔约方本国的国家石油公司，也可以是第三方石油公司。第三，争端解决方式不同。国际石油合作协议的纠纷一般适用商业仲裁或当地法院救济为主。而因共同开发中的石油合作协议产生的争议和纠纷主要通过调解、仲裁或者由相关国家政府谈判、磋商等政治手段解决。第四，法律依据不同。一般的国际石油合作协议主要法律依据是东道国的国内法，而共同开发中的石油合作协议的主要法律依据是共同开发协议。第五，适用的海域不同。共同开发中的石油合作协议适用于共同开发区，本质上是争议海域。而一般的石油合作协议适用于一国管辖的海域，是无争议的海域。

石油合作协议直接涉及石油公司、缔约国的利益分配问题。石油合作协议类型的选择是否合理，直接影响共同开发区的石油作业效率，影响共同开发协议是否能够得到有效的实施，共同开发的目的是否能够实现。

二、马泰共同开发案的产品分成制

泰国和马来西亚的石油开采制度不同。泰国的石油合作协议为许可制。根据其国内法规定，由主管机构颁发许可证，将特定合同区块的勘探、开发和生产的专营权授予许可人，被许可人对开采出的石油资源享有所有权，向东道国缴纳矿区使用费、租金等，东道国通过“国家参股”、利润分享以及较优惠的财政安排与石油公司共同共享利润。

马来西亚的石油合作协议则采用产品分成制。根据马来西亚国内法，由政府授权国家石油公司与外国石油公司订立合同，马来西亚国家石油公司享有石油资源的所有权，外国石油公司作为承包商取得合同区块的经营权。在东道国国家石油公司的全面控制下，外国石油公司单独承担所有开采风险和经营成本，由最先开采出的石油补偿其投资成本。外国石油公司收回成本后，东道国石油公司和外国公司共同分享石油收益，同时外国石油公司需就其收益向东道国缴纳所得税。

虽说近代以来，许可制和产品分成制的区别已经不是很明显，也就是说，泰国和马来西亚的石油开采制度只是形式不同，本质内容区别不大。它们都具有互惠互利性，更有利于资源国政府，条款标准化，内容灵活性增强的特点。① 但法律适用是一国行使主权的表现，各国都希望共同开发区适用本国的石油开发制度，而不希望适用另一国的法律制度。为体现两国地位平等，双方决定制定的专门适用于共同开发区的石油开采制度。但是，石油开采制度种类不外乎许可制、产品分成制、服务合同、综合石油开采制度这几种。马来西亚和泰国不可能凭空创造出异于上述类型的石油合作协议。为了实施的便利，两国就熟悉的石油开采制度作出选择最为合理。最后经过多轮的谈判，综合考虑两国海洋开发的能力和经验，双方一致认为认为马来西亚的石油开采制度和管理经验比泰国更具有优势。因此，在马方作出其他事项上的让步的前提下，泰国同意共同开发区适用产品分成制。但是，这种产品分成制不同于马来西亚国内的产品分成制，而是两国制定的专门适用于共同开发区的产品分成制度。

从 1990 年协定的规定来看，马来西亚泰国共同开发区的产品分成合同属于格式合同。② 马来西亚泰国共同开发区的石油合作协议必须包括以下条款：合同的有效期应该不超过 35 年，即合同期限不能超过 2029 年。也就是说，石油合同协议期限必须在共同开发协议的有效期内。③ 合同应该规定承包商应向联合管理局缴纳特许权使用费的支付方式和时间，该费用为石油总产量的 10%；石

① 参见余劲松：《国际投资法》（第四版），法律出版社 2014 年，第 77~84 页。

② 1990 年马泰协定第 8 条。

③ 1990 年马泰协定第 8 条第 2 款 a 项。

油作业的所有费用应由承包商承担，该费用可以从产量中补偿，承包商应将石油总产量的50%作为成本油的回收；联合管理局和承包商可以协商，承包商在石油作业中的最低花费应作为最低承诺；石油总产量的剩余部分应作为利润油，由联合管理局和承包商平均分配；承包商应从其分享的利润油中支付出口税和石油所得税；此外，承包商还应从自己所得利润扣除石油总产量的0.5%，作为研究经费支付给联合管理局，支付的方式和时间由联合管理局决定。联合管理局和承包商因该订约产生的任何争端或分歧应通过协商的方式和平解决；若不能和平地解决，则应该把该争议提交由3名仲裁员组成的仲裁小组仲裁。其中双方各自指派一名仲裁员，双方共同指派第三名仲裁员。仲裁程序应当依据联合国国际贸易委员会规则进行。仲裁地点应为曼谷或吉隆坡或双方一致同意的其他地点。承包商因石油作业而购买或取得的设备或资产上的权利，应转移至联合管理局；联合管理局对石油作业产生的所有原始数据（原始的，加工的或解释的），享有全部权利，包括但不限于地质、地理、岩芯样本、石油物理、完井报告、工程、其他数据报告以及由承包商收集和汇编的其他实际采样；承包商应当从泰国和马来西亚购买或收购技术和经济上可行的设备、设施、物资、材料、补给，包括专业或非专业服务和研究设施。

联合管理局可选择性地在产品分成合同中纳入下列条款：石油（不包括天然气）合同的勘探期和开发期不得超过5年，生产期不得超过25年；天然气合同的勘探期、天然气市场的确定和进入期、开发期均不得超过5年，生产期不得超过20年；上述期间，联合管理局可以根据现实需要作出变更，如果这种变更影响了原有合约，则仅能与承包商之间通过协议作出变更；同时，在期间届满之前，若石油（不包括天然气）完成了初次商业化生产，则开发阶段的剩余期间应当并入生产期；在天然气市场的确定和进入期以及开发期届满之前，若天然气完成了初次商业化生产，则这些阶段的剩余期间均应并入生产期。此外，联合管理局可以在获得政府批准后，变更合同中承包商成本回收的比例，联合管理局和承包商分享利润由的比例，承包商向联合管理局支付研究经费的比例等。

根据1990年马来西亚泰国协定的第7条第2款e项的规定，联合管理局与石油公司签订的石油合作协议需经两国政府批准才生效。

另外，1990年马来西亚泰国协定还对以下事项作出了规定：与石油（不包括天然气）相关的“第一个商业化生产”日期，是指继第一次生产井测试完成后并持续生产24小时的日期；与天然气有关的“第一个商业化生产”日期，是指第一个60天内累计售出106千兆焦耳（约9470亿英制热量单位）的日期，如果60天内累计未售出106千兆焦耳天然气，则是指第60天后累计售出达到该量的日期。

根据1990年马来西亚泰国协定上述规定，为了管理和作业的便利，马来西亚泰国联合管理局将共同开发区分为不同的石油区块，将之交予不同的石油公司进行勘探和开发。1994年4月21日，联合管理局分别于与不同的承包商签订产品分成合同。一份合同位于共同开发区中间的A-18区块，由马来西亚国家石油公司（Petronas）的全资子公司（PC JDA Ltd.）、泰美赫斯石油有限公司（Hess Oil Company of Thailand（JDA）Ltd.）和泰美赫斯国际石油公司（Hess Oil Company of Thailand Inc）负责对该石油区块进行勘探和开发。另一份合同位于在共同开发区两端的B-17，C-19和B17-01区块的，这些区块由泰国国家石油公司（PTTEP International Limited）和马来西亚国家石油公司（PC JDA Ltd.）负责开采。

联合管理局作为石油合作协议的一方，其主要的职责是批准和延长石油合同的“勘探和开发期限”、“承包商的工作计划和预算”、“生产计划，包括生产成本，条件和生产时间安排；审查和审计“共同开发区与作业相关的承包商的簿册及账目”；定期清查“作业者在石油作业中获取的财产和资产；接收，整理和储存“作业者提供的，与其在共同开发区作业所相关的所有数据”；批准和授予与“共同开发区进行石油作业所需商品和服务相关的标书和合同”。① 此外，联合管理局作为法人还享有如下权利：“收购、

① 1990年协议第7条第2款d，e，f项。

购买、取得、持有和使用除土地以外的任何动产和不动产，可以运输、分配、放弃、收取、抵押、转让、转移或其他方式处分动产和不动产，以及任何归属于联合管理局的财产。”①

马来西亚泰国石油合作协议为产品分成合同，合同的主体为联合管理局和石油公司。该合同主要以1990年马来西亚泰国协定为法律依据。值得注意的是，虽然马来西亚泰国共同开发协议对合同的主要条款作了规定，但是如果确实出于实际需要，石油公司与联合管理局协商一致可以变更，但是需得到缔约国的批准。例如，承包商成本油的回收比例、利润油的比例以及承包商向联合管理局支付的研究经费的比例。② 再如石油合同的勘探期和开发期以及生产总期限期间以及天然气合同的勘探期、天然气市场的确定和进入期、以及开发期和生产总期限。③

三、马越共同开发案的石油合作协议

1992年马来西亚越南谅解备忘录未明确共同开发区采用何种石油合作协议，只是原则性地规定两国都授权国家石油公司全权负责海上油气资源的开发与管理，两国约定由“马来西亚国家石油公司和越南国家石油公司代表各自利益在‘划定区域’内进行石油勘探和开采活动”。④ 马来西亚与越南国内法均规定，国家石油公司全权负责本国石油的勘探开发活动。根据马来西亚越南共同开发协议，两国授权代表马来西亚的国家石油公司（Petronas）和代表越南的国家石油公司（PetroVietnam）负责共同开发区的石油勘探和开采活动。由此推断，在马来西亚越南共同开发区内的石油合作协议主体为均为两国的国家石油公司，并适用各自国内的石油开采制度。

但越南不具备开发海洋石油的资金、技术和管理经验以及配套

① 泰国制定的《马来西亚—泰国联合管理局2533法案》第6条和马来西亚制定的《马来西亚和泰国联合管理局1990年第440法案》第3条

② 1990年马泰协定第8条第4款。

③ 1990年马泰协定第8条第3款。

④ 1992年马越谅解备忘录第3条a款。

的法规制度，后来，经两国协商，越南全权授权马来西亚国家石油公司代表两国全权负责共同开发区的石油作业。因此，马来西亚泰国共同开发区由适用两国的法规制度变为适用马来西亚的相关法规制度；马来西亚越南共同开发区的石油合作协议也变为马来西亚的产品分成制。

关于石油合同的期限。在两国石油公司缔结的商业协议中规定：谅解备忘录期满；或者两国政府或者两国国家石油公司协商一致终止；或者产品分成合同期满。也就是说，马越共同开发区的石油合作协议可能随马来西亚越南谅解备忘录到期而终止、两国协商一致而终止或者按合同约定的期限终止。1993 年，两国通过外交换文的形式约定共同开发的期限为 40 年。也就是说，马来西亚越南共同开发区的石油合作协议的期限不能超过 2032 年。

马来西亚越南共同开发实践表明，共同开发区石油合作协议的选择与缔约国的石油开采制度的完善程度密切相关。从中得出的教训是，共同开发区的石油合作协议不仅要体现两国在法律地位上的平等，更要根据争端当事国国内法规制度的情况考虑石油合作协议的可操作性。

由于共同开发的安排具有不影响性，因而马来西亚越南共同开发区适用马来西亚的石油开采制度是两国在平等自愿基础上协商一致的结果，并不意味着越南放弃对共同开发区的主权主张。

需要强调的是，马来西亚泰国共同开发区的产品分成制与马来西亚越南共同开发区的产品分成制不同。马来西亚泰国共同开发区的产品分成制的主体是联合管理局和石油公司，马来西亚越南共同开发区的产品分成制的主体是马来西亚国家石油公司和享有“先存权”的外国石油公司。马来西亚泰国共同开发区的产品分成制的法律依据是 1990 年马来西亚泰国协定，马来西亚越南共同开发区的产品分成制的法律依据是马来西亚国内相关法规制度。

由于两案的当事国的情况和共同开发区的特点不同，两案的石油合同虽然都是产品分成合同，都以共同开发协议为依据并受其约束，但二者主要有以下区别：第一，合同的主体不同。马来西亚泰国共同开发案中石油合同的主体是联合管理局和其指定的作为承包方的石油公司。而马来西亚越南共同开发案中石油合同的主体是两国国家石油公司。详言之，其合同主体为马来西亚国家石油公司和享有“先存权”的第三方石油公司。第二，经营权的授权主体和授予方式不同。马来西亚泰国共同开发案石油公司的经营权，通过与联合管理局签订产品分成合同，由联合管理局授予。马来西亚越南共同开发案石油公司的经营权，由两国通过各自国内立法直接授予其国家石油公司。第三，对石油生产活动的管理主体不同。马来西亚泰国共同开发案中由联合管理局负责石油开采活动的行政管理和日常经营管理。而马来西亚越南共同开发案主要由马来西亚石油公司自我监督自我管理。第四，适用的法律不同。马来西亚泰国共同开发区的石油合作协议以 1990 马来西亚泰国协定为主要法律依据，而马来西亚越南共同开发区的石油合作协议以马来西亚国内相关的法规制度为主要的依据。

第三节　共同开发中的石油作业协议

共同开发区不仅有代表缔约国的石油公司，还有享有“先存权”的石油公司。石油公司之间需要就共同开发区的石油开发进行合作，达成作业协议，这样才能保证最有效率地开发争议海域的油气资源，实现共同开发协议的目的。根据共同开发实践，石油作业协议一般分为两种，一种为合资作业协议，一种为合作作业协议。

一、马泰共同开发案的联合作业模式

如前所述，为管理便利，联合管理局将马来西亚泰国共同开发区分为三个区块，分为两部分授予不同的石油公司进行开发。同一区块的不同石油公司根据马来西亚泰国共同开发协议的相关规定，组成具有独立法人资格的合资石油公司①。它以营利为目的，按

① 1990 年马泰协定第 1 条，泰国制定的《马来西亚—泰国联合管理局 2533 法案》第 6 条和马来西亚制定的《马来西亚和泰国联合管理局 1990 年第 440 法案》第 3 条第 2 款。

照企业的模式，为实现利润最大化对共同开发区内石油经济活动进行经营管理。详言之，在 A-18 区块由马来西亚国家石油公司（Petronas）的全资子公司（PC JDA Ltd.）、泰美赫斯石油有限公司（Hess Oil Company of Thailand（JDA）Ltd.）和泰美赫斯国际石油公司（Hess Oil Company of Thailand Inc）缔结合资经营协议组成一个独立的石油公司（Carigali Hess Operating Company Sdn. Bhd.）。他们分别按照出资比例的按照 50%、49.5%和 0.5%来分享收益和承担费用。在 B-17，C-19 和 B17-01 区块由泰国国家石油公司（PTTEP International Limited）和马来西亚国家石油公司（PC JDA Ltd.）各出资 50%通过缔结合资经营协议组成一个独立的石油公司（Carigali-PTTEPI Operating Company Sdn. Bhd.），由它负责上述合同区块的石油作业生产。同样两国石油公司也按出资比例分享收益。

此外，石油作业协议也以马来西亚泰国共同开发协议为法律依据，需要遵守其相关规定。例如，关于石油和天然气的不同生产周期。马泰共同开发协议规定如下：

	年限	
	原油	天然气
钻探期	5	5
开发期	5	5
储藏期	—	5
生产期	25	20

二、马越共同开发案的马方单独作业模式

根据 1992 年马来西亚越南谅解备忘录，在马越共同开发区石油公司作业方式也由两国国家石油公司通过商业协议确定。① 但

① 1992 年马越谅解备忘录第 3 条 b 款。

是，该安排的条款和条件需由马来西亚政府和越南社会主义共和国政府批准方可生效。马来西亚国家石油公司和越南国家石油公司采取联合作业的方式，这种作业模式无需建立共同的经营管理机构，只需通过国家石油公司的合作，共同履行石油合同所规定的责任、权利和义务，根据各自国内法纳税，两国石油公司各自独立核算开支和收入，实现共同开发协议的目的。这适合马来西亚越南共同开发区面积小的特点。由于这种石油作业模式由石油公司全权负责，以作业合同为依据，石油公司对石油作业具有绝对控制权和经营决策权，可以确保公司整体战略目标的实施；可避免马来西亚泰国作业模式因双方经营管理方法、市场目标等方面的无法协调而拖延工作效率的弊端。

但如本章第三节第三部分所述，1992 年越南国内的石油法规制度尚不完善，其国家石油公司也不具备开采海洋石油的资金、能力和管理经验。因此，越南授权马来西亚国家石油公司代表越南和马来西亚对于共同开发区的石油开发自主经营、自担风险、自负盈亏，但是由两国共同分享共同开发区的油气资源及其收益。由此，马来西亚越南共同开发区的石油作业由两国国家石油公司合作作业变为马来西亚国家石油公司单独作业。1993 年，马来西亚国家石油公司和越南国家石油公司就共同开发区的油气开发分别签订了石油分享协议、天然气分享协议。

关于作业协议的期限。两国石油公司缔结的商业协议规定两国的石油作业协议以下期限为准：谅解备忘录期满；或者两国政府或者两国国家石油公司协商一致终止；或者产品分成合同期满。也就是说，合同随马来西亚越南谅解备忘录到期而终止、两国协商一致而终止或者随石油合作协议而终止。1993 年，两国通过外交换文的形式约定共同开发的期限为 40 年。也就是说，石油作业合同的期限不能超过 2032 年。

从马来西亚泰国和马来西亚越南的上述实践，可以得出如下结论：石油作业协议也属于国际合同而不是国际法上的条约，它以共同开发协议和石油合作协议为法律依据，其主体一般为享有勘探和开发共同开发区石油资源权利的石油公司。共同开发区的作业协议主要与共同开发区面积大小、共同开发协议的规定、石油合作协议的类型以及缔约国的国内法规制度等密切相关。

本章小结

共同开发协议、石油合作协议和石油作业协议共同构成共同开发区的法律制度，是共同开发实践的主要法律依据。三者是一个整体，三者有机配合实现共同开发协议的宗旨，即开发争议海域油气资源的目的。其中共同开发协议居于主导地位，石油合作协议和石油作业协议以共同开发协议为准并受其约束。其中共同开发协议是双边的契约性的国际经济条约，对缔约国具有约束力；石油合作协议是国际经济合同，其主体一方为共同开发协议的缔约国政府或者代表缔约国政府的机构或者组织，另一方为特定的石油公司；石油作业协议也是国际经济合同，其主体为石油公司。

泰国湾的共同开发协议一般采取谅解备忘录的形式。这符合谅解备忘录作为国际条约的法律特点，也符合共同开发的临时性和不影响性的特点。值得注意的是，并不是所有的谅解备忘录都是条约。判断谅解备忘录是否为条约，关键是看它是否有为缔约国创设权利和义务的意思表示。

共同开发协议条款主要包括关于共同开发区的条款、关于跨界矿藏的条款，关于共同开发区管理类型的条款、关于“先存权”的条款，关于共同开发区利益分配的条款，关于海域划界的条款，关于共同开发区管辖权的条款、关于其他海上活动和海洋生态保护的条款以及争端解决条款、不影响条款、修订条款和条约的生效、期限和终止条款。除了“不影响条款”，其他条款的具体内容可以由争端当事国根据共同开发区面积的大小、当事国的情况、争议海域的情况等因素自由裁量。

马来西亚泰国共同开发区和马来西亚越南共同开发区的石油合作协议都是产品分成制。这主要与马来西亚具有丰富的海洋石油开发经验有关。但这并不是共同开发石油合作协议的普遍规律。二者也有区别，如马来西亚泰国共同开发区的产品分成合同以 1990 年马泰协定为主要法律依据，而马来西亚越南共同开发区的产品分成制以马来西亚国内的石油法规制度为主。采取何种石油合作协议，主要是由共同开发协议以及缔约国的国内相关法规制度水平决定，与当事国开发海洋资源的能力有关，与争端当事国的海域主张和立场无关。

共同开发中石油作业协议主要有两种，一种为合资作业协议，一种为合作作业协议。采取何种合作石油作业协议，主要取决于共同开发协议、石油合作协议的规定、共同开发区面积的大小、当事国开发海洋资源的能力以及缔约国的法规制度。

从泰国湾的共同开发实践可以得出以下启示：共同开发协议、石油合作协议和石油作业协议，不仅要体现争端当事国法律地位的平等性，更要考虑这些法律文件的实际可操作性。

第四章　泰国湾海上共同开发的执行

上章对共同开发的主要法律文件做了简要分析，本章将结合泰国湾的共同开发实践，对由上述法律文件建立起来的动态的共同开发机制做一探讨。其中第一节到第四节对共同开发机制的分析，第五节是对共同开发区内非共同开发事务管辖机制的探讨。

第一节　共同开发区的管理机制

共同开发区的行政管理机制主要是指对共同开发事务进行行政管理的机构和相关原则、规则和制度。一般来讲，共同开发协议的缔约国并不直接管理和参与共同开发事务，而是授权专门的机构或者石油公司代表缔约国对共同开发事务进行管理。由于共同开发区的面积大小、资源禀赋和争端当事国的国内法规制度发展水平、完善程度不同，不同的共同开发区采取不同的行政管理机制。

一、马泰共同开发案的联合管理局模式

马来西亚泰国共同开发协议由泰国和马来西亚两国缔结，对两国具有约束力。但是泰国和马来西亚并不直接参与共同开发事务的管理，而是授权联合管理机构代表两国对共同开发区石油开采活动行使管理权。也可以说，联合管理局相当于共同开发区石油作业的行政主管当局和日常管理机关，享有相应的管理权。

（一）代理机构的沿革

1980 年，泰国和马来西亚依据 1979 年马来西亚泰国谅解备忘录建立了联合管理委员会，由该委员会协商马来西亚泰国共同开发协议的实施问题，同时设立法律、技术，财税、海关以及负责起草

产品分成合同的分支机构。直到 1994 年联合管理局正式成立，原来联合管理委员会的职责由联合管理局继承。因此，1994 年之前马泰共同开发区事务的管理职责由联合管理委员会履行，1994 年后由联合管理局履行。

（二）联合管理局的组织结构

联合管理局由 2 名主席和 12 名成员构成，他们分别由两国地位相称、数量相等的人员构成。① 2 名联合主席在联合管理局会议中流行使主席职责。若一方未能选出联合主席，联合管理局成员应当从代表该政府的成员中选出一名担任联合主席一职。一旦当选，该成员拥有主席的所有权力。联合管理局的任何会议法定人数不得少于 10 人，会议决定应当由联合主席共同作出。② 联合管理局的所有成员对于其在管理联合管理局事务中行为或过失所造成的损失和损害，不必承担任何个人责任，除非该损失和损害是其不法行为、重大过失或失职引起的。③ 联合管理局成员的薪资和其他津贴由联合管理局决定并经双方政府批准决定。④

（三）联合管理局的法律地位及职能

联合管理局具备独立法律人格和相应的权利和行为能力。⑤ 联合管理局对共同开发区的石油开采活动进行行政管理和日常经营管理。根据 1979 年马来西亚泰国谅解备忘，联合管理局“应代表双方享有和承担勘探及开发重叠区域内，海床和底土非生物自然资源事宜所有的权利和义务，以及共同开发区域内开发、控制和管理的所有权利和义务”。⑥ 而 1990 年马泰协定对联合管理局的职权进行了限制。根据 1990 年马泰协定，它只代表双方行使，与共同开发区内勘探和开发海床及底土非生物自然资源，“所必需的、有关的

① 1979 年马泰谅解备忘第 3 条第 3 款。

② 1990 年马泰协定第 4 条。

③ 1990 年马泰协定第 5 条。

④ 1990 年马泰协定第 6 条。

⑤ 1990 年马泰协定第 1 条第 1 款。

⑥ 1979 年马泰谅解备忘第 3 条第 2 款。

或附带的权利”。① 根据上述规定，联合管理局享有以下职权："联合管理局应当管控共同开发区内所有勘探和开发非生物自然资源的活动，也应负责制定政策”“决定联合管理局首席执行官和其他职员服务的条款和条件”“决定共同开发区的作业计划和管理工作计划”“石油勘探和开发合同勘探和开发期限，承包商的工作计划和预算”等②；有权审查和审计共同开发区与作业相关的承包商的簿册及账目”“定期清查作业者在石油作业中获取的财产和资产”“以及接收，整理和储存作业者提供的，与其在共同开发区作业所相关的所有数据”“批准和授予与共同开发区进行石油作业所需商品和服务相关的标书和合同”“任命联合管理局行政管理所必需的委员会，小组委员会或独立专家和顾问团”“管理联合管理局、委员会和小组委员会的会议活动”以及“为履行其职责必需的或附带的其他事项”③。

（四）对共同开发事务的管理

联合管理局对共同开发事务的管理主要表现为两个方面：一方面制定适用于共同开发区的专门的规章制度；另一方面直接对共同开发区内的石油开采活动进行管理，主要表现为以下两个方面：

一方面制定规章制度。为了落实马来西亚泰国共同开发协议，管理共同开发区的石油作业活动，联合管理委员会通过细化或者制定新的管理规章制度的方式明确了“联合管理局”具体职能、组织构成、议事方式和权限以及与石油活动相关的规则制度。

第一，制定联合管理局的章程。为了协调缔约国之间冲突的管辖权，保证缔约国的利益最大化，同时规范联合管理局的行为，1981 年联合管理委员会制定了《联合管理机构章程》（joint authority constitution），1989 年重新修订了该章程并于 1990 在吉隆坡由两国的外交部长签署。它对联合管理局的法律人格与能力、权利与职能、目的，其成员组成、个人责任、选举程序及薪资等都作

① 1979 年马泰谅解备忘第 3 条第 4 款。
② 1990 年马泰协定第 7 条第 1 款。
③ 1990 年马泰协定根据第 7 条第 1 款和第 2 款。

出了明确的规定。详言之，联合管理局的董事会由 2 名主席和 10 名董事构成，一共 12 名成员。他们分别来自泰国和马来西亚。目前，泰国籍的董事分别来自泰国能源部（3 名）、国务院办公室（1 名）、外交部（1 名），财政部（1 名），海军（1 名），其中能源部的秘书长任联合管理局的主席；马来西亚籍的董事分别来自马来西亚经济策划局（2 名）、检察院（1 名）、能源部（1 名）、绿色科技暨水资源部（1 名）、财政部（1 名）、马来西亚石油公司（1 名），其中经济策划局前任总干事任主席。① 联合管理局工作人员的任期为四年，每四年换届。联合管理局董事会下设首席执行官和副首席执行官办公室，首席执行官办公室的成员来自马来西亚，副首席执行官办公室的成员来自泰国，成员分别为 3 名。其下又设 3 个部门分别管理共同开发区的油气资源的开发与生产。它们分别为产品分成合同财务、预算与审计部，商业和法务咨询部。同时，联合管理局进一步明确了其职责和权限。根据 1979 年马来西亚泰国谅解“管理局应代表双方享有和承担勘探及开发共同开发区内的海床和底土非生物自然资源事宜的所有权利和义务，以及共同开发区域内开发、控制和管理的所有权利和义务”。在此基础上，联合管理委员会制定了 1990 年马泰协定。随后，泰国和马来西亚分别颁布了《马来西亚—泰国联合管理局 2533 法案》、《马来西亚和泰国联合管理局 1990 年第 440 法案》，规定联合管理局主要具有以下职权：联合管理局具有制定关于共同开发区非生物资源的开发、控制和管理政策的权力。对联合管理局的事务进行管理的权力。例如，联合管理局有权“决定联合管理局首席执行官和其他职员服务的条款和条件”。

另一方面，为了更好地管理共同开发区的石油开采活动，规范共同开发各主体的行为（联合管理局、石油公司以及其他主管当局），落实 1979 年马来西亚泰国谅解备忘录的规定，联合管理局对其原则性的规定进行解释、补充和完善，为共同开发区内的石油开

① 马泰联合管理局网站 http：//www. mtja. org/organization. html.，2016 年 1 月 15 日访问。

采活动建立明确的制度规范。首先，对产品分成合同的格式做出规定。1980 年，联合管理机构就开始起草产品分成制 1989 年完成并通过该委员会表决；落实马来西亚泰国谅解备忘录的协议。其次，1989 年在泰国外交部的建议下，1990 年联合管理局制定为了实施 1979 年谅解备忘录的细则，1991 年颁布了《马来西亚和泰王国政府关于建立马来西亚-泰国联合管理局及其他事项的 1990 协定》。再次，联合管理局成立后，为了管理、监督、指导共同开发区的石油作业活动，制定了以下一些规则：2009 年联合管理局制定了《钻探作业程序》（Procedures for Drilling Operations 14 Dec 2009），同年还制定了《生产作业程序》（Procedures for Production Operations 14 Dec 2009）。此外，在联合管理局的建议下，缔约国的主管当局也分别制定了以下配套规章制度，1993 年马来西亚泰国联合管局关于财会制度的规定（Malaysia-Thailand Joint Authority（Accounting procedure）Regulation 1993），1993 年联合管理局关于准备和提交年度预算的规定（Malaysia-Thailand Joint Authority（Preparation and Submissions of Annual Budget）Regulations 1993），1993 年马来西亚泰国联合管理局关于任命该机构主席和董事的规定（Malaysia-Thailand Joint Authority（Terms and Conditions of Appointment of Co-Chairman and Other Members of the Authority）Regulations 1993），1997 年《马来西亚-泰国联合管理局石油作业准则》（Malaysia-Thailand Joint Authority Standards of Petroleum Operations），2004 年制定了马来西亚泰国联合管理局关于特许权使用费和其他费用的规定（Malaysia-Thailand Joint Authority（Payments of Royalty and Other Proceeds from Petroleum Production to the Governments）Regulations 2004）。

2. 对共同开发区的石油开采活动进行管理。根据 1990 马泰协定，联合管理局具备独立法律人格和相应的能力。① 首先，它通过与承包商签订石油合作协议，授予承包商开发共同开发区内特定合同区块的石油开采权。其次，联合管理局对石油作业进行监督和管理。例如，联合管理局有权“决定共同开发区的作业计划和管理

① 1990 年马泰协定第 1 条第 1 款。

工作计划”，“石油勘探和开发合同勘探和开发期限，承包商的工作计划和预算”等①；有权审查和审计共同开发区与作业相关的承包商的簿册及账目”，“定期清查作业者在石油作业中获取的财产和资产”，“以及接收、整理和储存作业者提供的，与其在共同开发区作业所相关的所有数据”，“批准和授予与共同开发区进行石油作业所需商品和服务相关的标书和合同”，“任命联合管理局行政管理所必需的委员会，小组委员会或独立专家和顾问团”，“管理联合管理局、委员会和小组委员会的会议活动”以及“为履行其职责必需的或附带的其他事项”②。

但是需要注意的是，联合管理局的行政管理权是有限的，接受缔约国的监督。而且缔约国在重大事项上具有决定权。例如，以下事项须经两国政府批准才生效：联合管理局的组织结构及其主席和其他成员的任命③；实施和缔结与共同开发区勘探和开发非生物自然资源相关的交易或合同④；联合管理局的年度预算；⑤；联合管理局账目⑥；联合管理局可与任何政府或组织合作⑦。

综上，马来西亚泰国共同开发区管理机制的特点是以联合管理局直接管理为主，缔约国间接管理为辅。联合管理局享有广泛的管理两国共同开发区内石油开发事务的权力，但是两国政府在重大事项上享有最终决定权。联合管理机构只是马来西亚泰国政府的代理机构，代表两国政府的利益并对其负责，而不是超越于两国政府之上的“超国家机构”。其管理的主要方式是依据马来西亚泰国共同开发协议的规定，制定相关、专门适用于共同开发区的法规制度，然后依照上述规定对共同开发事务进行管理。

---

① 1990 年马泰协定第 7 条第 1 款。
② 1990 年马泰协定根据第 7 条第 1 款和第 2 款。
③ 1990 年马泰协定第 7 条第 2 款 a 项。
④ 1990 年马泰协定第 7 条第 2 款 e 项
⑤ 1990 年马泰协定第 11 条。
⑥ 1990 年马泰协定第 12 条。
⑦ 1990 年马泰协定第 14 条。

二、马越共同开发案的石油公司代理模式

1992年马来西亚越南谅解备忘录授权两国国家石油公司全权负责石油开采活动的管理。① 但是在共同开发过程中，由于越南当时没有相关的石油开采制度②，相关的关税、税务和管理机制也不完善，另外，越南国家石油公司缺乏资金、技术也无法承担开采海域资源的义务，而且它不具备对海洋石油开发管理经验，无法对共同开发区的石油开发活动进行管理，于是，越南国家石油公司通过商业协议授权马来西亚国家石油公司代表两国全权负责共同开发区的石油开采活动，并适用马来西亚相关的法律。自此，马来西亚越南共同开发的管理模式由“当事国共同管理模式”转变为马来西亚“一国代理模式”，但是仍属于“石油公司代理模式”。

从实施的角度来看“一国代理模式”最为简单。由于无需协调两国的石油开发相关法规制度，也不需要制定一套专门适用于共同开发区的石油开采制度，更不需要建立专门的管理共同开发事务的机构。只需要在越南国家石油公司的监督下，马来西亚按照开采其专属海域资源的方式和法规制度，对共同开发区的石油开发活动进行开发和管理即可。

但是，这种只适用一国法规制度并由一国进行管理的模式，无法体现两国法律地位的平等性。而且有的学者认为适用法律是一国主权的表现。因此，担心这种管理模式可能造成对对方主权承认的误解。笔者不赞同这种观点。首先，1992年马来西亚越南共同开发协议已经通过“不影响条款”明确，明确表示两国共同开发的任何安排不影响两国的主张和立场。因此，这种担心是多余的。而且，之所以适用这种模式是在越南自愿的前提，从理性的角度为了履行两国的共同开发协议而采取的一种变通的积极的措施。再次，这种授权是由越南石油公司仅将石油开采权和相关的管理权授权给

① 1990年马越谅解备忘录。

② 越南1993年才制定第一部石油开采法。

马来西亚国家石油公司，且经过两国政府的批准。因此，这不仅不是对越南海域主张的否认，相反恰恰是其行使国家主权的表现。最后，这种安排照顾到了越南的履约能力。它是符合两国国情和利益的安排，有利于共同开发的顺利实施，有利于马来西亚越南共同开发协议的履行。

马来西亚泰国共同开发区这种由石油公司代表两国对共同开发事务进行管理的机制具有简单、成本低、效力高、商业色彩浓的特点。它依据马来西亚现有的法规制度对共同开发区的石油开发活动进行管理，无需建立专门的管理机构，无需对两国的法规制度进行协调，也无需制定专门的规章制度。由于授权石油公司对共同开发区的石油作业进行管理，国家行政干预少，与马来西亚泰国共同开发区的管理机制相比商业色彩浓。

虽然马来西亚泰国共同开发和马来西亚越南共同开发的行政管理机构和适用的规则制度不同。但从上述实践可以看出，一般共同开发的当事国不参与共同开发的管理，而授权专门机构或者石油公司对共同开发事务进行管理。无论是专门的管理机构和石油公司都同时代表共同开发协议的缔约国。

马来西亚泰国联合机构代理的管理机制和马来西亚越南石油公司代理的管理机制各有优点。二者都是适合争议海域的科学合理的制度设计。尽管与马来西亚越南共同开发区的管理机制相比，泰国和马来西亚共同开发区的管理机制比较复杂、成本高，但是马来西亚泰国共同开发区面积大，对两国的影响比较大。因此，这种管理模式更有利于对共同开发事务的管理。马来西亚和越南的管理机制简便、灵活、成本低，适合面积比较小的共同开发区。由此，可以得出这样的结论，共同开发区管理机制的选择，与共同开发区面积大小、当事国的国内法规制度的完善程度、开发海洋资源的能力密切相关，应结合两国的履约能力来选择共同开发区的行政管理机制，这样才能保障共同开发协议得到切实地履行，实现共同开发的目的和宗旨。

第二节　共同开发区的税费机制

共同开发区的税费机制主要是指共同开发区税收的主管当局以及相关的原则、规则和制度的总称。一般包括行政管理费、关税、其他税费以及避免双重征税的制度。此外，为了避免缔约国主管当局和法规制度的冲突，还专门设立相应的协调机构。

现有的共同开发实践，既有在共同开发区适用一套税费制度的案例，也有分别适用当事国各自税费制度的案例。共同开发区适用一套税费制度的共同开发实践中又分为，适用某一当事国既有税费制度的案例，或者适用专门适用于共同开发区税费制度的案例。

一、马泰共同开发案的税费制度

马来西亚泰国共同开发区的税费制度既适用专门适用于共同开发区的税费规定，也适用缔约国国内相关的税费法规政策。由联合管理局，缔约国各自的主管机构共同行使各自的权力。

共同开发区内油气开采的税费总额由两国平均分享。

适用于共同开发区的关税制度主要包括 1990 年马来西亚泰国协定，两国依据 1979 年谅解备忘录和 1990 年协定制定的《马来西亚-泰国联合管理局 2533 法案》、《马来西亚和泰国联合管理局 1990 年第 440 法案》以及两国相关的海关和税费的法规。①

共同开发区税务主管当局是两国海关和税务当局。② 同时，为了协调两国的相关的法规制度，两国还设立“联合海关委员会”和“联合海关办公室”。“联合海关委员会”是为了协调共同开发区内关税和其他税务法律的管理而建立的委员会，由双方海关和税务当局的官员组成；“联合海关办公室”是指为了协调共同开发区内关税和其他税务法律的管理，而在联合管理局总部设立的办公室。联合管理局位于马来西亚的吉隆坡。根据两国约定泰国国家海

① 1990 年马泰协定第 16 条。

② 1990 年马泰协定第 16 条 b 款。

关和税务当局官员享有清关的权力，包括征收关税和其他税务的权力。

为了避免双重征税，两国只按现有法律规定50%的税率征收各种税费。承包商应向联合管理局缴纳石油总产量的10%作为特许经营税费，支付方式和时间可在合同中详细说明①，再由联合管理局按照两国的部门规章规定的时间和方式，分别支付给两国政府，各得5%②。

石油公司自与联合管理局签订产品分成合同之日起，前8年所得税免税；第9~15年，所得税率为10%；从第16年起，所得税率为20%。③ 为了避免双重征税，各政府征税税率需降低应征税率的50%。④ 为了平衡两国政府的每年所征税款和石油公司受到同等的对待，一方政府征收的税款超过另一方政府的所征税款，超出部分应由两国平均分享，由联合管理局负责调整。⑤ 一般销售税性质的税收法律，包括对共同开发区内物品和服务的征税，不适用于共同开发区。⑥ 两国政府对于联合管理局免于征税。⑦

凡是出口到两国之外的地方都视为出口，应缴纳10%的出口税。共同开发区内生产的任何货物进入泰王国、马来西亚或第三方国家，应当视为出口。如果进入泰国适用泰国的法律，如果进入马来西亚适用马来西亚的法律。对于经过联合管理局或者该机构授权的任何人核准进口的物品、设备和材料不予征税。如果一国政府要

---

① 1979年马泰谅解备忘录第3条第6款，1990年马泰协议第9条第1款，泰国制定的《马来西亚—泰国联合管理局2533法案》第17条第1款和马来西亚制定的《马来西亚和泰国联合管理局1990年第440法案》第14条第3款。

② 根据泰国制定的《马来西亚—泰国联合管理局2533法案》第5条和马来西亚制定的《马来西亚和泰国联合管理局1990年第440法案》第7条。

③ 1990年马泰协定第17条第1款a项。

④ 1990年马泰协定第17条第1款a项。

⑤ 1990年马泰协定第17条第1款a项。

⑥ 1990年马泰协定第17条第3款。

⑦ 1990年马泰协定第17条第4款。

征收税费，需同另一国主管当局协商。

依据马来西亚和泰王国的法律，属于双方违禁品清单上的任何货物，不能进入共同开发区。若确有需要进口违禁货物，则须由另一方国家有主管当局同意作出例外规定。

从上述安排可以看出，马来西亚泰国共同开发区的税收由两国政府的税收当局根据属人原则以住所地为准，依据马来西亚或者泰王国既有的税收立法，对共同开发区的收入征收税款。① 同时，两国税收当局应对共同开发区税收法律的实施与管理保持交流和协商。② 其他税费由泰国和马来西亚的税务局征收。虽然共同开发区的税费由各自主管当局征收，并适用各自国家的法规制度，但是收入由两国平均分享，而且为了避免双重征税，都按原有税率的50%征收。

二、马越共同开发案适用马方的税费机制

马来西亚和越南只是原则上约定双方应平等分担“划定区域”内石油勘探和开采而产生的所有费用，③ 并授权两国的国家石油公司就共同开发区的石油开发其他相关事务协商确定。因此可以推定在马来西亚越南共同开发区两国的初衷是适用两国各自的税费法规政策，并由各自的主管当局依法行使享有的权力。

1992 年马来西亚越南共同开发协议规定“双方应平等分担‘划定区域’内石油勘探和开采而产生的所有费用，平等分享其产生的收益”④。但是由于越南当时不具备开采海洋油气资源的实力、缺乏相关的管理经验和相关法规政策，马来西亚越南共同开发模式变为由马来西亚一国代理的模式。由此，由原来适用各自的税费制度变为适用马来西亚现有的税费制度。具体而言，由马来西亚海关和税务机构根据马来西亚国内相关的法规制度征收了

① 1990 年马泰协定第 17 条第 1 款，第 17 条第 1 款 b 项。

② 1990 年马泰协定第 17 条第 4 款。

③ 1992 年马越谅解备忘录第 3 条 c 款。

④ 1992 年马越谅解备忘录第 2 条第 3 款。

相应的费用后，扣除成本，将共同开发区石油收益纯收入的50%分给越南。

从上述分析可以看出，马来西亚泰国和马来西亚越南共同开发协议都约定适用各自的税费制度，平均分享相关收益、承担相关的费用。但是，由于马来西亚泰国的共同开发区面积大。在共同开发实践过程中，双方又对共同开发区的税收机制做了协调。与马来西亚泰国共同开发区的税费机制相比，马来西亚越南共同开发区的税务机制更简单。

第三节　共同开发的监督机制

古代条约的履行常常求助于神灵；封建社会依赖于君主的威望；近代保证条约履行的方式多样化，比较常见的有“财政负担”“担保”“报复”“领土占领”等。现代国际社会出现了“国际执行行动”“法律诉讼程序”“条约明文规定惩戒行动”等。① 共同开发协议履行的监督机制因共同开发协议的约定不同而不同。但是，它主要与共同开发模式有关。

共同开发的监督机制是指依据共同开发协议的规定所建立起来的，监督和管理共同开发的机构和相关原则、规则和制度。这是对缔约国及其授权石油公司所承担的共同开发义务加以监督、检查等外部措施，以鼓励或督促各方切实履行条约和合同义务，以实现共同开发的目的。

一、马泰共同开发案以外部监督为主

马来西亚泰国共同开发案的监督机制可以分为两个层次。第一层次为缔约国对联合管理局的监督，第二层次是联合管理局对石油公司生产活动的监督。

① 参见曹胜辉：《条约监督机制与条约义务的履行》，载《外交学院学报》2000年第2期，第55页。

（一）缔约国对联合管理局的监管

缔约国虽然不参与共同开发事务的管理和油气资源的开发。但是，它对联合管理局进行监督和管理，以督促其切实执行共同开发协议，忠实履行其职责。缔约国对联合管理局的监管主要变现为以下三个方面。第一，虽然联合管理局享有“勘探及开发重叠区域，海床和底土非生物自然资源事宜所有的权利和义务，以及共同开发区域内开发、控制和管理的所有权利和义务”，但是，联合管理局的职能是缔约国共同赋予的，是马来西亚泰国两国的代表，需要向两国政府负责，接受两国政府的监督。缔约国对联合管理局的监管主要通过审核的方式来实现。比如，在重大事项上，需要经过两国政府的批准才能生效。例如，联合管理局的权力和职能“在政府批准前提下，决定联合管理局的组织结构”①；联合管理局的首席执行官和副首席执行官的任命需得到政府的批准②。再如，联合管理局与石油公司缔结的产品分成合同，需在政府批准的前提下才能生效③。还如，“为了促进本协议的有效管理和运行，对于本法案的修改，需双方政府一致同意，未经双方政府的事先同意，不能对法案进行修改”。④ 又如，由联合管理局负责账目的记录、审计和预算，但接受两国政府的监督。⑤ 此外，联合管理局为了共同开发的目的与有关政府主管部门或者组织的合作、缔结的协议，也需有缔约国审核批准。⑥ 第二，缔约国享有人事任免权。联合管理局的人员来自两国，由两国政府任命。这也是缔约国行使监督权对联合管理局进行有效约束的方式。第三，对于共同开发区内发生的违法行为缔约国具有司法管辖权。这是最强有力的对共同开发行为进行监督和约束的机制。

---

① 1990 年马泰协定第 7 条第 2 款 a 项。
② 1990 年马泰协定第 7 条第 2 款 b 项。
③ 1990 年马泰协定第 7 条第 2 款 e 项。
④ 1990 年马泰协定第 15 条。
⑤ 1990 马泰协定第三章第 8-12 条。
⑥ 1990 年马泰协定第 14 条。

（二）联合管理局对石油公司的监管

联合管理局通过定期审核、制定规范和日常管理的方式，监督、引导和规范石油公司在共同开发区石油开发活动。联合管理局主要根据石油公司的报告、建议或申请，对其履行石油合同的情况进行监督，如“决定共同开发区的作业计划和管理工作计划”①“批准和延长勘探和开发期限”“批准承包商的工作计划和预算”以及“批准承包商的生产计划包括生产成本，条件和生产时间安排”②“批准和授予与共同开发区进行石油作业所需商品和服务相关的标书和合同”③；对石油公司的财务进行审计，如“审查和审计共同开发区与作业相关的承包商的簿册及账目”“定期清查作业者在石油作业中获取的财产和资产”；对石油开发情况跟踪统计，如“接收，整理和储存作业者提供的，与其在共同开发区作业所相关的所有数据”④。

除此之外，马来西亚泰国为了共同开发协议得到诚意履行，还对联合管理局工作人员提供了财政保障。例如联合管理局的运营费用和联合管理局工作人员的薪金都有明确的规定⑤，并且马来西亚泰国两国政府不对联合管理局的收入征税⑥。而且工作人员独立于本国政府代表联合管理局从事日常工作，例如“联合管理局的所有成员对于其在管理联合管理局事务中行为或过失所造成的损失和损害，不必承担任何个人责任”。⑦ 这样充分调动了联合管理局的积极性和主动性，确保其监督职责的履行。

马来西亚泰国监督机制第一层主要通过缔约国对联合管理局主要官员的任免以及对重大事务的决定权，这种间接的约束和监督各主体履行共同开发协议的情况来实现。第二层主要是由联合管理局

① 1990 年马泰协定第 7 条第 2 款 d 项。
② 1990 年马泰协定第 7 条第 2 款 f 项
③ 1990 年马泰协定第 7 条第 2 款 h 项。
④ 1990 年马泰协定第 7 条第 2 款 g 项。
⑤ 1990 年马泰协定第 6 条，第 9 条第 1 款和第 2 款。
⑥ 1990 年马泰协定第 17 条第 3 款。
⑦ 1990 年马泰协定第 5 条。

对共同开发区石油经济活动的直接监督与管理来实现。马来西亚泰国共同开发案这种双层外部监督机制的特点是有效、有力，能够很好地监督共同开发协议的执行情况和石油公司开采活动，协调海洋石油开采、海洋捕捞业、海洋运输等产业的关系，督促缔约国履行其承担国际义务，例如环境保护义务；但是行政色彩浓，运行成本高。

二、马越共同开发案以石油公司自我监督为主

马来西亚越南共同开发协议的监督机制主要由两国国家石油公司进行自我监督、自我管理，同时由缔约国和协调委员会对其进行外部监管。

（一）缔约国和共同机构的外部监督

首先，缔约国对共同开发协议履行情况的进行监督。根据1992年马来西亚越南谅解备忘录第3条b款，两国石油公司达成的商业安排，其“条款和条件应由马来西亚政府和越南社会主义共和国政府批准”。两国政府通过这种审核机制对马来西亚越南共同开发的关键性事务履行监管职责。但是，马来西亚越南两国政府一般不介入或者干扰共同开发事务。

其次，协调委员会对马来西亚越南共同开发协议执行情况的监督。1993年，为了约束和规范国家石油公司行为，确保共同开发协议得到切实履行，保证共同开发区内经济活动的效率与公平，马来西亚国家石油公司和越南国家石油公司签订了建立协调委员会（coordination committee）的协议。该委员会由8名委员组成，由马来西亚越南两国各自的国家石油公司分别指定4名委员，这些委员主要来自两国的国家石油公司。每个委员都有相同的投票权。委员会采取协商一致的议事原则。委员会的主席由两国委员轮流担任，每两年举行一次换届选举。该机构的监管职能主要为：第一，监督各方执行共同开发协议的情况。第二，提供咨询和建议。该共同机构负责向两国政府和石油公司提供政策建议。但是这种建议仅具有参考作用而不具有法律约束力，是否采纳由两国的石油公司或者两国政府决定。

（二）石油公司的自我监督

根据1992年马来西亚越南谅解备忘录的规定，两国石油公司代表当事国负责共同开发区的石油开采活动，依据双方达成的协议来管理勘探和开发活动。实践中主要由马来西亚国家石油公司负责开发区的日常管理和石油作业。虽说越南石油公司有监督的权利，但是由于越南国家石油公司不具备管理海洋石油开发的经验，事实上无法有效地行使监督的职责。可见，马来西亚越南管理的模式无论在行政管理，还是日常经营管理，主要由马来西亚国家石油公司进行自主监督、自主管理。

就马来西亚国家石油公司来讲，石油生产活动以石油利润最大化为目标。而共同开发的目的就是获得石油收益最大化。二者目标本质上一致。因此，石油公司严格履行共同开发协议的动力很大。这种内发型的监督约束机制，实践证明是有效的监督约束机制。因此，马来西亚越南共同开发案监督机制是可以保证马来西亚越南共同开发区的石油开采活动按照经济的原则，高效运转；但是以石油公司自我监督为主可能无法保障石油公司的利益与该海域其他利益的协调，如渔业、航行、环保等，无法保证该海域的健康可持续发展。而鉴于马来西亚越南共同开发区的面积小，因此即使有不利影响，其影响范围也有限。

由于马来西亚和越南两国政府倾向于不干预共同开发事务，而协调委员会的监管意见又不具有强制约束力，因此，马来西亚越南共同开发的监督机制主要以石油公司自我监督为主。

第四节　共同开发区的争端解决机制

共同开发协议的争端解决机制就是关于共同开发中产生的争议适用何种方式解决的相关原则、规则和制度。

共同开发过程中产生的争端一般有两类。一类因共同开发协议引发的争端，还有一类是因石油合作协议或者石油作业协议而引发的争议。这两类争端均属于国际争端，前者属于国际公法上的争议，后者属于国际经济法、私法上的争议。从国际法理论上讲，对于前者，符合现代国际法的国际争端解决方式有政治方法和法律方法。① 对于后者主要采取仲裁和当地法院救济的方式解决。

一、马泰共同开发案的争端解决机制

马来西亚泰国共同开发案分别采取不同的争端解决方式解决共同开发中的两种争议。

（一）缔约国之间的争端

根据马来西亚泰国共同开发协议，“双方应通过协商或谈判的方式和平解决”，② “若三个月内仍未能解决争端，任何一方政府可将争端提交至马来西亚首相和泰王国总理，两国元首应共同决定该争端解决方式。”③ 可见，马来西亚和泰国对于这类争端主要采取政治方法来解决。

（二）联合管理局和承包商之间争议

泰国和马来西亚约定“任何争端或分歧若不能和平地解决，则应该把该争议提交由 3 名仲裁员组成的仲裁小组仲裁。其中双方各自指派一名仲裁员，双方共同指派第三名仲裁员。若双方在一定的时间内不能就第三名仲裁员的人选达成一致，则应请求联合国国际贸易委员会指派一名仲裁员。仲裁程序应当依据联合国国际贸易委员会规则进行。仲裁地点应为曼谷或吉隆坡或双方一致同意的其他地点”。④ 从上述分析可以看出，马来西亚泰国两国倾向于先通过石油公司内部或者联合管理局协调产生的争议和分歧；如不能得到妥善解决，再寻求外部的手段以尽快解决，将其对共同开发的影响降至最低。

对于石油公司之间产生的争议，根据具体争议，决定使用哪国的国内法，一般采取当地法院救济的方法。

---

① 政治方法是指谈判、协商、调查、斡旋、调解、和解等方法；法律方法是指仲裁和司法解决争端的方法。参见邵津主编：《国际法》（第四版），北京大学出版社 2011 年版，第 410~425 页。

② 1979 年马泰谅解备忘录第 7 条。

③ 1990 年马泰协定第 21 条。

④ 1990 年马泰协定第 8 条规定。

二、马越共同开发案的争端解决机制

马来西亚越南共同开发案强调通过平等协商的方式解决争端，具有灵活便捷的特点。

（一）缔约国之间的争端

两国约定因共同开发协议条款的“解释或履行而产生的争端，需要双方通过协商或谈判的方式和平解决”。①

（二）石油公司之间的争议

1993 年马来西亚和越南国家石油公司签订的商业安排中规定，石油公司之间的争议或者因石油合同而产生的争议、因共同开发协议产生的争议首先由协调委员会解决，协调委员会解决不了的交由两国政府协商解决。

马来西亚泰国共同开发和马来西亚越南共同开发案，对于缔约国之间因共同开发协议产生的争议都选择政治方法，如谈判或者磋商。这主要是因为：首先，共同开发协议的宗旨是为海洋石油勘探开发提供稳定的投资和经营环境，促进相关国家间友好关系，不妨碍或者阻碍最后达成划界协议。共同开发本身属于商业性活动。公平、经济、及时、有效、友好是其解决争端的价值追求。谈判有利于当事国友好关系的维护。谈判磋商的结果可由缔约方主导，一般都是双方妥协的结果，在情感上比较容易接受。而且这种争端解决方式不会伤害国家间的感情，有利于国家友好关系的维护，符合共同开发的宗旨和功能。此外，谈判是双方高度的意思自治，充分体现了相关国家主体地位的平等与平衡，能够实现当事国的利益最大化。与其他争端解决方式相比，谈判和磋商仅限于当事国主体之间。而且除了运用法律规则外，还可以“摆事实、讲道理”，阐明各方的价值理念和诉求，能够综合体现各方的立场和主张，极大地拓展了当事方之间协商对话的空间，达成交换意见、改善关系，建立互信使相关方“心悦诚服”的接受谈判的结果，从根本上消除双方之间的分歧。因此，谈判与磋商比其他争端解决方式更符合石

① 1992 年马越谅解备忘录第 6 条。

油公司及当事国的诉求。第二，国际法只是鼓励国家采取共同开发的方式和平利用海洋资源，没有关于共同开发的详细的具体的国际法规则。在这种情况下，法律解决争端的方法意义不大。而谈判能够很好地解决因共同开发协议而产生的争端，且成本低，效率高。此外，谈判能够在不影响共同开发区生产的情况下，及时顺利解决争端，有利于促进共同开发协议的履行。

马来西亚泰国共同开发案和马来西亚越南共同开发案中，经营主体除了缔约国的国家石油公司外，还有第三方石油公司。因此，为共同开发区的石油勘探开发而缔结的石油合同或者作业合同本质属于涉外合同。由石油合同或者作业合同而产生的争议属于国际投资争端，由国际私法调整。对于这种争议，马来西亚泰国在共同开发中采取商业仲裁的方式，马来西亚越南在共同开发中采取调解的方式。二者都符合国际投资争端解决的发展趋势和惯例。调解与仲裁相比，主要有以下区别：第一，可控性不同。调解争端国的自主权较大，可以随时撤销。例如，在解决争议中，任何一方不愿意调解，就不能强迫其调解，未开始的不得开始；已开始的不得继续。第二，灵活性不同。调解的程序灵活。而仲裁则要依仲裁法或仲裁规则进行，裁决的依据是事实和法律。第三，结果的约束力不同。调解结果，必须经当事方完全同意，才能达成调解协议；如果有一方不同意，就不能制作调解书。而仲裁作出的裁决则无须经当事人同意，仲裁庭有权依据事实和法律独立地作出。而仲裁中，裁决书一经作出便立即发生法律效力，无须当事人签收，也不允许当事人反悔。第四，争议解决的成本不同。调解的成本低，与之相反，仲裁比调解的程序更为规范，规则性更强，成本要高些。之所以两国共同开发案选择不同的争端解决方式，与共同开发协议的缔约国之间的差异有关。马来西亚泰国法律制度发展比较完善，国内商业活动市场化程度高，两国在共同开发中的地位平等。因此，两国选择了更为规范的商业仲裁作为解决合同争议的解决方式。而马来西亚越南共同开发案中，马来西亚处于主导地位，政府对共同开发活动的干预程度低，效率是其追求的主要价值目标。因此，马来西亚越南共同开发案选择更为灵活的调解作为合同争端的解决方式。

共同开发协议的争端解决条款与当事国的经济发展水平和法规完善程度密切相关，符合共同开发经济性的特点。马来西亚泰国和马来西亚越南共同开发案的争端解决机制都具有简易便捷的特点。这有利于共同开发中矛盾和分歧的解决，有助于共同开发区石油开采活动的顺利进行，有益于缔约国和相关各方友好关系的维护，便于共同开发协议得到切实履行。总的来讲，马来西亚泰国争端解决机制更规范，马来西亚越南争端解决机制更灵活。

第五节　共同开发区内其他事务管辖机制

共同开发区本质上属于争议海域，争端当事国都主张对该海域享有主权或者主权权利，因此有必要对该海域冲突的管辖权进行协调，避免产生冲突影响共同开发区内的油气开采活动。

根据共同开发协议，马来西亚和泰国、马来西亚和越南分别授权联合管理局和石油公司对共同开发事务进行管理。但是对于共同开发区内的非共同开发事务，例如渔业、航行、科学研究、环境保护等事项仍然适用各自的国内法，并由各自的主管机构行使管辖权。

一、马泰共同开发案分事项管辖机制

由于马来西亚泰国共同开发区面积大，共同开发区内管辖的事项多。例如，除石油勘探开发活动外，还包括国际法授予沿海国的依法管辖其他事项。

马来西亚和泰国对共同开发区内特别敏感的司法管辖权做了专门规定。根据1979年马来西亚泰国谅解备忘录，对刑事司法管辖权由马来西亚泰国分区而治。此后，两国将上述规定的适用范围延伸到民事司法管辖权。根据1990年协议第18条，根据泰国制定的《马来西亚-泰国联合管理局2533法案》第21条和马来西亚制定的《马来西亚和泰国联合管理局1990年第440法案》第18条，两国按照刑事管辖权的方式分区行使民事管辖权。对于与共同开发有关的违法行为，例如负责共同开发的石油公司违法了两国的海关或者

税务制度的行为，则采取以下的司法管辖制度。如因共同开发的某项行为仅违反了一方国家的法律，则该国家可对该指控的行为行使司法管辖权；若违反了两国法律，对指控的行为人首先实施逮捕或拘留的国家应被推定为享有管辖权的国家；若违反了两国法律，且两国的相关法规同时实施了逮捕或拘留，则司法管辖权应由两国相关当局协商决定。

共同开发区内其他事务的行政管辖权和相应的立法关系权则由缔约国各自的主管机关行使，不受影响。但是，必要的时候需要各主管当局与联合管理局进行协调以避免冲突。例如，海关、移民和检疫、雇佣、职工的卫生安全、渔业捕捞、海洋环境保护、油轮、税法等事项。①

二、马越共同开发案属人管辖机制

1992 年马来西亚越南谅解备忘录只是授权两个石油公司全权负责石油开采活动的管理,② 对于其他事项未作规定。由于共同开发“不影响”的特点，马来西亚越南共同开发区内其他非石油开采活动的事项仍然由两国各自的主管当局管辖。也就是说，马来西亚和越南仍然可以根据本国法的规定，由各自的主管当局对非共同开发事务进行分别管辖。

另外，从两国谈判的意图来看，双方只是就共同开发区的石油开采进行合作，不影响、不改变缔约国的任何权利和主张。因此可以推定，两国默许在划界前共同开发这一安排不影响两国在共同开发区行使各种管辖权的现状。若发生问题或者纠纷时，再由两国政府沟通协调。

从上述分析中可以得出以下两点结论：第一，当事国是否认可对方的海域主张对共同开发区管辖权的分配具有重要影响。如果相关当事国承认各自的海域主张并就划界原则达成共识，基本上可以确定各自行使司法管辖权的范围和方式。例如马来西亚和泰国。但

① 1979 年马泰谅解备忘录第 4 条第 2 款。

② 1990 年马越谅解备忘录。

是，如果相关当事国对各自的海域主张不认同，则会回避这一涉及主权的敏感问题。于是在共同开发区管辖权分配的问题上采取维持现状的做法。例如马来西亚和越南。第二，共同开发不影响两国的主权、海域主张以及其他依法享有的权利。无论是马来西亚泰国还是马来西亚越南都声明：共同开发不影响当事国的海域主张、主权主张以及依法享有的各种海洋权利。尽管共同开发具有不影响的特点，但是由于共同开发区是缔约国共同主张的重叠争议海域，存在立法、行政和司法管辖权冲突，因此，有必要对共同开发区的非共同开发事务的管辖权进行协调。

本章小结

共同开发实践的过程即是当事国履行共同开发协议的过程。共同开发协议的履行，不仅需要缔约国严格遵守共同开发协议的规定，还需要协调各自国内法规，并根据当事国的履约能力不断调整完善共同开发协议的规定，以保障共同开发协议得到有效实施。而这离不开有效的共同开发的管理机制、税费机制、监督机制和争端解决机制以及共同开发区内两国冲突管辖权的协调机制。

虽然马来西亚泰国和马来西亚越南共同开发案的共同开发区的管理机制、税费机制和监督机制以及争端解决机制都不完全相同，但是，马来西亚泰国和马来西亚越南共同开发协议的实施机制具有以下共性：第一，共同开发协议的缔约国不直接负责共同开发协议的实施和共同开发区的管理，而是授权特定的组织代表所有当事国对共同开发事务进行管理；第二，缔约国也不负责共同开发区的石油生产活动而是由特定的石油公司负责；第三，合理的共同开发机制，使共同开发各方的利益得到妥善安排与协调，保障了共同开发区的石油开采活动进展顺利，共同开发协议均得到切实遵守。值得注意的是，事实上马来西亚泰国和马来西亚越南共同开发协议中都隐含了保障共同开发协议得以实施的协调机制。马来西亚泰国的协调机制主要是联合管理局与缔约国各主管当局之间的协调机构。马来西亚泰国的协调机制主要由两国石油公司的协调机制和协调委员会来完成。协调机制的存在对于保证共同开发的实施具有重要意义。

这说明成功的共同开发，一方面需要共同开发协议设计地科学合理，另一方面还需要缔约国在实施共同开发协议的过程中本着诚意、耐心和信任进行合作，协调彼此之间的分歧。

第五章　泰国湾海上共同开发的效果

虽然马来西亚泰国和马来西亚越南共同开发协议得到了切实遵守，但是有必要对泰国湾共同开发制度的实施效果和制度本身作一客观评价，这样有利于泰国湾沿海国和中国今后趋利避害，设计更好的共同开发制度，妥善解决海域争端。

第一节　泰国湾海上共同开发的积极意义

通过泰国湾海上共同开发的实践，对泰国湾沿海国和泰国湾整个海域主要产生了以下四大积极影响。

一、高效开发争议海域资源

泰国湾海上共同开发制度设计科学合理，实现了对争议海域油气资源最高效的开发。

以马来西亚泰国共同开发案为例。1979 年马来西亚和泰国达成谅解备忘录，1980 年成立联合管理委员会，1990 年达成具体落实两国共同开发协议的协定，1994 年联合管理局成立。一年后即 1995 年，马来西亚泰国共同开发区开始石油生产活动。当年 8 月在马来西亚泰国共同开发区 A-18 合同区块发现了天然气田并钻探成功；11 月在 B-17 合同区块发现油田，随后钻探成功。2005 年合同区块的天然气进入商业化生产阶段。截至 2014 年 6 月底，总共在共同开发区钻探的初探井和评估井一共 72 口井，其中 A-18 区块钻了 38 口井，B-17 和 C-19 区块一共钻了 22 口井，B-17-01 钻了 12 口井。该海域开发井数总共为 217 口，其中 115 口位于 A-18 区块，

102 口位于 B-17 和 C-19 区块。①

1992 年马来西亚和越南达成共同开发协议，1993 年马来西亚和越南石油公司签订了开发共同开发区油气资源的商业安排。1994 马来西亚国家石油公司开始在共同开发区作业。②

二、经济效益显著

通过共同开发满足了缔约国对石油能源的需求。这对于泰国和越南表现尤为明显。通过与马来西亚合作，泰国和越南不仅满足了国内对油气能源的需求，而且还具备一定的出口能力。越南从贫油国成为原油出口国。泰国彻底改变了油气资源完全依赖进口的局面。例如，共同开发前泰国的原油主要依靠进口。以 1980 年为例，石油在泰国的能源消费结构中比重约占 73.1%，进口原油占泰国原油需求总量的 75%。20 世纪 90 年代，泰国进口原油大幅降低，泰国原油自给自足的能力大大提高。

通过共同开发缔约国的石油产业水平不断提高。以越南为例，通过与马来西亚合作开发双方争议海域资源，越南的石油产业成为其国民经济中举足轻重的产业，从无油国变为原油出口国，③ 并超过文莱，成为东盟第三大能源供应国。此外，越南石油产业链不断完善，从进口石化产品到自己生产石化产品，加工能力不断提高。越南建立以石油炼化和加工为主的榕橘工业园，以炼油为主并生产石油化工产品。越南石油开发相关法规政策逐渐完善。越南与马来西亚共同开发之前，国内还没有相关的石油法规。1992 年两国签订共同开发协议，1993 年 7 月 6 日越南颁布了第一部石油开发法——《越南社会主义共和国石油法》。该法对保护、开发和利用海洋石油资源作出了规定，为越南油气产业的发展和对外经济合作提供了法律保障。1996 年 3 月，越南通过了《越南矿产法》，进一

① 马泰联合管理局网站：http：//www.mtja.org/potential.html。

② 参见 Clive Schofield，Unlocking the Seabed Resources of the Gulf of Thailand，Contemporary Southeast Asia，Vol. 29，No. 2，2007，p 297。

③ 参见陈继章：《越南经济的支柱产业——石油天然气业》，载《东南亚纵横》2004 年第 9 期，第 18 页。

步规范和调整越南矿产资源的开采活动。2000年越南通过《越南石油法修正案》，为其油气开采的国际合作铺平了道路。再以泰国为例，通过与马来西亚合作开发两国争议海域油气资源，近年来泰国不断完善石油开采法规，并建立国家石油公司，还建成东部沿海石化工业基地，同时采取一系列节能环保等措施，发展石化工业。这一系列政策和措施，推动泰国石油产业建立并形成完善的石油化工体系。石化产业成为泰国的支柱产业。目前，泰国是东南亚地区的石化产品生产大国和净出口国，而且在区域和全球初具规模和影响力。就马来西亚而言，通过开发争议海域的资源，马来西亚在原有石油产业的基础上，海洋资源开发技术尤其是深海开发实力日趋成熟，成为石油输出国组织的成员国。马来西亚由一个普通的原油出口国成为世界上重要石油生产国和出口国。

缔约国不仅通过对共同开发区的石油作业活动征税获得可观的财政收入，而且获得丰厚的石油利润。据报道，2010年马来西亚和泰国的净收益为3.9亿美元。① 越南不断提高生产高附加值石油产品的能力，原油是该国的第一大出口产品，为国家创造了巨额外汇。② 据统计，2010年越南石油产值占其国民生产总值的30%。③

通过开发争议海域的油气资源，当事国的国家经济得到长足的发展。就越南而言，2010年越南国家石油公司（Petrovietnam）总收入约245.3亿美元，相当于越南国民生产总值的24%，上缴国家财政约66亿美元，占当年政府财政总收入的30%。④ 原油出口收

---

① 参见孙广勇：《南海“共同开发”的马泰模式》，载《能源》2012年第2期，第77页。

② 参见王越：《发展中的越南石油工业》，载《中国矿业》2010年第4期，第21页。

③ 参见付碧莲：《媒体称越南靠盗采南海石油成石油出口国 占其国民生产总值达30%》，载《国际金融报》2014年6月30日，http://finance.ifeng.com/a/20140630/12625661_0.shtml，2015年5月30日访问。

④ 参见 General Statistics Office of Vietnam, Statistical Yearbook 2005 of Vietnam; Vietnam Chamber of Commerce and Industry, PetroVietnam Produces 24.41M Tons of Oil Equivalent in 2010, Jan 8, 2011, http://www.vccinews.com/news_detail.asp?news_id = 22382。

入是越南外汇的主要来源，2010 年越南国家石油公司外汇收入达 92.2 亿美元。① 这对于越南贸易收支平衡至关重要②，因为越南长期贸易逆差且外汇储备不多。石油产业的发展还促进了相关法规政策的完善。2007 年越南根据《至 2020 年海洋战略规划》，提出 2020 年前实现海洋强国的目标。为了落实海洋战略、实现海洋强国目标，2012 年 6 月 21 日越南国会以 495 票赞成通过《越南海洋法》。以泰国为例，随着其海洋油气产业的发展，泰国的能源结构和产业结构得以优化。在 20 世纪 90 年代后，海洋油气产业的发展为经济提供了充足的能源。此后，泰国经济发展加快，实现从农业国向工业国的转型，成为世界的新兴工业国家和世界新兴市场经济体之一，是亚洲经济增长率比较高的国家之一，跻身成为“亚洲四小虎”国家之一。再说马来西亚，与邻国顺利解决海上争议是支持马来西亚经济腾飞的主要原因。20 世纪 90 年代后马来西亚突飞猛进，成为“亚洲四小虎”国家之一。其经济增长率连续 50 年保持在 6% 以上，是东南亚排名第三，世界排名第二十九的经济体。马来西亚已成为亚洲地区引人注目的多元化新兴工业国家和世界新兴市场经济体。2014—2015 年，马来西亚的经济竞争力在亚洲排第六位，世界排名第二十位。③ 2014 年马来西亚的国民收入为 7468.21 亿美元，在亚洲位居第三，世界位居二十八。④ 目前，它已经从一个新兴发展中工业国家变为一个中等发达工业化国家。马来西亚正在向发达国家的发展水平迈进。

三、海域争端当事国关系改善

泰国和马来西亚成功解决了两国的海域争议，在传统友谊的基

---

① 中国驻越南使馆经商处：《越南央行行长称该国外汇储备没有减少》，2011 年 2 月 24 日，http：//vn. mof com. gov. cn/aarticle/jmxw/201102 / 20110207416641. html。

② 越南外汇储备仅有 100 亿多美元，且对外贸易长期处于逆差。

③ 参见 Johnleemk，Malaysia，A Statist Economy. Jun 2，2007，visited on Nov. 1，2014。

④ 参见 Rupa Damodaran，Malaysia’s GDP grows 6 percent in 2014，http：//www. nst. com. my/node/72681？ d=1，visited on Feb2，2014。

础上，两国在各领域建立了广泛的合作关系，如贸易与投资、安全、教育与职业培训、青少年发展和体育、旅游等社会经济领域。截至 2011 年两国贸易总额达 229.5 亿美元。①

马来西亚越南共同开发后，马来西亚和越南建立了政治互信，两国关系全面发展。马来西亚向越南提供了大量的技术和经济援助。1994 年，马来西亚成为越南第二大投资国。同时，马来西亚给予越南极大的政治支持。1995 年，在马来西亚的支持下，越南加入东盟。目前，两国经贸合作势头强劲，尤其在信息技术、教育和安全等领域关系密切。2000 年两国签署了《共同打击跨国贩毒和执法合作的协议》（agreement on bilateral efforts in the suppression of trans-national drug trade and law enforcement）。2004 年两国分别签署了关于信息技术、教育和外交关系的三个谅解备忘录，。2008 年两国又签署了关于军事演习和共同防务的谅解备忘录，深化两国安全合作，尤其是海上安全合作，如渔业纠纷和打击海盗。

四、促进海域争端解决

以马来西亚和泰国为例，两国的海域主张已经非常明确，关于岛礁划界效力也不存在分歧，并达成共识。可以预见，在争议海域油气资源开发殆尽后，两国将按照“等距离-中间线原则”和“单一划界原则”划定两国剩余大陆架界限，极有可能就是两国现在的司法管辖权分界线。

就马来西亚和越南而言，两国通过共同开发，避开海域划界障碍，对海域资源实现有效管理和公平合理地利用，和平解决了当事国海域资源纠纷。当事国之间通过合作，经济上获益，政治上增进互信，建立了友好的外交关系，为海域争端的解决创造了良好的气氛。同时，通过沟通与合作，两国理解并了解各自的海域主张和立场，这有助于相关国家海域划界争端的最终解决。可能在争议海域资源开发完毕后，越南会放弃其过分的海域主张，两国根据“等距离-中间线原则”划界。

---

① 参见 Anifah will host his Thai counterpart, Bernama via New Straits Times. Oct. 7, 2012。

此外，马来西亚泰国和马来西亚越南共同开发的示范效应，还推动了泰国湾其他国家和平解决海域争端。例如，泰国和越南两国通过谈判成功解决了海域划界问题，1997 年两国达成了大陆架划界协议，彻底解决了两国海域争议。① 柬埔寨也希望与泰国按照马来西亚泰国共同开发的模式对两国的争议海域进行共同开发，它于 2001 年与泰国达成了就争议海域共同开发继续谈判的谅解备忘录。② 此外，马来西亚、泰国和越南正在就三边重叠海域的共同开发问题积极谈判。

可见，泰国湾海上共同开发的实施，在经济上不仅满足各国对能源的需求，创造了大量的就业机会，为各国增汇创收，而且石油产业得到发展，改善国民经济状况。在政治上，将海域划界争端国之间对抗的关系变为友好合作关系，促进相互之间的交流与合作，建立互信，增进国家友谊，促进海域争端的解决，最终为泰国湾和整个地区的和平与稳定作出贡献。

第二节　泰国湾海上共同开发未能解决的问题

目前泰国海上共同开发的合作仅限于海底非生物资源的开发，

---

① 1997 年 8 月 9 日，泰国和越南达成边界协议（Agreement between the Government of the Kingdom of Thailand and the Government of the Socialist Republic of Viet Nam on the delimitation of the maritime boundary between the two countries in the Gulf of Thailand）。这是越南与邻国达成的第一个海域划界协议，也是自 1982 年《联合国海洋法公约》生效以来，泰国湾达成的第一个大陆架划界协议。两国彻底解决了海域划界争议和渔业纠纷。根据该协议，将两国重叠海域的三分之一的海域划归越南，其余部分属于泰国。该协议于 1998 年 2 月 27 日生效。参见 Clive Schofield, Maritime Claims, Conflicts and Cooperation in the Gulf of Thailand, Ocean Year Book, Vol. 22, 2008, p. 99。

② 2001 年 6 月 18 日，两国达成《泰国和柬埔寨关于重叠海域的谅解备忘录》（以下简称 2001 年柬泰谅解备忘录）（Memorandum of Understanding Between Thailand and Cambodia regarding the Area of their Overlapping Maritime Claims to the Continental Shelf），两国同意就采取共同开发的方式解决争议海域资源利用的问题。但是该文件只是约定双方应为尽快解决重叠海域问题继续谈判（an agreement-to-agree）。

却对于区域内渔业捕捞、环境保护等问题几乎没有涉及，缺乏对海洋各产业之间的协调与规范，忽视对海洋环境的保护。这种对海洋开发和管理的方式，既不符合海洋生态系统整体性的特点，也不能达到有效管理海洋、可持续开发海洋的目的。海洋石油开发过程中产生的巨大噪音不仅会导致海洋生物死亡，甚至会导致海洋物种的灭绝。此外，石油作业、油气运输过程中发生的油气泄漏，会对海水及海洋生物造成污染，导致环境污染，严重危及人民生命健康。石油作业平台和设备的建设和弃置会对海洋环境和航行安全造成严重影响。此外，油气突发事故将造成严重的海难事故。目前，泰国湾沿海国只重视海洋油气产业的发展，忽视与其他产业的协调与合作，不能有效应对海洋环境恶化、生物资源衰退、海上传统与非传统安全等问题突出。

一、海洋环境恶化

泰国湾沿海国重视海洋油气资源开发，却不重视海洋环境保护。例如，马来西亚泰国和马来西亚越南共同开发协议关于环境保护的规定基本没有。

在马来西亚泰国共同开发实施过程中联合管理局和缔约国制定的共同开发规则当中虽然有涉及保护环境的规定，例如，1979 年马来西亚泰国谅解备忘录第 4 条第 2 款原则性的规定“双方在共同开发区内应作出一项协调一致的安全安排”；1997 年联合管理局制定的《马来西亚-泰国联合管理局石油作业准则》，其中“任何钻探机、平台或者其他离岸设施的安置，应当依照良好的石油工业实践，与其他钻探机、平台、离岸设施、灯塔、航行标识、海底电缆和管道以及其他可能的设施，保持一段安全距离”①；“石油作业中发生的或与之有关的任何意外或事故，造成了人员丧生或重伤或对财产和环境造成了损害，承包人应当通报联合管理局”②；但从

① 1997 年联合管理局制定的《马来西亚——泰国联合管理局石油作业准则》第 10 条第 1 款。

② 1997 年联合管理局制定的《马来西亚——泰国联合管理局石油作业准则》第 14 条第 1 款。

上述规定可以看出，这些条款要么是原则性的规定，要么属于事后采取相关措施的规定，要么属于安全生产需要的规定，真正从保护环境的角度出发，制定相关预防措施的规定基本没有。这一方面与缔约国经济实力有关，泰国湾的沿海国基本上还是属于发展中国家，这些国家以经济发展为中心，缺乏治理保护海洋环境的资金、技术和实力；另一方面与泰国湾沿海国保护海洋环境意识薄弱有关，只重视开发不重视养护。

泰国湾环境恶化，其沿海国面临的主要威胁表现为：其一，泰国湾是沿海四国与外界沟通的主要甚至唯一纽带。在经济全球化的背景之下，随着泰国湾沿海各国经济的发展和国际贸易的增长，海洋运输业日益发达。船舶碰撞危险是对泰国湾环境的主要威胁，尤其是运输油气和危险物质的船舶。其二，沿海石化工业和海洋油气产业的发展以及由此带来的人口增长对环境造成直接污染。据统计，随着海洋石油产业和泰国湾沿海工业带的兴起，每年有超过20万吨的废物排入泰国湾，其中70%的废物来自陆源，其中既有生活废物也有富含化学剧毒的工业废物。

导致泰国湾环境恶化的主要原因有三。第一，泰国湾沿海四国环境保护意识不足。第二，根据现有国际法的规定，陆源污染和专属经济区和大陆架的资源开发活动，都属于一国主权管辖范围，别国无权干涉。目前，关于这类海洋污染相关的国际法主要体现在1982年《联合国海洋法公约》的具体规定中。根据1982年《联合国海洋法公约》第193条、第194条第2款和第3款、第207条、第208条和第214条的规定，陆源污染和油气的勘探和开发活动，受沿海国的管辖，沿海国应制定相关的规章制度并采取可能必要的措施，以防止、减少和控制来自受其管辖的海底活动或与此种活动有关的对海洋环境的污染以及来自管辖下的人工岛屿、设施和结构对海洋环境的污染。这种法律规章和措施的效力应不低于国际规则、标准和建议的办法及程序。但是，泰国湾大部分海域属于争议海域，而且泰国湾沿海四国均为发展中国家。因此，泰国湾各国都不愿意在泰国湾争议海域投入巨资保护环境。特别是对于柬埔寨和越南来说，让它们投入巨资保护海洋环境既不现实也不可能。第三，沿海四国缺乏有效的管理和合作机制。虽然根据 1982 年《联合国海洋法公约》第十二部分和关于“半闭海”的规定，各国有义务合作防止海洋污染。① 但是，泰国湾 各沿海国的经济发展水平和具体海域情况不同；目前泰国湾沿海各国重视海洋油气资源的开发，并不重视海洋环境保护和可持续发展。

尽管泰国湾的水域还没有达到严重污染的程度，但是，目前泰国湾海域污染已经对食物和饮用水和观光旅游的发展造成了负面影响，对人民健康和财产收入造成了危害。另外，由于防范措施不足，一旦发生海洋溢油事故可能对环境和沿海各国的经济和生活造成不可逆的灾难性后果。例如，2013 年 7 月 27 日发生在泰国近海的溢油事故，不仅造成海洋生物大面积死亡，而且对滨海旅游和当地环境造成灾难性影响。2014 年 4 月 9 日，一油轮在泰国沿海沉没，导致渔民损失惨重。

目前，泰国湾内缺乏有效合作机制来协调沿海四国的相关政策和措施，也未采取有效措施防止环境恶化。部分沿海国对于无争议的海域采取了微不足道的保护环境的措施，但是，这不足以防止泰国海域环境的恶化。如果放任不管，泰国湾生态环境退化只是迟早的问题。

二、生物资源衰退

现有的共同开发案例既有包括生物资源的共同开发，也有包括环境保护的合作。但是，泰国湾目前海上共同开发的合作仅限于油气资源的合作。这一方面，与泰国湾周边沿海国经济发展需要有关；另一方面，与海洋石油产业是高回报的产业有关。所以，泰国湾国家都重视海洋油气产业的发展，不重视它与其他产业的协调发展，也不重视区域经济的可持续发展，对保护和养护采取的措施较少，尤其是对于渔业经济协调引导更少。

以渔业资源为例，泰国湾沿海国既不重视对生物资源的养护，也缺乏有效的合作机制，这是导致泰国湾渔业资源衰竭的主要原

① 1982 年《联合国海洋法公约》第 123 条第 2 款。

因。虽说近年来，随着经济发展、捕捞和船舶技术的发展、人口增长和出口需求的增长，泰国湾各国的渔业经济发展迅速，对国内贡献增大。从20世纪80年代末开始，泰国湾年均捕捞量增长率约为5%。目前，泰国湾沿海各国在主要渔产品消费国的进口份额中占有重要地位。据估计澳大利亚国内的渔产品需求到2020年有望达到77.6万吨，其中61万吨需要进口，而其中近一半的渔产品来自泰国湾沿海国。① 日本渔产品的主要进口来源地也为越南和泰国。美国是越南的金枪鱼的第一大进口国，是其虾的第二大进口国。但是，泰国湾渔业经济的快速发展不是建立在健康可持续发展的基础上的，而以掠夺式的捕捞开发方式为主。近年来泰国湾的渔产品产量不断减少，而且渔产品的重量和体积都呈减小的趋势。例如，2009年泰国海虾产量达到140万吨，由于洪水灾害和对虾病害，2011年和2012年泰国海虾产量下跌至120万吨。②

泰国湾沿海四国对泰国湾渔业资源的需求增长、捕捞力度增大，但是没有建立起有效的养护和管理机制。目前泰国湾的渔业合作以双边为主，而且主要集中于越南、泰国和马来西亚之间。例如，2011年越南农业与农村发展部副部长兼水产总局局长武文捌访问马来西亚，就水产开发、养殖和水产贸易往来、渔船管理和检查鱼捕体系等问题进行了讨论并提出了合作内容。2012年，越泰两国为了加强水产品的质量监督及卫生安全管理达成协议。越泰两国政府约定将合作防止并消除本国渔船进入对方海域侵渔的问题；强化水产养殖业的信息及经验交流；加强海产品疾病的防控；进一步推动海产品的双边贸易；深化两国渔业领域技术、管理人才的培养及研究等领域的合作。但是，这些仅有的合作多停留在谈判讨论阶段。就多边合作而言，合作大多与咨询、科研或与环保和经济合作相关，或者仅为单纯的渔业合作。咨询类的多边合作有：1948

① 参见世界粮农组织：《世界渔业和水产养殖状况——机遇与挑战》，2014，第25页，来源：www. fao. org/publications。

② 参见世界粮农组织：《世界渔业和水产养殖状况——机遇与挑战》，2014，第21页，来源：www. fao. org/publications。

年11月，根据1947年粮农组织大会第三届会议的建议，亚洲-太平洋渔业委员会（APFIC）设立。该委员会通过发展和管理捕捞及养殖活动以及通过符合成员目标的有关加工和销售活动，促进水生生物资源的全面、适当应用。通常每两年举行一届会议。再如，东南亚渔业发展中心（SEAFDEC），是一家成立于1967年的政府间组织，宗旨是“通过转让新技术、科研和信息共享等活动，合理开发和管理该地区的渔业资源，向地区人民提供安全可靠的渔产品，减少贫困等”。目前泰国湾四国都是该组织的成员国。该中心秘书处位于泰国，并设四个技术部门，分别是培训部（TD）、海洋渔业科研部（MFRD）。科研类的合作主要有：渔业信息（Info Fish），成立于1981年，总部设在马来西亚吉隆坡，是联合国粮食农业组织（FAO）的试点工程。自1987年以来，该工程逐渐成长为一个国际化组织，专门针对亚太地区和吉隆坡其他地区的渔业行业提供市场信息和技术咨询服务。亚洲渔业协会（Asian Fisheries Society，AFS），1984年5月2日在菲律宾洛斯巴诺斯成立。该协会的宗旨是：促进亚洲渔业科学家和技术员相互支持和合作；传播保护和利用水产资源的重要性，促进各国成立协会。环保和经济合作相关的机构主要有：东盟（ASEAN）、亚太经合组织（APEC）和东亚海环境管理伙伴关系计划（PEMSEA），不过渔业合作仅是其经济一体化议程中的一部分。专门的渔业合作有促进负责任捕鱼行为，包括打击非法、未报告、不规范捕鱼的地区行动计划（英文缩写为RPOA（IUU））。泰国湾四国是该计划的成员国。该计划起初只是为了消除非法捕捞行为，后来发展到成员国之间联合巡逻。目前该计划旨在促进南海、苏禄海、苏拉威西海、阿拉弗拉海、帝汶海等的负责任捕鱼行为，提升和强化地区渔业管理整体水平，维护资源可持续利用和海洋环境。打击非法、未报告、不规范捕鱼的地区行动计划。它每年举行由成员国官员组成的协调委员会会议，制定和监督年度工作计划，向签约国部长及联合国粮农组织渔业委员会提交报告，提供战略性咨询意见。第一次会议确定的五个优先领域：渔业监测、管制与侦察措施、沿海国责任、地区能力建设、评估资源及管理现状及港口国措施等。它采取的行动主要包括编制捕鱼信息；评估鱼群状况、贸易和市场需求；改进数据收集系统；分享船只、捕捞能力、捕捞量、鱼品上市量、销售及产品等信息；引进管理措施阻止过量捕捞并减少产能过剩；合作管理跨海域资源；以及向传统的小规模捕鱼者提供援助。该计划还呼吁成员国对鱼货和上市文件进行标准化处理，并对高价值产品采取贸易认证计划，加强监督和控制、强化管制与侦察措施，以及执行船旗国和港口国措施。近期活动主要为：渔业管理能力建设、协助各国落实2009年联合国粮农组织港口国措施协议、讨论如何落实欧盟有关控制非法、未报告、不规范捕鱼的要求等。虽然目前该地区行动计划刚刚实施，但据称一些成员国已经根据该计划修订本国的一些做法。例如，文莱已经根据该行动计划制定本国打击非法、未报告、不规范捕鱼的国家行动计划。但总体而言，各国进展层次不齐、效果不彰。还有，东盟-东南亚渔业发展中心战略伙伴（ASSP）。该合作的成员国主要有：东盟十国、日本，主要由东南亚和日本的科学家和专家组成。1998年，东盟与东南亚渔业发展中心建立渔业合作伙伴关系，成立“ASEAN-SEAFDEC渔业磋商小组”。2007年，东盟-东南亚渔业发展中心战略伙伴正式成立。该项合作的目标是协助东盟建立一个“东盟地区渔业管理机制”（ARFMM）；推动东盟各国在一些国际问题上形成共同立场。事实上，东盟已将东南亚渔业发展中心作为其主要的渔业技术咨询单位。2009年，东南亚渔业发展中心协助东盟举办东盟渔业磋商论坛，并在一些领域达成合作共识并指定了负责国。例如，打击非法、未报告、不规范捕鱼行动由印尼主导；促进捕鱼能力和负责任捕鱼行为由马来西亚负责等。此外，东盟-东南亚渔业发展中心战略伙伴还在一些非法、未报告、不规范捕鱼（IUU）多发海域开展次区域合作，如泰国湾和安达曼海。上述国际合作主要由以下几个特点：一是在域外大国主导下或者参与下的合作。区域外国家主要有美国、澳大利亚、日本等国。二是泰国湾现有的合作以开发为主保护为辅；多为咨询建议性。三是这些合作不可持续，不具有约束力，对于保护渔业资源，减少渔业纠纷实效性不强。

另外，海洋活动增多、沿海工业发展导致的海洋污染也是造成生物资源衰竭的原因之一。美国国际开发署沿海资源高级顾问芭芭拉·贝斯特（Barbara Best）表示，尽管东南亚地区已认识到鱼类是食物、营养和生计的至关重要的来源，但很多国家仍缺乏对渔场进行可持续管理的工具。而且泰国湾沿海各国政策方向不明，没有协调好开发渔业资源与保护海洋资源的关系。另外，泰国湾国家海洋管理能力低，主要表现为：第一，制度不健全、管理混乱。泰国湾国家缺乏有效的渔业管理制度，如渔业资源评估、立法、监督和执法等。例如，泰国1953年和1985年两次修订的《渔业法》，仍采取基于资源的管理方法，只是管理方式更为严苛。并没有采用基于生态系统的管理方法。再如，2003年越南通过了渔业法。但该法可操作性不强，形同虚设。第二，腐败、效率低下。这主要表现为执法部门在打击非法捕鱼上权力寻租。例如，海军常常收取贿赂而对非法、未报告、不规范捕鱼（IUU）“睁一只眼闭一只眼”。第三，专门人才缺乏，包括科研专家、法律制定者、执法者、养殖专家等。例如，越南以低效和不当的手段进行了水产资源调查和评估，其获得数据不足以为资源管理和保护提供依据。科学的海水养殖本可以很好地解决渔业资源衰竭，防止生态退化。但是不科学的养殖方法，反而加剧了环境恶化、减少了海洋鱼群。由于缺乏专业人才对水产养殖的疾病控制不足，反而对海洋环境产生威胁。柬埔寨和马来西亚也存在同样的问题。

目前，制约泰国湾沿海四国渔业合作的主要障碍是：生态整体的保护意识不足，可持续发展的理念不强；资金不足，技术落后；海域岛礁和划界争端的存在。

泰国湾渔业资源面临重大挑战，将对该地区经济、食物安全、生态环境等产生重大影响。这些问题具有跨国性和共同性，是泰国湾各国面临的问题，单依靠一国力量或者双边合作难以解决。

未来泰国湾渔业养护，需要各国政府通力合作，在各国经济持续发展的基础上，形成开发和保护并重的理念，采取科学的管理方式，建立区域性的具有约束力的合作条约和管理组织，应重点就以下领域展开合作：研究海洋资源保护项目；致力于海洋研究、海事法规管理及执法能力建设；恢复该海域的生物多样性；在保持盈利的同时促进渔场的可持续发展；增强应对气候变化和自然灾害的能力，减轻贫困和粮食匮乏。

三、海上安全问题突出

泰国湾作为海上通道对于沿海各国的国防和经济具有重要价值。历史上，殖民势力都是由泰国湾对沿海各国实施侵略。因此，它对沿海四国的国防安全意义重大。现代，各国国际贸易主要经由泰国湾运往世界各地。例如，马来西亚的出口产品，除了出口到新加坡、印度尼西亚外，其他都经由泰国湾运往国外。再如，泰国95%的贸易额通过泰国湾运输。

随着国际贸易和海洋运输业的蓬勃发展和捕捞船只数量和吨位的增加，泰国湾的航行事故风险陡增。海盗、海上抢夺、走私、非法移民和贩毒是泰国湾航行安全面临的主要问题。以海盗为例，20世纪90年代泰国湾海盗问题猖獗。近10年间，海盗事件增长了近10倍。造成泰国湾海盗的原因主要有以下几点：第一，法律原因。随着专属经济区制度的确立，泰国湾各国主张200海里专属经济区，泰国大部分传统渔场变为别国的专属经济区，很多渔民失去生活收入，于是从事海上偷盗和抢劫。第二，政治原因。由于冷战结束后，美苏等海军势力撤出该地区，海上军事力量减弱，该海域海盗猖獗。第三，经济原因。1997年金融危机，泰国湾沿海各国很多公司破产，造成很多人失业，失去经济来源。例如，1986东南亚海域发生38起海盗案件，而1997年则发生了229起。据国际海事局统计，2014年全球海盗降至8年来最低，而东南亚海域的小型船舶劫持案件却呈上升趋势，案件从2013年的12起增至2014年的21起。①

此外，气候变化也是泰国湾面临的一个新的非传统安全问题。它是导致湾内生物资源减少的原因之一。美国国家海洋与大气管理局的气候专家罗杰·普尔沃蒂（Roger Pulwarty）于2014年1月在

① 参见君怡：《东南亚海域成为海盗案高发地》，载《中国海洋报》2015年1月20日，第4版。

美国战略与国际研究中心举行的“东南亚鱼类与粮食安全论坛”时表示，气候变化反映在海平面升高以及海洋和地表的温度上升。这些因素再加上工业化进程都影响着海洋及流入海洋的水质。同时海水的酸性不断增强，导致商业价值的海洋生物的栖息地的珊瑚礁不断减少，反过来导致鱼产量进一步减少。此外，海水温度升高正在改变鱼类的洄游路线。普尔沃蒂还表示，气候变化可能会造成全球的捕鱼量减少 40%，且捕到的鱼也越来越小。①

目前，泰国湾国家针对传统安全问题采取了一些措施，例如采取双边合作巡逻的方式打击海盗，但是，由于覆盖面和长效制度不完善，不足以打击泰国湾海域的海盗和海上违法犯罪问题。而对于非传统安全问题，例如气候变化给该海域带来的安全影响还未建立起任何合作机制和应对措施。

第三节 有效但有待完善的海上共同开发制度

仅从开发争议海域油气资源的效果来看，泰国湾海上共同开发的制度是有效的制度。马来西亚泰国和马来西亚越南共同开发协议都是有效的共同开发制度。通过缔约国及其代理机构对共同开发协议切实地履行，不仅建立了有效的共同开发制度，而且当事国通过共同开发的实践，实现了对争议海域油气资源的开发，满足了当事国对能源的需求，增加了缔约国的财政收入和外汇储量，此外还推动当事国经济结构改善、国民经济全面发展，为缔约国带来了直接和间接的经济收益，同时对于缔约国之间的政治关系和相互之间的海域争端的解决也具有积极的效果，为地区的和平与稳定作出贡献。

就马来西亚泰国共同开发制度和马来西亚越南共同开发制度比较而言，二者无所谓孰优孰劣，都是符合缔约国国情和争议海域特点的共同开发制度。泰国和马来西亚自古关系友好、政治意识形态和经济发展水平相似。两国选择联合管理的“共同机构模式”，制

---

① 参见 http://iipdigital.usembassy.gov/st/chinese/article/2013/01/20130116141054.html#axzz3Dd4qKPM2。

定专门适用于共同开发区的特别法，采取平均分享收益分担成本的利益分配方式，以及分区行使司法管辖权，这些安排不仅能体现出两国地位的平等性，而且与两国承担的权利与义务相称。此外，马来西亚泰国共同开发区面积大，设立专门的机构对共同开发区的事务进行管理，符合石油作业的需要，也能够最有效地协调两国之间冲突的管辖权，将两国之间的分歧最小化、利益最大化。就马来西亚越南共同开发制度而言，通过授权“石油公司”管理共同开发事务，符合共同开发区面积小的特点。两国在实施共同开发协议的过程中，根据两国实际的履约能力将共同开发模式由“当事国共同管理”变为马来西亚“一国代理”，是两国理性的选择，同时保证马来西亚越南共同开发协议得到切实地履行。而且，共同开发事务由两国的国家石油公司管理，这也降低了主权问题的敏感性。由于“一国代理模式”简单，马来西亚越南共同开发制度的实施非常顺利。从经济角度看，上述合作制度实现了对缔约国人员、资金、技术、法规制度等因素的合理配置。因此说，上述共同开发制度是科学合理的制度。

但是，从海洋生态整体性的特点和区域可持续发展的角度看，现有的泰国湾海上共同开发制度还有待完善。

因为目前泰国湾的海上共同开发制度，着眼于短期的经济收益，对环境、生态保护和重视不够，忽视长远的区域整体利益最大化；从部门分割的角度对海域实施管理，不符合海洋生态特点，不符合区域整体治理的发展趋势；关注海洋的开发，忽视海洋的保护；重视石油产业的发展，不重视其与其他海洋产业的协调。因此，海洋环境恶化、生物资源衰竭和海上安全问题突出。

未来共同开发制度的设计应该着眼于区域整体管理和可持续发展，海洋开发和养护并重，改变按部门条块分割的管理方式，尤其注意不同海洋产业的协调发展。

本章小结

泰国湾海上共同开发制度是有效地解决争议海域资源利用的合

作制度。它的实施不仅满足当事国对能源需求、创造了大量的就业机会、出口创汇，而且石油产业得到发展、改善国民经济状况。在政治上，将海域争端国之间对抗的关系化为友好合作关系，促进相互之间的交流与合作，建立互信，增进国家友谊，促进海域争端的解决，最终为泰国湾和整个东南亚地区的和平与稳定作出贡献。但是，泰国湾共同开发仅限于石油资源的合作，采取条块分割部门管理的方式，不重视海洋产业间的协调可持续发展，缺乏对海洋生态的保护，该海域环境恶化、生物资源衰竭和安全等问题突出。未来，共同开发的制度设计应该着眼于区域整体治理，海洋开发和保护并重，并重视海洋产业的协调发展。

综上，泰国湾共同开发是成功但有待改善的制度。

第六章　泰国湾海上共同开发对中国的启示

共同开发没有普适的模式，泰国湾海上共同开发的模式也不能直接为中国所用，但是其解决海域争端尤其是共同开发的实践对中国解决周边海域争端具有重要的启示意义。

第一节　泰国湾与中国周边海域争端的异同

泰国湾与中国周边海域地位、地理地貌、资源禀赋、海域主张以及海域争端等方面具有相似性。泰国湾和南海是相对独立的海洋生态系统，泰国湾与黄海、东海和南海都属于1982年《联合国海洋法公约》规定的"半闭海或闭海"。① 泰国湾沿海分布着4个国家，与中国相邻相向从北到南分布的8个沿海国分别为：朝鲜、韩国、日本、越南、菲律宾、印度尼西亚、马来西亚和文莱。泰国湾与中国周边海域资源都比较丰富。它们与沿海国的生存与发展、国防与安全密切相关，是沿海各国与外界沟通的桥梁。但是，泰国湾与黄海、东海和南海也存在着明显的差异。

一、二者海域地位的比较

虽然泰国湾和中国周边海域都属于"闭海或半闭海"。但是二者的战略地位和国际影响力不同。泰国湾相对比较封闭，就目前的国际格局而言，战略地位有所下降。而中国周边海域尤其是南海的地理位置相对重要，对沿海各国、南海地区和亚太乃至国际社会都

---

① 1982年《联合国海洋法公约》第122条。

有重要影响。黄海、东海尤其是南海，不仅对周边国家的生存发展很重要，而且是重要的国际航道和战略通道。泰国湾相对比较封闭，因此国际影响力小。而中国周边海域，在目前的国际格局当中，其战略地位日趋重要。区域内外势力对该海域的控制权争夺激烈。例如，日本、韩国等依赖石油资源进口的国家，以及欧美等区域外海洋大国都密切关注中国周边海域尤其是南海问题。其中南海问题的解决不仅牵动着南海沿海国的神经，还与区域外国家，尤其是域外大国的战略利益密切相关。因此，其对国际社会有重要影响。这是中国海域争端解决进程缓慢的主要原因。

二、二者海域资源禀赋的比较

泰国湾和黄海、东海、南海资源丰富，均拥有丰富的渔业资源、航道资源和矿产资源，特别是石油、天然气资源。但是，二者沿海国对海域资源储量和分布了解的程度和对石油开采的程度和难度不同。

第一，沿海各国对海洋资源信息的了解程度不同。在 20 世纪 70 年代，泰国湾沿海各国就开始吸引外资，勘探开发海底资源，对于资源的分布和储量都比较清晰。黄海和东海的资源储量已基本探明，但是南海资源储量研究和勘探不足。目前南海资源储量停留在“估测”阶段，不同的国家和机构对南海资源储量估测差距甚大，缺乏权威的统计。例如，中国有专家认为，南海石油总潜量约 550 亿吨，天然气约 20 万亿立方米。① 而俄罗斯外国地质学研究所和美国能源信息署的估计是南沙的石油储量是 60 亿桶（约 8.5 亿吨）。②

第二，沿海各国对海洋资源的开发程度不同。无论是对渔业资

---

① 参见萧建国：《国际海洋边界石油的共同开发》，海洋出版社 2006 年版，第 159 页。

② 参见 the South China Sea Virtual Library website, available at http://www.southchinasea.org/why-a-south-china-sea-website-an-introductory-essay/, visited on May 28, 2015。

源和油气资源，泰国湾的开发程度都较高。黄海和东海与之相近，而南海由于地质复杂，海域面积大，其开发程度尤其是油气资源的开发程度远远低于泰国湾。

第三，海域油气资源勘探的难度不同。泰国湾平均水深 45.5 米，最大水深 86 米，其油气资源主要分布在浅水海域。油气资源勘探的难度较小、技术要求相对较低、开发成本相对较低。黄海与泰国湾海域深度相似，黄海平均水深 42 米。东海和南海的平均水深都超过 300 米。东海平均水深 349 米，最深处约为 2700 米。南海平均深度是 1212 米，最深处有 5567 米。在东海和南海的油气资源开发都属于深水开发。与一般的油气资源开发一样，深水油气开发是资金、技术和知识密集型产业。但它还具有以下特点：一是难度更大。在深海海域钻井勘探，钻探难度远远大于 300 米内的钻探难度。二是成本更高。深海每口井钻井费用平均为 2000~5000 万美元，钻完井的费用一般占总项目经费的 50%以上。① 三是对技术要求更高。由于水深增加、油藏流体变复杂以及越来越恶劣的海洋作业环境等，对新技术和装备等提出了更高的要求。四是风险更大。这主要是受气候影响。海上季风明显，多台风，海上作业条件恶劣，石油开采风险大。以 2005 年的“卡特里娜”飓风为例，它对墨西哥湾海上油气生产设备和加工设施造成了严重的损坏，导致油气生产一度停滞。可见，总体上中国周边海域油气资源开采难度大。

三、二者海上争端的比较

泰国湾海上争议与中国周边海上争端有如下相似之处：第一，争端产生的背景相同。一是海洋石化产业的发展。20 世纪 50 年代，海洋油气资源引发沿海各国普遍关注。两次石油危机后，沿海国开始重视海洋石油开发。随着科技进步、经济发展和工业化进程，沿海各国纷纷将海洋油气产业作为国家主要产业。二是海洋法

① 参见吕福亮：《世界深水油气勘探现状、发展趋势及对中国深水勘探的启示》，载《中国石油勘探》2007 年第 6 期，第 27 页。

的发展，国家海域管辖权扩大。20 世纪 70 年代，在沿海各国扩大海洋管辖权的趋势下，大陆架和专属经济区制度确立，泰国湾和中国周边沿海各国也先后扩大海洋管辖权，导致大部分海域成为争议海域。三是岛礁的地位和功能凸显。1982 年《联合国海洋法公约》赋予岛礁与陆地同样的法律地位，可以主张与陆地相同的大陆架和专属经济区权利。于是，沿海各国纷纷争夺对岛礁的控制权。这在东海和南海表现得尤为突出。第二，海上划界争端复杂。泰国湾与中国周边海域的争议都涉及多个争端当事国，既有海域划界之争也有岛礁主权之争，既有渔业资源纠纷也有油气资源之争。另外，导致海上争端的原因复杂，主要有法律因素、历史因素和地缘政治因素。就法律因素而言，主要是海洋法划界规则模糊性的特点导致争端各方对规则的解读不同，而有些问题相关国际法又未作规定。例如，关于历史性权利的概念和历史性权利与专属经济区和大陆架的权利关系未作规定等。中南半岛“二战”前是殖民地，殖民历史因素对现代海域划界具有重要影响。比如 1907 年《法泰边界条约》对柬埔寨和泰国的海域划界有重要影响。再如，“布莱维线”对越南和柬埔寨的海域划界有重要影响。又如，1951 年《旧金山对日和约》对中日海域划界有重要影响等。另外，中南半岛和南海的地理位置特殊，因此该海域划界也受地缘政治因素影响。例如，冷战时中南半岛国家意识形态的对抗，主要表现为资本主义国家马来西亚、泰国与社会主义国家越南、柬埔寨之间的对抗；南海马来西亚、印尼、菲律宾与中国、越南的对抗。第四，地理因素影响。由于泰国湾、黄海、东海和南海宽度都不足 400 海里，而各沿海国纷纷主张 200 海里专属经济区和大陆架，因此，上述海域存在大面积争议海域。

泰国湾与黄海、东海和南海海上争端有如下相异之处：第一，争端当事国的数量不同。泰国湾的沿海国只有越南、柬埔寨、泰国和马来西亚 4 个国家，而中国与 7 个国家存在海域划界争端。它们分别是朝鲜、韩国、日本、越南、菲律宾、马来西亚、印度尼西亚、文莱。第二，各国海域主张不同。泰国湾沿海四国早在 20 世纪 70 年代就明确了各自的海域主张范围。而除了黄海和东海，南海各国海域主张范围和立场、依据和海域的法律性质仍不是很明确，还在不断变化中。第三，争端复杂程度不同。与黄海、东海尤其是南海的争议相比，泰国湾的海域争端相对比较简单。岛礁主权争议主要集中在越南柬埔寨的争议海域，但其历史脉络比较清晰且争议岛礁的数量较少。而且海域划界争端主要存在于两国之间，三边和四边重叠争议海域面积较小，对泰国湾沿海各国影响较小。中国周边海域则不同。以南海为例，南海大部分海域为三边和四边重叠争议海域，除了文莱和印度尼西亚外，越南、菲律宾、马来西亚均与中国有岛礁主权争端，而且大部分海域争议是新的海洋法权利（专属经济区和大陆架）与历史性权利的冲突，主要表现为南海周边国家的海域主张与中国南海断续线的冲突。此外，这些争端当事国，还采取拉拢区域外大国势力的方式，企图与中国在海域争端的问题上抗衡。由于上述问题交织在一起，中国周边海域的争端比泰国湾的海域争端更为错综复杂。

四、二者历史性水域的比较

虽然泰国湾部分国家主张和中国渤海、南海断续线都属于历史性权利的主张，但是二者存在明显差异。

泰国湾越南、柬埔寨和泰国分别主张历史性权利。1959 年，泰国将布莱特湾（Blight of Thailand）作为历史性海湾。1975 年，柬埔寨主张磅逊湾（Kompong Som Bay）为历史性海湾。1982 年，越南和柬埔寨主张共同历史性水域。应该说，柬埔寨和泰国关于历史性海湾的主张基本符合 1982 年《联合国海洋法公约》第 10 条关于“历史性海湾”的规定。但是，越南、柬埔寨历史性水域的主张有待考证。首先，从起源来看，它是在 20 世纪 50 年代随着科技发展，海洋资源被人类广泛关注，海洋油气产业发展推动下，沿海各国扩大海洋管辖权的国际背景下产生的，完全是人为创设的，而不是由于“长期惯例”自然而然形成的。其次，从主张的依据来看，历史性海湾的依据应该是一国长期对特定海域的经营和管理。而柬埔寨和越南两国关于“历史性水域”的主张是以特殊的地理条件（两国沿海遍布大小岛礁）和该海域对于两国国防和经济具有特别重要的意义为依据。目前，不存在这样的国际条约法规则和国际习惯法规则。第三，从国际社会的反应看，越南和柬埔历史性水域建立的时间比较晚，不仅没有取得国际社会的普遍承认，就是泰国湾的泰国和马来西亚也对其合法性持坚决反对态度。① 第四，从地域范围来看，一般主张“历史性水域”的是海湾，三面被陆地包围。而柬埔寨与泰国主张“历史性水域”属于两国，并且是从两国海岸向海域的延伸。这与一般的历史性水域的国家实践不同。综上，柬埔寨和越南的历史性水域的主张是否有效，还要看后续相关国家实践的发展。

中国的历史性主张主要有渤海和南海断续线。渤海属于历史性海湾，是中国的内海，受到周边国家和国际社会的普遍承认。南海断续线缘于中国自古对南海的经营和对外来侵略的抵抗。早在16、17世纪以前，中国就发现并命名了南沙岛礁。最晚至唐代，中国将南海诸岛纳入行政管辖。中国朝代不断更替，但是未间断对南海的经营管理。1907年日本商人擅自在东沙岛开采矿物资源，清政府得知后，派张人骏查办此事。1909年，日本人被驱离东沙岛。为防止类似事件再次发生，张人骏等人对西沙群岛做了巡视，并在部分岛礁上竖立界碑，举行了“勒石命名”、“鸣炮升旗”等宣誓主权的仪式。② 此后，清政府在东沙岛上建立了灯塔，并拟定了官

① 参见 United States Mission to the United Nations in New York Note dated June 17, 1987, reprinted in U. N. LOS BULL. No. 10, Nov. 1987, at 23 and U. N. Office for Ocean Affairs and the Law of the Sea, The Law of the Sea: Current Developments in State Practice No. II, at 86 , U. N. Sales No. E. 89. V. 7, 1989; 参见 Roach. J. A & Smith. R. W, Excessive Maritime Claims, International Law Studies, Vol. 66, Newport, RI: US Naval War College, 1994, pp. 23-24, 26-27, 45, 48; 泰国发给联合国秘书长的照会 U. N. Doc. A/4011033, 新加坡发给联合国秘书长的照会 U. N. Doc. A/41; Clive Schofield, Maritime Claims, Conflicts and Cooperation in the Gulf of Thailand, Ocean Year Book, Vol. 22, 2008, p. 85; Clive Schofield, Maritime Claims, Conflicts and Cooperation in the Gulf of Thailand, Ocean Year Book, Vol. 22, 2008, p. 277。

② 参见张海文:《南海的传统疆界线的演变》，海南南海研究中心南海问题研究会论文，2002年3月，第5页。

方经营该岛的文件。但是，由于清政府被推翻，该政策未予实施。此时，许多私人出版的地图中在南海诸岛外画了一条连续国界线。这一时期，中国地图中南海的最南端坐标约为北纬 15~16 度左右。1933 年 7 月，法国占领南沙群岛的九个小岛。此后，出版的中国地图将这一国界线扩展到九小岛之外，最南端到达北纬 9 度左右。其后，一些地图的南海国界线标注在北纬 7 度左右，除了曾母暗沙，南海其他岛礁都包括在该线之内。1935 年，中国政府下属的水陆地图审查委员会，公布了南海诸岛四个群岛共 132 个岛礁名称，并附图《中国南海各岛屿图》。① 这是第一份官方出版的南海地图，其将曾母暗沙也包括在内，南海最南端标注在北纬 4 度左右。1947 年当时政府内政部印制了《南海诸岛位置图》。这份官方出版的地图将之前地图中的“南沙群岛”改名为“中沙群岛”，将“曾母滩”改为“曾母暗沙”；将之前的南海连续国界线变为“11 条断续线”。这是中国正式向世界公布对南海岛礁及其附近海域享有主权和管辖权。1949 年中华人民共和国成立。此后，中国官方和其他机构出版的题图，有关南海断续线的画法都沿用了 1948 年官方地图的画法。1962 年，中国地图出版社出版的《中华人民共和国地图》（第 2 版）将 11 条断续线改为 9 条，减去北部湾两段。自此，南海断续线在地图上为 9 条，一直沿用至今。② 20 世纪 70 年代之前，南海周边国家承认中国的南海断续线，区域外一些国家出版的地图还将南海断续线内的岛屿标注为中国所有。但是 20 世纪 70 年代后，由于埃默里报告称南海富集油气资源，南海周边国家开始否认南海断续线以及南海岛礁属于中国的事实，并依据 1982 年《联合国海洋法公约》的相关规定主张对南海的主权和主权权利。至此南海成为争议海域，南海岛礁主权争端产生。

从上文可以看出，泰国湾的越南、柬埔寨、泰国和中国关于渤

① 参见韩振华：《中国南海诸岛史料汇编》，东方出版社 1988 年版，第 318~365 页。

② “南海断续线”，又称“南海 U 形线”、南海“U 型线”、“袋状线”、“传统海疆线”、“南海九段线”。

海、南海的主张都以历史性权利为依据，主张对特定范围的海域享有权利。其中泰国的布莱特湾（Blight of Thailand）、柬埔寨的磅逊湾（Kompong Som Bay）、中国的渤海湾是“历史性海湾”。这些主张没有争议。但是，越南和柬埔寨主张的共同的历史性海湾、中国的南海断续线则存在争议。笔者认为这二者存在本质区别，不能混为一谈。第一，二者源起不同。越南、柬埔寨的主张是20世纪50年代随着科技发展，海洋资源被人类广泛关注，海洋油气产业发展推动下，在沿海各国扩大海洋管辖权的国际背景下产生的。而中国的南海断续线缘起于中国自古以来对南海的持续经营和清朝对南海岛礁的保护，后来逐步发展为地图上的边界线。第二，效力和依据不同。越南柬埔寨主张的共同“历史性水域”以特殊的地理条件（两国沿海遍布大小岛礁）和该海域对于两国国防和经济具有特别重要的意义为依据，且主张是在越南控制柬埔寨期间提出的。笔者认为上述主张，无论从历史性权利构成的基本要件看还是从其提出的主体看都存在问题。而中国南海断续线的主张依据则是基于中国对该海域及其岛礁的长期经营和持续管辖，中国作为合法的国际法主体提出的。第三，法律性质不同。越南柬埔寨主张两国共同的历史性水域性质为内水。中国主张的南海断续线内海域，性质比较特殊，既不同于内水，又不同于现代海洋法中的大陆架和专属经济区。一般的观点认为在断续线内中国对该海域的岛礁享有主权，对其附近水域享有主权权利，其他国家的航行和飞越的自由不受影响。而部分学者和台湾地区大部分学者则主张南海断续线内水域为历史性水域。① 笔者赞成后一种观点，认为应该将南海断续线内水

① 1994年，台湾地区行政机关“政务委员”张京育就台湾对南海历史性水域的解释做了详细说明，他说道：“南海U型线内的水域是我们的历史性水域。”Liselotte Odgaard, Maritime Security between China and Southeast Asia, Ashgate Publishing Company, Burlington, 2002, p. 92. 1996年5月28日，台湾地区“外交部”强调，“U型线”是历史性水域。Song Yannhuei, United States and Territorial Disputes in the South China Sea: A Study of Ocean Law and Politics, University of Maryland School of Law, 2002, p. 142. 如已故的学者潘（转下页）

域视为中国的历史性水域，性质为内水。但是，它与一般的内水不同，要受限制。例如，其他国家一直享有航行和飞越等权利不受影响，南海其他沿海国的捕鱼权利只要在尊重中国相关规定的前提下也不受影响。第四，享有的权利内容不同。越南、柬埔寨主张对水域内享有完全主权，外国船舶和飞机不享有无害通过权。而中国南海断续线内水域，中国对该海域内的岛屿和资源享有主权，但其他国家在该海域享有航行和飞越的权利以及沿海国捕鱼的权利应不受影响。第五，争议性不同。1982 年越南和柬埔寨宣布的历史性水域最具争议性。它建立的时间比较晚，不仅没有取得国际社会的普遍承认，就是泰国湾的泰国和马来西亚也对其合法性持坚决反对的态度。中国南海断续线自公布以来，一直到 20 世纪 70 年代，未遭到周边国家和国际社会的任何抵制和抗议。反而，国外出版的地图纷纷依照 1947 年中国官方地图的画法，标注了南海断续线，并将线内岛礁标注为中国所有。① 直到1969年埃默里报告称南海可能

（接上页）石英先生认为“U 型线”是海域疆界线。他曾提出：“中国在南海海域所标示的‘9 条断续国界线’，作为‘历史性所有权’的范围标志，是确定无疑的。”参见李金明：《南海断续线的法律地位：历史性水域、疆域线、抑或岛屿归属线?》，载《南洋问题研究》2010 年第 4 期。学者邹克渊认为“U 型线”是历史性权利线。在《国际法的历史性权利与中国的实践》一文中，邹教授写道：“在南海的传统意识中不存在历史性水域，并不意味着不存在各种历史性权利。很明显，中国的态度是企求在南海享有某种历史性权利。而中国在相关的海域坚持的是哪一种历史性权利呢？最令人信服的是中国可享有捕鱼权利，因自古以来，中国渔民就一直在南海捕鱼。”参见 Zou Keyuan, Historic Rights in International Law and in China's Practice, Ocean Development & International Law, Vo1. 32, No. 2, 2001, p. 162。中国大陆学者学者高之国，台湾地区学者俞剑鸿、俞宽赐都认为南海“U 型线”是岛屿归属线。参见 Zhiguo Gao, The South China Sea: From Conflict to Cooperation, Ocean Development & International Law, Vo1. 25, 1994, p. 346。俞宽赐：《中国南海 U 形线及线内水域之法律性质和地位》，海南南海研究中心编：《海南暨南海学术研讨会论文集》2001 年，第 427~439 页。

① 参见李金明：《南海争端与国际海洋法》，海洋出版社 2003 年版，第 54 页。

蕴藏着丰富的油气资源后，南海周边国家才开始对存在了30多年的南海断续线提出异议。区域外大国，根据其国内战略也改变了对南海断续线的立场。综上，中国的南海断续线源于中国对南海岛礁的主权，从上世纪30年代开始直到上世纪70年代得到国际社会的广泛承认。只是1982年《联合国海洋法公约》赋予岛礁与陆地同等的海洋权利后，南海其他沿海各国为了获得更多的海域资源，抢占中国的南沙岛礁，而否定中国的南海断续线。中国的这一历史性主张与越柬建立的历史性水域有着本质区别，其效力远强于泰国湾内越南和柬埔寨主张的历史性水域，也优于南海其他国家根据1982年《联合国海洋法公约》主张的专属经济区和大陆架权利。

表6.1　**中国周边海域与泰国湾的比较**

	中国周边海域	泰国湾
地位、国际影响力	高	低
海域面积	471万 km^2	25万 km^2
争端当事国	中国、朝鲜、韩国、日本、越南、菲律宾、文莱、印尼、马来西亚	越南、柬埔寨、泰国、马来西亚
历史性主张	中国南海断续线	柬埔寨历史性海湾 泰国历史性海湾 越柬历史性水域
划界	中越北部湾	泰越大陆架海域 马来西亚泰国领海和近海大陆架
共同开发	无	1982年越柬历史性海域 1979年马来西亚泰国共同开发 1992年马来西亚越南共同开发 2001年泰柬关于共同开发的共识

第二节　对于解决中国周边海域划界争端的启示

泰国湾解决海域争端的经验对中国解决周边海域划界争端也具有重要启示。

一、营造理性的氛围

泰国湾海域争端的解决，不是偶然而是有规律可循的。泰国湾的实践证明，争议相关各方越理性，外界、舆论、民族主义情绪和爱国主义情绪参与越少，越有利于争端的解决。

与其他泰国湾海上邻国相比，马来西亚之所以成功地解决其与邻国的海上争议，主要有以下几个原因：首先，其国家领导人采取冷静低调的政策，尽量避免舆论造势或者掺入情绪等非理性成分。这不仅体现在其处理与泰国和越南的争议上，在南海的问题也很少见马来西亚借助舆论造势。以海域主张为例，根据泰国湾实践，沿海四国颁布其海域主张后，引发学术界和非争议国的广泛诟病，唯独对马来西亚的海域主张非议较少。这并不是因为马来西亚的主张中规中矩，而是因为马来西亚虽然主张 12 海里领海及 200 海里专属经济区，但是并没有公开公布其主张海域的地图以及海域主张的界限。马来西亚这种低调的做法，避免了外界对其海域主张的炒作和评价。其次，马来西亚在处理与邻国的争议问题上灵活务实，而不是仰仗自己具有丰富的开采海洋石油经验去对抗或者压迫邻国。在解决海域争端的过程中，既不锱铢必较得理不让人，也不是一味妥协，更没有对邻国进行压迫；而是在考虑对方合理诉求，坚持自己立场的前提下，真诚地寻求解决问题的办法。例如，马来西亚对待泰国的海域主张，既没有完全否认其海域主张，也没有完全承认，而是采取折中的办法，承认泰属鼠岛和象岛为领海基点，但是不享有 200 海里大陆架；对待泰国的“先存权”的问题上，采取保留泰国“先存权”的方式换取两国合作共享争议海域的油气资源从而解决了海域争端，而非利用其开发海洋油气资源的实力与泰国进行对抗，对争议海域的资源采取竞争性开采方式。又如，处理与越南的争议时，马来西亚认为越南以土珠岛为领海基点的做法有失妥当，因此在划界的问题上，无法与越南达成妥协。但是，马来西亚并没有囿于越南土珠岛主张的不合理性，拒绝越南分享争议海域资源的诉求。为了能尽快利用该海域的资源，其对越南不合理的主张在经济上做了让步，允许其分享争议海域资源的一半收益。由此，越南通过扩大海域主张的方式，获得直接的经济利益，并在马来西亚的支持下加入东盟，在政治上也得到满足。而马来西亚的让步，换取争议海域资源的和平、及时利用，并且“先存权”继续有效，继续适用马来西亚的法律。相当于马来西亚的单边开发行为不受影响，只是让与越南部分经济利益。综上可见，马来西亚在处理与邻国争议时，充分体现了解决问题的务实精神，而非纠结于谁对谁错。

而与马来西亚实力相近的泰国，与马来西亚相比，其在解决海域争议时则显得不够理性、成熟。首先，它将与柬埔寨的争议政治化，不仅引起国内外舆论的广泛关注，而且掺入了过多的民族主义、爱国主义情绪。这不仅不能避开划界争议实现争议海域资源的和平利用，而且导致两国关系恶化，冲突不断。这种做法不仅不利于争议的解决，还影响到了两国正常交往和民间交流。其次，在处理与柬埔寨争议时，不够灵活。柬埔寨泰国的争议完全具有解决的可能性。因为该海域资源前景乐观，已经证实存在商业价值的油气资源，而且泰国具有共同开发的经验，柬埔寨也愿意与泰国合作。但是，泰国既不肯在海域主张上作出让步，也不肯在经济利益上作出让步，导致两国争议形成一个死结，无法解决。

吸取上述国家在解决泰国湾海域争端的经验和教训，在处理中国周边海域划界的问题上要理性务实。笔者认为至少要注意以下三个问题：首先，尽量避免掺入过多的非理性情绪和外界舆论的干扰；其次，在坚持岛礁主权的前提下，可以在利益分配、开发方式、“先存权”的问题上适当让步；最后，一时解决不了划界争议和岛礁主权争议，先搁置，就争议海域资源利用的具体问题展开谈判，寻求恰当的解决方式。

二、采取不同的争端解决办法

国际实践中，和平解决海域争端最普遍采用的国际法方法有：以谈判为主的政治方法和以诉讼、仲裁为主的法律方法。泰国湾沿海四国经过 20 多年的谈判，成功地和平地解决了泰国湾大部分海上争端。泰国湾的实践表明，谈判能使当事方充分考虑包括法律因素在内的与海域划界相关所有因素，能够彻底解决当事方之间的海域划界争端。

就黄海、东海和南海的海域争端而言，中国政府倾向于谈判解决。而不同学者的观点不尽相同。例如，有的学者主张通过司法判决的法律方法解决南海争端,① 有的主张通过调解、谈判的政治方法解决南海争端,② 有的主张采取综合的方法解决。③ 笔者认为，应根据不同国家、不同的海域以及不同的争端适用不同的解决方式。第一，笔者认为南海不存在岛礁主权争端。中国享有南海岛礁主权，这一点不存在争议。从历史和法律依据看，中国岛礁主权主张具有优势。之所以存在岛礁主权争议，在东海主要是由于“二战”后某些大国故意造成的一些历史遗留问题；而在南海主要是因为《联合国海洋法公约》赋予岛礁与陆地同等的海域权利，周边国家为了获得更多的海域和资源，纷纷占领南沙岛礁。这些国家的行为，从国际法上看是非法的。有关国家据此主张非法占有的岛礁享有专属经济区和大陆架权利，是无效的。因此，中国东海、南海岛礁被侵占的问题，需要中国完善海上岛礁的基础设施，加强海军实力，与其他国家建立互信和沟通机制，由当事国谈判逐步解

① 参见高强：《论解决南海争端的国际法路径》，载《湘潭大学学报》（哲学社会科学版）2011 年第 2 期。

② 参见蒋德春：《国际法视野下的南海争端及其解决》，2011 年华中科技大学硕士论文。有的学者主张调解解决南海争端，参见易显河：《〈联合国海洋法公约〉下的自愿与强制调解》，载《法制研究》2013 年第 4 期。有的主张谈判解决南海争端。

③ 参见许立山：《试析南海争端及其解决思路——基于国外学者观点的分析》，载《太平洋学报》2012 年第 2 期。

决。第二，渔业纠纷可通过法律方式解决。例如，周边国家非法侵渔、非法扣押中国渔船，应通过仲裁或者诉讼的法律方式解决。因为国际法在这方面的规则是成熟的，判决是高效的。这样可以减少对外交行政等资源的浪费。第三，争议海域资源利用和划界的问题，应主要通过谈判解决，辅之以调解方法。之所以建议以谈判为主，主要有以下几方面原因：其一，中国海域划界争端具有特殊性，尤其是南海断续线相关的历史性权利的问题。国际法关于划界的规则不明确且也不存在习惯国际法。同时，现行的国际法规则没有明确历史性权利和大陆架、专属经济区的关系。而南海争端主要争议的焦点就是中国主张的历史性权利与其他南海争端当事国主张的大陆架和专属经济区之间冲突。如果通过法律途径解决，可能不会考虑中国的海域特殊性，而导致不公平的裁决。因此中国周边海域划界问题不宜通过法律的方法解决。其二，谈判自身的优越性。与法律解决争端方式相比，谈判由直接当事国主导，可以充分考虑各方主张的合理性和南海问题的特殊性，达成各方都比较的满意的结果，能够更彻底解决中国周边海域的划界和岛礁主权争端。其三，谈判符合中国和周边沿海国的传统和文化。谈判的结果易为争端当事国接受。另外，强调辅之以调解手段，主要是考虑到调解人的中立性和专业性，能够提出一些公平合理的意见和建议，有利于争端当事国更好地理性地判断和处理争端，促进争端解决。

在谈判解决南海划界争端时，应了解对方的主张和立场、法律依据、海域主张范围。与所有争端当事国保持接触，一方面加强沟通与了解，另一方面控制海域形势不发生大的冲突，平稳发展。但是，应有主有次，先解决与中国关系良好的国家海域划界争端。

三、灵活应用划界和共同开发

海域地理范围狭小，当事国在同一海域产生重叠的海域主张。共同开发与划界都是和平解决争议海域资源利用的符合国际法原则和精神的方式。划界和共同开发各有优势。一般来讲，划界可以永久解决两国海域争议。但是目前国际法关于划界的规则并不明确，例如关于“邻近”、“极为曲折”、“维持自身经济生活”等概念模糊且没有具体的判断标准，当事国很难在划界的问题上达成共识。此外，地理复杂，海域资源丰富，岛礁主权争端交织在一起，加之大国因素的干扰，争端当事国就更难改变各自的主张和立场。因而灵活务实且不对各国的海域主张产生任何影响的共同开发日益受海域划界争端国家的青睐。共同开发主要有以下优点：第一，它一种"即使没有收获也不会有什么损失"（No Loss No Gain）的争议解决办法。第二，由于划界本身的复杂性和敏感性，不可能在短期实现。而共同开发可以避开划界障碍，只解决争议海域资源利用的问题。通过合作实现海域资源的开发和利用，符合各国发展经济和对能源的需求。如果海域资源可观，它对于相关国家具有吸引力。第三，共同开发能够为石油公司提供安全和稳定的投资环境。第四，通过共同开发，可以增进相关国家的友谊，建立互信，有利于为划界扫除障碍。第五，由于共同开发不影响相关国家的海域主张和立场，相关国家合作可以避免冲突的发生，有利于地区和国际社会的和平与稳定。通过合作实现海域资源的开发和利用，符合各国发展经济和对能源的需求。概言之，划界具有终局性，而共同开发具有"不影响"和"中立性"的特点。从二者对争端当事国的影响来看，当事国更容易达成共同开发协议。

泰国湾国家解决海域划界争端，有时单独划界，有时单独适用共同开发，有时综合运用二者。例如，越南和泰国在谈判伊始表示通过共同开发的方式解决两国重叠的海域主张的争议。随着谈判的深入，两国达成了划界协议，彻底解决了海域资源利用和海洋管辖权的问题。又如，越南和马来西亚本来希望划界解决两国海域争端，但是马来西亚不认同越南的海域主张，两国无法就划界的问题达成共识，双方转而通过共同开发的方式合作分享两国重叠海域的油气资源。再如，泰国和马来西亚，近海海域达成了划界协议；其余重叠主张海域则实现了共同开发。还如，柬埔寨和泰国的争议海域也采取北部海域划界南部海域共同开发的方式。

黄海、东海、南海资源丰富，岛礁星罗棋布，沿海国众多，大部分争议海域涉及两个或者两个以上国家。根据泰国湾的经验，上述海域短期内划界的可能性不大，共同开发可能相对容易。因此，中国在与相关国家谈判的过程中，以和平解决争端为宗旨，也应根据海域情况和当事国的主张、国家间的关系，灵活处理划界和共同开发问题，能划界则划界，不能划界则共同开发。

具体而言，笔者建议根据当事国的主张、海域资源丰富程度、开发海洋资源的能力等因素，采取不同争端解决方式。例如，与日本、菲律宾划界；与印尼、马来西亚和文莱共同开发；先搁置与越南的海域划界争端，在中越重叠主张海域，中国先自行勘探，然后根据越南的态度、海域资源的储量和中国的利益决定划界还是共同开发；中国朝鲜争议海域根据双方的意愿和中国的整体利益考虑，划界或者共同开发均可。

四、先解决简单的争端

泰国湾的实践表明，争端的原因和内容越简单、影响因素越少，争端当事国的关系越好，争端越容易解决。例如，越南和泰国海上争端简单，冷战结束后国际格局和地缘政治发生巨大变化，两国关系改善，两国达成了划界协议。又如，泰国和马来西亚关系友好，海域争端简单，两国通过共同开发的方式解决了争议海域油气资源利用的问题。再如，冷战结束后，马来西亚和越南关系改善，两国通过共同开发的方式很快解决了两国海上争端。而越南柬埔寨和柬埔寨泰国之间的海上争端不仅原因复杂，还交织着岛礁主权争议，因此上述争端至今没有得到有效解决。此外，泰国湾争端当事国的谈判主要限于双边。例如，越南与柬埔寨、柬埔寨与泰国、泰国与越南、泰国与马来西亚、马来西亚和越南都就双边重叠海域争端的解决展开谈判。只有越南、泰国和马来西亚三国就三边重叠海域的共同开发问题开始接触。综上，泰国湾成功解决的海域争端案例仅限于双边海域争端，三边及以上的争端尚未得到解决。

借鉴泰国湾解决海域划界争端的实践，第一，中国宜先解决双边的争端。在黄海、东海，中国宜先解决中国与朝鲜、中国与韩国、中国与日本的双边海域划界争端；在南海，中国宜先解决中国与菲律宾、中国与印度尼西亚、中国与马来西亚、中国与文莱、中国与越南的双边海域划界争端。然后，再解决这些海域三边或者三边以上的海域划界争端。第二，先解决争端内容和原因都简单的海上争端。在黄海，中国与朝鲜的关系一直比较友好，而且两国海域不存在岛礁主权争端。因此，可以先解决两国的海域海域划界问题。在南海，中国与印尼的海域争端最简单，不涉及岛礁主权因素，而且中国印尼关系良好。印尼比较冷静克制，既没有煽动国内的民族主义和爱国主义等非理性情绪，也没有大肆拉拢区域外大国与中国对抗。而且该海域资源丰富，印尼具有丰富的海上石油开发经验。因此，如能明确各自的海域主张范围，中国能客观看待印尼的海域主张，确定重叠区域，可达成共同开发协议。如果中国印尼共同开发成功，必将为其他南海争端起到示范作用，带动南海争端的解决。此外，中国、文莱海域争议的面积小，海域资源丰富，文莱具有开发海洋油气资源的丰富经验，可根据两国的意愿划界或者共同开发。

五、突出法律维权意识

泰国湾沿海各国几乎在同一时期提出对海域的主张。其中与海域划界争议交织在一起的岛礁争议更多是关于岛礁划界效力的争议。这些国家的根本目的是为了扩大各自海域主张，获得更多的海域资源。中国周边海域尤其是南海的争端当事国提出的主权和海域主张的目的与泰国湾的国家类似。也就是说，这些国家为了获得更大的海域管辖权而提出对岛礁的主权和不同的划界主张。

而中国对黄海、东海和南海岛礁主权主张和海域划界主张，与泰国湾沿海国和周边海上邻国为了获得更大的海洋管辖权而主张对相关岛礁的主权和划界效力，存在本质区别。中国以南海断续线为代表的历史性权利的提出和海域划界主张都是依托于中国对有关海域和岛礁主权。① 换言之，中国对岛礁享有主权在先，海域主张在

① 结合“U 型线”的起源和发展，笔者认为该线是南海岛礁主权的归属线和与周边国家海域分界线。中国最初提出南海“U 型线”时，国际海洋法关于海域的划分只有内水、领海和公海之分。因此，从中国画出该线的初衷来看，将该线内的水域视为内水，至少是领海。至于线内水域的法律性质需要中国官方通过立法来明确。

后，海域主张是中国领土主权的延伸。而有些国家是依据对特定海域享有主权权利进而主张对其内的岛礁享有主权。而且，在岛礁主权的问题上，中国对岛礁尤其是南海岛礁主权的主张明显优于其他争端当事国。国内外学者对该问题的论述已经着墨很多，另外这不属于本书的研究范围。因此，就这个问题笔者不再赘述。

中国主张对南海断续线内的水域享有主权就应该依据国际法和国内法的规定，积极行使对该线内水域的立法、行政和司法管辖权。近几年来，中国意识到维权的重要性。中国海监、海事、渔业等行政执法部门开始在南海断续线内积极行使行政管辖权。但是对于该海域的立法、司法管辖权的形式还比较薄弱。例如 2013 年，菲律宾向国际仲裁庭提出南海仲裁案。中国采取不参与的态度。客观地讲，在国际舆论上中国处于被动的局面。基于此，未来中国南海维权应该重视运用法律手段，法律手段与政治手段并重，而非仅仅倚重以外交为主的行政手段。中国需完善有关渔业、环保、航行安全等问题以及海上民事、刑事等司法管辖权的立法，尤其是鼓励并积极运用司法管辖权解决海上纠纷例如渔业纠纷、海上犯罪等问题，提高中国通过法律维护国家海洋权益的能力。① 在争议海域应该继续突出存在，但是要加强法律维权的力度，增强中国对周边海域争端的话语权，尤其重视对南海断续线的坚持和维护。

第三节　对中国周边争议海域共同开发的启示

泰国湾的共同开发实践对中国争议海域共同开发主要有以下一些启示：

一、海域主张需具有合法性

根据第二章第一节第一部分的分析，共同开发的主体需是国家，需依法对特定海域的资源享有专属的主权权利，且这种海域主

① 参见何海榕：《海事法院刑事管辖权问题研究》，载《人民法院报（理论版）》2016 年 3 月 23 日。

张具有重叠性、竞争性、同一性。① 未来中国周边争议海域共同开发的主体只能是国家，而不能是地区。例如，台湾地区虽然实际控制南海最大的岛屿太平岛，但是台湾地区不能成为未来中国周边海域共同开发的主体，因为它不是国家，而是中国的一部分。因此，涉及台湾地区的海域只能由中国与有关国家签署共同开发协议，然后由台湾地区或者石油公司具体负责实施。第二，共同开发的主体需合法取得对特定海域资源享有专属性主权或者主权权利。例如，黄海、东海、南海周边一些国家通过非法占领中国岛礁的方式主张对这些岛屿享有主权。由于中国从未放弃这些岛礁的主权，也从不承认这些国家对这些岛礁享有任何主权权利，这样的海域主张不具有合法性，因此这些国家不可据此要求与中国进行共同开发。第三，周边沿海各国海域外部界限的主张需与中国的海域海域外部界限的主张具有重叠性、竞争性和同一性。也就是说，未来中国与周边争议海域的沿海国进行共同开发，只可能在这些国家主张的海域外部界限与中国主张的海域外界限的发生重叠的海域进行。需要特别强调的是，由于中国南海断续线存在，未来南海共同开发的海域只可能在南海海域划界争端当事国提出的海域外部界限与中国的南海断续线或者未来中国颁布的南海海域外部界限重叠的海域进行共同开发。

共同开发是争端当事国之间的事务，与区域外大国无关，因此只要不影响其他国家依法享有合法权利，例如航行和飞越的自由，其他国家无权干涉。

二、明确海域外部界限

（一）明确海域外部界限以确定共同开发范围和主体

根据第二章第一节第二部分的分析以及泰国湾共同开发的实践，要实现中国领导人在20世纪70年代就提出的共同开发，首先需要明确共同开发海域的具体位置。其前提是争端当事国明确海域

① 参见何海榕：《争议海域油气资源共同开发五要素及对中国的启示》，载《武大国际法评论》2016年第2期，第326页。

主张范围和依据以及海域的性质。这样才能确定重叠海域的范围，确定共同开发区。例如，越南柬埔寨共同开发案、柬埔寨泰国共同开发案、马来西亚泰国共同开发案和马来西亚越南共同开发案，在共同开发之前，有关争端当事国都明确了各自的海域外部界限。如不明确海域外部界限就无法确定重叠海域，也无从选择共同开发区，共同开发的谈判对象也不明确。另外，只有明确了海域外部界限才能确定共同开发的主体数量。例如，双边重叠主张海域，一般共同开发的主体就是这两个当事国，而共同开发区就是两国重叠主张的海域。如果存在三边或者三边以上的重叠争议海域，那么就需要相关的争端当事国就重叠海域进行谈判，共同实践共同开发。此外，根据泰国湾共同开发的实践，除了要明确各国的海域外部界限，在谈判的过程中，要根据国际法原则和精神以及双方的意愿，对有关国家的海域主张进行调整。然后有关当事国根据调整后的海域主张，确定共同开发区的范围。

（二）关于中国海域外部界限的主张

在黄海、东海，海域划界争端当事国的海域外部界限主张已经基本明确。在黄海、东海中国只要根据1982年《联合国海洋法》公约关于专属经济区和大陆架的相关规定，明确外部界限和具体位置即可。如果出于简便的考虑，可以主张专属经济和大陆架为一条界线。

但是，南海各海域争端当事国的海域主张范围、依据以及主张海域的性质都不明确。因此，中国应该明确海域外部界限的位置，至少做到心中有数。如果担心某些国家对中国的海域主张进行干扰，可借鉴马来西亚的做法，只是颁布地图但不公开，而仅仅限于争端当事国之间心知肚明。需要注意的是，中国不仅要明确海域外部界限，还需要明确海域性质。从中国颁布的相关法律文件和中国政府官方申明可以看出，中国南海海域主张的依据有两种：一是历史性权利，以南海断续线为代表；二是根据1982年《联合国海洋法公约》的规定享有相应的海洋权利。未来，不论依据哪种法律依据主张对南海的海洋权利，不论通过划界或者共同开发解决南海资源利用问题，中国都须明确中国的南海海域主张范围。这样才能与相关国家确定重叠主张海域，依据国际法的划界原则达成海域边界协议；或者以争端当事国的海域主张确定共同开发区的范围，从而谈判具体的开发事宜。否则无法进行划界或者共同开发谈判；而且也容易让周边国家产生误解，给个别国家传播“中国威胁论”以口实，认为中国企图霸占整个南海。此外，南海不仅能源丰富，还是重要的国际战略通道，涉及对区域外国家航行权的保护与限制等问题，也宜明确南海不同海域的性质。明确南海海域的性质也便于对南海进行管理、保护海洋环境、养护海洋资源、打击违法犯罪和协调不同国家的合法权利的行使。例如，沿海国开发海底油气资源的权利、捕鱼权以及其他区域外国家的航行权、铺设海底电缆和管道、科学研究等权利。

笔者认为，由于南海断续线的存在，中国应主张南海断续线内水域是历史性水域。这样才能最大程度维护中国在南海的权益，才能使中国南海海域的主张一脉相承，同时也是最简单的确定中国南海海域外部界限的一种方式。如果根据专属经济区或者大陆架制度主张在南海享有的海洋权利，会给中国南海划界造成诸多不便和不利。一方面，如果中国根据 1982 年《联合国海洋法公约》的规定主张中国在南海享有的海洋权益，那么将意味着中国放弃对“南海断续线”的主张，同时面临一系列问题。例如，南海岛礁是否可以按照群岛水域的方式确定领海基线？如果可以，西沙、中沙、东沙、南沙群岛是要单独确定领海基线还是作为一个整体确定领海基线。怎么确定领海基点？是否南海所有的岛礁都享有主权的所有岛礁都享有 200 海里专属经济区和相应的大陆架权利？即使所有的岛礁都享有 200 海里专属经济区和大陆架，那么是否也意味着周边国家也可根据 1982 年《联合国海洋法公约》的规定主张 200 海里专属经济区和大陆架？如果可以，那么中国在南海的海域主张上就没有任何优势可言。另一方面，南海的海域划界将变得异常复杂。南海争端当事国多，分别确定不同群岛或者岛屿的领海基线反而增加南海划界难度。因此，建议加强中国南海断续性和历史性权利的法理论证，这样不仅最有利于中国的南海权益的最大化，而且有利于降低南海划界的难度。

在明确海域外部界限主张和依据的同时，应明确南海断续线的具体位置、地理坐标和地图。据勘测，南海断续线就是中国南海最外缘岛礁与南海其他沿海国海岸线的中间线，但是具体坐标点不明确。中国可参照泰国湾沿海四国的做法，将南海最外缘各岛礁作为领海基点，用直线连接起来。以此和相关国家的领海基线，按照“等距离-中间线原则”和“单一海域划界原则”，平均划分海域边界。同时，可参照马来西亚的做法，只颁布地图，既不公开海域外部界限的具体位置也不对外公布地图，避免无端的非议。其次，明确南海断续线内各方的权利和义务。从该线产生时的国际法来看，该线内水域应为内水。但是，需要注意的是线内水域与一般的内水不同。一般意义上内水，国家享有完整的主权，其他国家不享有任何权利。鉴于南海是重要的国际航道，也是南海周边国家的传统渔场，因此根据公平和正义的原则，中国在该海域对线内岛礁和海底资源享有专属的管辖权，其他国家享有捕鱼权、航行权等权利应不受影响。值得注意的是，“不受影响”不等于“不受管理”，中国应根据南海的实际情况和国际海事组织的相关标则和各国的通常做法，对船舶的航行、各国捕捞配额和捕捞方式、南海生物资源的养护和海洋环境的保护进行必要的管理和提供相应的服务。这样，一方面维护了中国的领土主权，同时最大程度地继承了中国传统“U型线”。此外，不干扰南海作为国际航道的地位，还考虑了周边国家、区域外国家和中国权利和利益的合理性和正当性。

（三）周边其他国家的海域主张

中国要实践共同开发，还需对周边国家的海域主张进行理性的区别对待。客观地讲，这些国家依据 1982 年《联合国海洋法公约》关于专属经济区的规定和根据其大陆架自然延伸，提出专属经济区和大陆架主张有一定的合理性。需要明确的是承认这些国家海域主张具有一定的合理性，不是对中国在 1958 年《大陆架公约》生效前就存在的南海断续线以及线内的海洋权益的否定，而是根据各自的主张公平合理地解决海域争端的前提。但是，某些国家以“邻近”或者“非法占有岛礁”声称享有大陆架的专属性主权权利的主张，显然不符合国际法。“非法行为不产生权利”。因此，这些国家不能据此主张享有相应的专属经济区和大陆架权利。

对于这些海域主张，中国在与有关国家谈判过程中，应该要求其放弃或者调整其不合理、不合法的海域主张。

综上，只有在明确中国海域外部界线和客观看待其他当事国合理的海域主张的前提下，才能就中国周边海域的划界或者共同开发问题展开有效的谈判，推动中国周边海域的划界和共同开发实践。

三、宜探明海域资源储量

共同开发的根本目的是利用争议海域的油气资源。石油资源是共同开发协议的客体，也是海洋石油开发活动的对象，决定共同开发的实施效果，更是成功的共同开发实践的必备要素。①

探明海洋资源储量对于海域争端的解决具有重要意义。如果确定不存在可开采的油气资源，则有助于相关国家达成划界协议。因为资源的存在会导致相关国家为了争得更多的海域资源而划界立场和主张趋于强硬。如果不存在资源，相关国家的海域划界争议就变得比较单纯，反而容易达成划界协议。② 如果争议海域具有商业价值的油气资源，则会驱动相关国家达成共同开发协议，通过合作开发争议海域资源。例如，马来西亚泰国和马来西亚越南共同开发案都是在发现油气资源的背景下达成的。在马来西亚与泰国共同开发之前，泰国单方面授权外国石油公司开发海洋石油资源，其中部分合同区块位于两国争议海域。随后，石油公司发现该海域具有商业价值的油气资源。1978 年，在马来西亚的要求下，两国决定谈判解决海域争端。泰国暂停了对该海域的单边勘探。两国谈判达成共同开发协议。再如，在马来西亚与越南共同开发前，1989 年马来西亚单边授权汉密尔顿石油公司（Hamilton）在其与越南的争议海域从事油气资源的勘探开发活动。1991 年该公司发现该海域石油

---

① 参见何海榕：《争议海域油气资源共同开发五要素及对中国的启示》，载《武大国际法评论》2016 年第 2 期，第 329 页。

② 参见 Mark J. Valencia, Taming trouble waters: Joint development of oil and mineral resources in overlapping claim areas, San Diego Law Review, Vol. 23, 1986, p. 675。

矿藏具备日产4400桶的能力。随后，越南提出抗议，并表示愿意与马来西亚谈判解决海域划界问题。为了共同开发该海域油气资源，两国于1992年达成共同开发谅解备忘录。

而且，具有商业价值的可开采资源也是成功共同开发的物质保障。例如，马来西亚泰国共同开发案和马来西亚越南共同开发案之所以取得巨大成功，是因为共同开发区油气资源丰富，这是保障各国积极合作的主要动力。而日本韩国共同开发案失败的主要原因不是因为其共同开发制度不完善不合理，而是因为其共同开发区内未发现具有商业价值的油气资源。

再次，具备商业价值的油气资源也是吸引石油公司投资的关键性要素，更是共同开发成功的物质保障，还是成功商业石油生产活动的必备条件之一，并对共同开发的实施效果有重要影响。例如，马来西亚泰国和日本韩国共同开发案的初衷都是为了共享两国争议海域的油气资源。二者共同开发制度都比较完善。在马来西亚泰国共同开发案中，共同开发区确定具有开采价值的高品质石油资源，两国共同开发取得巨大成功。据泰国能源部2010年年度报告显示，泰国和马来西亚当年从“泰马海上共同开发区”获得3.9亿美元。① 而日本和韩国共同开发案则在“推测”的前提下达成的。1969年“埃默里报告”指出，东海是亚洲最具有潜力的油田。由此，日本和韩国迅速达成共同开发协议，结果共同开发区的资源储量不尽如人意。1989年9月日韩共同开发区的活动终止。② 上述国家实践表明，共同开发前探明资源储量，可避免人力、物力、资金的浪费，对于共同开发的实施效果具有重要影响。

---

① 参见孙广勇、王渠：《泰国马来西亚开发未划界海域苦谈11年达成协议》，载《环球时报》2011年9月13日，资料来源于http://world.huanqiu.com/roll/2011-09/1998063.html，2015年3月28日访问。

② 1989年9月，是日本新石油公司（New Nippon Oil Exploration Co.）与韩方租让权人达成共同开发协议的最后期限。参见Miyoshi Masahiro, The Japan/South Korea Joint Development Agreement of 1974”, in Hazel Fox et al., Joint Development of Offshore Oil and Gas, the British Institute of International and Comparative Law, Vol. Ⅱ, 1990, p. 97。

目前，中国南海的油气资源储量还停留在“估测”阶段，不同的国家和机构对南海资源储量估测差距甚大，缺乏权威统计。例如，中国有专家认为，南海石油总潜量约550亿吨，天然气约20万亿立方米。① 而俄罗斯外国地质学研究所和美国能源信息署的估计是南沙的石油储量是60亿桶（约8.5亿吨）。② 未来中国与有关邻国进行共同开发，应探明争议海域的资源储量，避免出现日韩无油可采的窘境。

四、妥善处理“先存权”

“先存权”对于共同开发具有重要意义。首先，“先存权”具有开启争端当事国解决海域争端谈判的作用。③ 由于海洋划界的国际法规则不明确，以及一方出于政治、经济安全和地缘政治等因素考虑，一时不愿或者无法解决海域争端，但是，另一方迫于经济发展或者自身利益的需要，希望尽快开发利用争议海域油气资源。于是，希望尽快开发争议海域资源的一方往往采取单边授权的方式开发争议海域资源，迫使有关国家主动解决海域争端。例如，在柬埔寨和泰国的争议海域、在泰国和越南的争议海域、在泰国和马来西亚的争议海域、在马来西亚和越南的争议海域，都是在授权国授权的石油公司发现可开采的石油资源的情况下，在非授权国的邀请下，双方开始海域划界的谈判。其次，“先存权”具有推动谈判进程的作用。④ 例如，由于历史、政治以及实力对比等因素的影响，柬埔寨与泰国、泰国与越南的海域划界谈判一度停滞，但柬埔寨和泰国分别采取“对等行为”对抗在先的授权国，随后双方的谈判

① 参见萧建国：《国际海洋边界石油的共同开发》，海洋出版社2006年版，第159页。

② 参见 the South China Sea Virtual Library website, available at http://www.southchinasea.org/why-a-south-china-sea-website-an-introductory-essay/, visited on May 28, 2015。

③ 参见何海榕：《泰国湾海上共同开发先存权问题的处理及其启示》，载《南海法学》2017年第2期。

④ 同上。

重启。最后，在共同开发协议中，一般“先存权”得到保留，并达到分享争议海域资源的目的。例如，泰国与马来西亚共同开发协议、马来西亚和越南的共同开发协议都保留了“先存权”，而没有采取简单宣布“先存权”无效的做法。中国周边海域，东海和南海也存在“先存权”的事实，中国应尽快谨慎处理。东海，由于日本韩国未开采出油气资源，目前两国的共同开发实践已经停止，因此，无需对东海的先存权进行处置。而在南海，越南、菲律宾、马来西亚、印度尼西亚和文莱都通过与外国石油公司合作的方式开发争议海域的油气资源。“先存权”的问题普遍存在。据美国能源信息署 2011 年的统计，文莱与外国石油公司①在南海每天产油 12 万桶，产天然气 4 千亿立方尺。印度尼西亚与外国石油公司②在南海每天产油 6 万桶，年产气 2 千亿立方尺。马来西亚与外国石油公司③在南海每天产油 50 万桶，每年产气 1 万 8 千亿立方尺。菲律宾与外国石油公司④在南海每天产有 2 万 5 千桶，年产气 1000 亿立方尺。越南与外国石油公司⑤在南海每天产油 30 万桶，年产气 3

① 与文莱合作的外国石油公司主要有：BHP Billiton，ConocoPhillips，Hess Corporation，Kulczyk Oil Ventures，Mitsubishi Corporation，Murphy Oil，PETRONAS，Polyard Petroleum，QAF Brunei，Shell，Total，参见 http：//www. eia. gov/countries/regions-topics. cfm? fips=SCS，visited on 3-28-2015。

② 与印尼合作的外国石油公司主要有：PetroChina，Chevron，CNPC，ConocoPhillips，Eni，ExxonMobil，Husky，KUFPEC，PETRONAS，Santos，Statoil，Total，参见 http：//www. eia. gov/countries/regions-topics. cfm? fips = SCS，visited on 22-4-2015.

③ 与马来西亚合作的外国石油公司主要有：Lundin，BHP Billiton，ConocoPhillips，ExxonMobil，Hess，KUFPEC，MDC O&G，Murphy Oil，Newfield，Nippon，Petrofac，Roc Oil，Shell，Talisman Energy，参见 http：//www. eia. gov/countries/regions-topics. cfm? fips=SCS，visited on 22-4-2015。

④ 与菲律宾合作的外国石油公司主要有：ExxonMobil，Shell，参见 http：//www. eia. gov/countries/regions-topics. cfm? fips = SCS，visited on 22-4-2015。

⑤ 与越南合作的外国石油公司主要有：KNOC，ConocoPhillips，Geopetrol，Premier Oil，PTTEP，Santos，SK Corp，Total，Zarubezhneft，参见 http：//www. eia. gov/countries/regions-topics. cfm? fips=SCS，visited on 22-4-2015。

千亿立方尺。① 鉴于“先存权”授权国与投资者及其母国的关系，考虑到海洋石油开采投资巨大，笔者认为未来中国对南海“先存权”处置，应参照马来西亚泰国和马来西亚越南的实践，不宜简单撤销，但应避免对授权国海域和主权主张的承认，要兼顾合法性和经济合理性，既要考虑各方利益，也要维护中国的合法权益。首先，中国应要求现有的南海“先存权”的授权国停止单边开发争议海域的行为，两国谈判解决争议海域资源利用和“先存权”的问题。其次，鉴于“先存权”对于授权国具有重要的经济、政治和战略意义，对于外国石油公司和投资母国具有重要影响，单纯撤销“先存权”不妥当、不合理。② 结合泰国湾对“先存权”处置的国家实践，建议中国也应该采取“对等的行为”，授权外国石油公司开采未划界海域油气资源。这样既可以利用外国石油公司的资金和技术并学习其先进的管理经验，获得实实在在的石油资源利益，同时有利于推动周边国家与中国谈判解决海域争议。最后，由于“先存权”涉及不同国家和石油公司的利益。中国需谨慎处理中国周边海域的“先存权”问题。未来，需结合海域特点，与相关国家谈判就与外国石油公司的合作方式、石油合同、法律适用和利益分配等问题达成共识，共同开发争议海域油气资源。

五、宜从双边争议海域开始

中国周边海域划界争议比较复杂。在黄海部分海域涉及中国、朝鲜和韩国三方。在东海部分海域涉及中国、韩国和日本三方。在南海，海域划界争端更是错综复杂。这些争端不仅包括岛屿主权争议、海域划界争议，还包括海域管辖权与历史性权利的冲突以及区域外国家航行权和南海沿海国海洋管辖权的冲突。此外，还涉及四类国家：一是提出岛礁主权主张的国家，它们分别是中国、越南、

① 参见 http://www.eia.gov/countries/regions-topics.cfm?fips = SCS, visited on 22-4-2015。

② 参见何海榕：《论争议海域的“先存权”》，载《山东警察学院学报》2015年第12期，第45页。

菲律宾、马来西亚、文莱；二是提出专属经济区和大陆架主张的国家，分别有中国、越南、菲律宾、马来西亚、印度尼西亚、文莱；三是在该海域享有其他合法权利的国家，如航行权；四是，对南海事务表示关切的国家，主要是非争议的东盟成员国如泰国、柬埔寨、新加坡等国和区域外国家，如美国、日本、俄罗斯、印度等国。根据对马来西亚泰国和马来西亚越南共同开发协议主体的研究，发现共同开发协议的主体首先要是具有缔约能力的国际法主体，还必须合法享有海底资源专属性主权权利，且相互之间的海域主张具有"重叠性"、"竞争性"、"同一性"。因此，未来中国周边海域共同开发可能的主体为：中国与朝鲜、韩国、日本、越南、菲律宾、马来西亚、印度尼西亚、文莱这 8 个国家。

从泰国湾的实践看，双边争议海域比多边海域争议更容易实现共同开发。海域争议简单的区域比争议复杂的海域更容易实现共同开发。除了本章第一节第四部分提到的先解决双边的简单海域争端外，还可将双边争议海域细化，即部分海域划界，部分海域共同开发。例如，柬埔寨泰国之间的争议海域，北部划界、南部共同开发。再如，泰国与马来西亚之间的重叠主张海域，近海重叠海域达成划界协议，其余争议海域达成共同开发协议。也就是说，能达成划界共识的海域划界，不能达成划界共识的海域共同开发。根据泰国湾的实践和各国的安全考虑，宜在近海划界、远海共同开发。

另外，应选择有共同开发经验的国家合作。从泰国成功的共同开发实践来看，具有开采海洋石油经验的国家合作更容易成功。例如，马来西亚越南共同开发案，就建立在马来西亚泰国共同开发经验的基础上，不仅谈判时间大大缩短，而且共同开发制度灵活简便。就开采海洋石油经验而言，周边国家中日本、马来西亚、印度尼西亚和越南比较有经验。因此，可以考虑先与这些国家谈判，实践争议海域共同开发。

此外，前文分析指出具有商业价值的油气储量是保障投资回报和利润的客观要素，是相关国家决定投资或者合作与否的首要考虑因素。根据南海争端当事国目前开采的状况来看，中国与印尼、马来西亚、文莱的双边海域油气资源丰富。因此，应先与这三个国家分别谈判海上共同开发的问题。

在与上述国家进行共同开发后，再着手解决上述海域及复杂海域划界争端。

六、强化中国自主开发海洋的能力

海洋石油产业是资金、技术和知识密集型产业。只有少数的国家具备开发海洋油气的资金实力和技术能力。石油公司是否具备开发海洋资源的能力，开发技术的先进程度和资金实力是资源国主要考虑的问题。① 马来西亚泰国和马来西亚越南共同开发案之所以成功，与马来西亚具备开发海洋油气资源的能力、资金和管理经验分不开。而柬埔寨越南虽然也想开发争议海域油气资源，但是迫于不具备开发海洋油气资源的能力，只能“望洋兴叹”。不具备开发海洋资源能力的国家只能受制于有开发能力的国家。特别在柬埔寨和泰国的共同开发经历中可以看出，由于柬埔寨不具备开发海洋油气资源的能力，因此在解决其与泰国的海域划界争端中，只能受制于泰国。

黄海平均水深 42 米。东海平均水深 349 米，最深处达 2700 米。而南海的平均深度是 1212 米，最深处有 5567 米。根据海洋石油工业实践，水深超过 300 米的油气资源开发属于深水开发，超过 1500 米以上则为超深水开发。这说明，东海和南海油气资源的开发对于技术要求更为严苛。尤其在南海，有 70%的油气资源蕴藏位于超深海区域。常规海洋钻井设备满足不了深海油气勘探开发的需要。南海地理位置和气候的特点，对于石油开采的技术、设备要求极为苛刻，需要电子、宇航、造船、机械等高端技术和设备。如前所述，南海油气勘探开发具有投入大、成本高、技术要求高、风险大等特点。而目前，南海大部分沿海国不具备单独开发深海油气资源的能力。中国地理上距离南海遥远，而其他南海争端当事国占

① 参见 Mark J. Valencia, Taming trouble waters: Joint development of oil and mineral resources in overlapping claim areas, San Diego Law Review, Vol. 23, 1986, p. 675。

有地理邻近的优势。在这种情况下，具备较强的深海油气开发能力，是周边国家与中国合作共同开发重叠海域油气资源的关键要素。

虽然“海洋石油 981”的建成并投入生产，标志中国具备了超深水油气资源开发的能力。但是，中国的深海石油开发还处于起步阶段。目前，中国海洋勘探开发水深一般小于 300 米且以近海为主。另外，作为获取海洋油气的重要技术手段的海洋石油装备还存在以下问题：设计研发力量薄弱；石油装备设计规范与海洋环境要求存在差距；装备配套能力弱。因此，加强中国海洋石油，尤其是深海油气资源开发能力，掌握更先进、成本更低的深海开采技术，不仅有利于提升中国单独开发深海油气资源的能力，而且有利于改变中国在南海资源开发中被动的局面。这既是中国实施海洋强国战略、维护海洋权益的必然选择，也是未来南海共同开发的必备技术保障，同时也是吸引周边国家主动与中国合作开发南海资源的一种策略。根据泰国湾的实践，先行开发东海、南海的油气资源不仅非常必要，而且能够掌握共同开发的主动权。

七、完善中国相关的法规制度

从泰国湾共同开发的实践可以看出，一国的石油法规制度也与共同开发有密切关系。例如，马来西亚泰国共同开发案，两国的石油开采的法规制度都比较完善，为了体现二者平等的法律地位，最后决定制定一套专门适用于共同开发的法规制度，而不直接适用任何一国现行的法规制度。而马来西亚和越南共同开发案虽然一开始决定采取体现两国平等法律地位的“当事国共同管理”的模式，同时适用两国的相关的法规制度。但是，由于越南相关的法规制度不健全，在共同开发实践时，越南相关的法规制度不存在或者不完善，最后只能适用马来西亚的相关法规制度，以保障共同开发区石油开采活动的正常有序进行。

鉴于泰国湾的经验和教训，中国不仅要完善石油开采相关管理制度，还要完善相关的环境保护、海关、税收等规章制度。不仅法规内容要完善，而且要操作简便。这样既有利于当事国和石油公司的利益，又能避免越南与马来西亚开发过程中越南被动接受“一国代理模式”，适用别国法规制度的情况。

八、设计公平合理的共同开发制度

马来西亚泰国和马来西亚越南共同开发案之所以成功，其根本原因在于科学公平合理的共同开发制度。泰国湾共同开发制度的科学性主要体现在，当事国共同开发谈判的过程中不仅结合共同开发区的特点、当事国石油产业发展水平和各自法规制度完善程度选择了相应的开发类型、石油开发制度、财税制度，而且设立了有效的协调沟通机制。其合理性主要体现在，既照顾到了缔约国的利益，也照顾到了石油公司的利益，例如，“先存权”得到保留的实践就是最好的证明。其公平性主要体现在，利益分配和权利义务承担方面，完全体现了当事国之间、当事国与石油公司之间、石油公司之间利益和权利义务的平等性。虽然马来西亚泰国和马来西亚越南共同开发案的共同开发制度的具体内容和类型完全不同，但是，二者的共同开发协议都得到了切实的履行，均实现了共同开发的目的，且保证了缔约国的利益最大化。

中国周边海域，黄海海域面积约 38 万平方公里，东海海域面积约 77 万平方公里，南海海域面积约 356 万平方公里。而泰国湾海域面积约 25 万平方千米。中国周边海域总面积是泰国湾海域面积的 18 倍之多。泰国湾的共同开发实践证明，没有普适于所有海域的共同开发范式。未来，中国与有关国家共同开发谈判需根据共同开发区面积的大小、两国的法规制度完善程度，决定共同开发制度的类型和具体内容。但是，“不影响条款”和协调沟通机制不能少。从马来西亚泰国和马来西亚越南共同开发实践看，共同开发协议的内容不一定非得事无巨细地作出规定，关键是设立一个自我完善的机制。通过这种“活”的机制，根据共同开发区的具体情况，作出最适当的调整和最符合实际的选择。详言之，远离中国大陆和岛礁的区域，如果重叠区面积大，则可按照马来西亚泰国共同开发的模式，建立联合管理局，相关国家的国家石油公司建立合资公司，以对方的后勤和补给基地为依托，共同管理、共同开发、共享收益，适用统一的适用于共同开发区的特别法，并对航行、捕鱼等相关事项作出详细规定。如果共同开发区面积小，则可借鉴马来西亚越南共同开发的模式，全权授权对方的石油公司负责开采和管理工作，中国只负责监督和分享收益。离中国大陆或者中国所属岛礁近的国家，根据谈判争执的焦点，选择以对方领土为基地或者在我方领土、岛礁为基地。如果对方开发海洋资源的能力强，海域面积小，则可采取马来西亚越南的模式，全权授权对方开发。如果对方实力弱，则可以完全由中国石油公司主导，与对方分享收益。

此外，在设计共同开发方案时，我们应该注重利益分配与义务的协调，将不同层次的利益进行区分，做到与对方当事国利益的平衡、国家与石油公司利益的平衡、石油公司之间利益的平衡。另外，需要注意的是，海上资源的共同开发既包括油气资源带来的直接经济利益，也包括潜在的间接利益如海上基础设施的建设、员工培训雇佣机会、能源安全的保障等。在共同开发谈判的过程中，不仅要考虑显性的直接利益，还要权衡各种隐性的潜在收益。

总而言之，未来中国与有关国家的共同开发，可根据海域具体情况，创新适当的共同开发模式，效率与公平兼顾。概言之，要根据争议国家和重叠海域的具体情况，选择和设计公平合理科学的共同开发制度。

第四节　对于中国周边海域治理的启示

泰国湾沿海国家虽然通过共同开发改善了各国的关系，充分开发了海洋油气资源，促进各国经济发展，有利于海域争端的解决，对于地区和平与安全具有积极的意义。但是，泰国湾沿海四国在开发利用海域资源的同时，并未对海洋资源可持续利用和环境保护给予足够的重视。目前，泰国湾的海洋环境持续恶化、生物资源衰退甚至枯竭，严重影响该海域海洋经济的可持续发展和生态系统健康。作为负责任的大国，中国应该避免这种情况发生在周边海域。由于划界争端的存在，中国与周边各国尚未建立起有效的合作机制，应对周边海域污染防治问题、生物资源养护问题以及海上安全问题。为了避免中国周边海域因环境恶化和生物资源衰退而变成“死海”，建议中国积极推动与周边沿海各国的环境保护、生物多样性养护和海上安全合作。总的来说，中国与周边国家未来合作应该着眼于区域整体治理。

泰国湾海上合作以开发海洋石油资源为主。由于泰国湾不注意海洋产业的协调和可持续发展，造成该海域环境恶化、生物资源衰退。由于缺乏区域整体的合作和管理机制，该海域的传统安全和非传统安全问题也较突出。同样由于缺乏区域整体的合作和协调机制，南海也存在生物资源衰退、海洋环境恶化、海上安全问题日趋严重的现象。

海洋生态一旦破坏，将很难逆转。在中国周边海域还未大规模发展海洋石化产业的情况下，应吸取泰国湾的经验教训，为了黄海、东海和南海的可持续健康发展，从以下几个方面入手。

（一）树立利用和保护并重的管理理念

中国周边沿海各国，除了韩国和日本，都是发展中国家，环境保护意识、资金和技术都不足。需要各国强化海洋环保意识，完善各自法规政策，通过区域协调机制，逐步合作保护南海环境。中国周边海域沿海各国应吸取泰国湾国家海域实践的教训，树立保护先于开发，开发与保护海洋并重，“绿色发展”、可持续发展的理念，以海洋生态系统为基础，建立起科学的管理和合作机制；应该放弃传统的只利用不保护、只开发不养护的海洋发展理念，放弃掠夺式的过度的渔业捕捞方式和油气资源开发范式，放弃落后的管理理念和基于地域或单一资源的分散的行政管理方式。中国宜首先完善立法，做到开发与保护海洋并重，并积极倡导科学合理开发和利用海洋的理念，适时可以将自己的经验作为区域指导，引导各海上邻国遵守，实现黄海、东海和南海可持续发展，避免重蹈泰国湾发展经济以牺牲海洋生态环境为代价的覆辙。

（二）采取区域合作的办法

泰国湾之所以海洋环境恶化、生物资源衰退、海上安全问题凸出的主要原因在于没有区域合作机制。海洋环境保护和资源养护、打击海上犯罪、应对气候变化等问题，必须建立在区域所有国家有效合作的基础上，否则很难起到显著的治理效果。而且从资金、技术和治理效果看，单靠少数几个国家的力量，也不可能实现对海洋生态进行有效保护和管理。

泰国湾的上述问题，在黄海、东海和南海同样存在。近年来，东海已经出现“无鱼可捕”的现象；南海除中国外的其他国家，盗采南海油气资源而不注重对海洋环境的保护。此外，随着周边国家海洋石油产业和沿海其他工业的发展，东海和南海已成为溢油事故高风险海域。中国周边海域都是相对独立的生态系统，沿海人口密集，工业活动高度集中，港口和运输量呈上升趋势，这些都增加了海洋环境的承载负担。这些因素导致中国周边海洋环境恶化，形成极为严峻的区域海洋环境问题，损害了区域海洋沿岸国家的共同环境利益，并且对海洋生物资源产生负面影响。随着沿海各国经济发展和工业化进程加快，这一趋势将日趋严重。

但是，中国周边海域应对上述问题的区域合作机制也尚未建立。目前的合作仅限于双边的、应急的合作状态。例如，目前中日、中韩、中越建立了海上纠纷热线，但也主要以解决渔业纠纷为主，其他海域尚未建立常态的海上联络机制。这不仅不利于海域争端的解决，也无法及时有效处理海上突发事件。黄海、东海和南海都属于“闭海或半闭海”，一旦发生重大海难、环境污染等事件，将造成灾难性的不可挽回的后果。而且上述海域属于近海，相比于公海或远海，它海水循环慢，海水的自我更新时间长、自我净化能力弱。因此，中国周边海域的环境和生态问题不容忽视。

同时，建立固定的海上合作机制也符合中国“维稳”战略的需要。中国对中国管辖海域的进行管理，对中国所属岛礁进行实际控制，可以预见必然导致周边国家、甚至区域外国家的抗议与干涉。因此，需要建立磋商与沟通机制，及时化解、调和与周边国家的矛盾；通过磋商、沟通等良性互动，控制南海局势发展；防止可能影响中国发展战略的大局及地区和平与稳定的武装冲突、战争等重大事件的发生。此外，利用这个平台做好中国海洋政策、立场宣传，在涉海事务上，主导海洋话语权，创造有利于中国解决海域争端的国际舆论环境。

今后，中国应该主导建立与海上争议国家和非争议国家的协调机制，保障中国周边海域的稳定与安全，同时为争议和矛盾的解决创造良好的氛围。黄海、东海和南海沿海各国的发展状况和经济实力不同，在这种背景下中国可以承担更多的资金和技术义务，但是应该做到权利和义务相匹配。建议可根据不同事项，建立起不同的区域合作机制，主要可以分为三个层次：

第一层次，争议当事国间的沟通协调。通过双边协定的形式，将中国海上争议的谈判常态化、制度化。该合作机制侧重解决海域划界、争议海域油气资源开发和渔业纠纷等相关问题，协调相互之间海洋资源的管理、环境的保护。通过这种协调机制，中国分别与南海争议当事国就海域划界和争议海域资源利用问题谈判。泰国湾海域争端的解决，有赖于有关争端当事国都建立固定的谈判机制。一般争端当事国任命专门的工作小组负责海上争端的谈判，往往涉及多个部门如能源部门、外交部门、财税部门以及国家石油公司。谈判的程序和方式由相关国家协商确定。例如，在柬埔寨泰国谈判中主要由柬埔寨工业、矿产和能源部（Ministry of Industry, Mine and Energy）、外交部和泰国的能源部和外交部负责。① 1995 年 4 月，泰国邀请柬埔寨就相关事宜进行谈判；7 月，泰国柬埔寨同意建立工作组解决两国海上争议。再如，1991 年泰国越南关于文化、经济、科学和技术合作委员会（the Thai-Vietnamese Joint Committee on culture, economic, science and technique cooperation）建立，负责两国海上争端的谈判。谈判轮流在两国举行，按照谈判程序第一轮专家谈判首先在泰国曼谷举行。又如，在马来西亚泰国谈判中，1979 年两国都成立了专门的谈判小组。② 谈判小组的成员分别由外交部、能源部、财政部、国税局、海军等部门官员组成，其中能源部在谈判中处于主导地位，外交部则主要负责提供法律政策意见

① 参见 Gerald Blake, Boundaries and energy: Problems and prospects, Springer, 1998, p. 128。

② 参见 David M. Ong, The 1979 and 1990 Malaysia-Thailand Joint Development Agreements: A Model for International Legal Cooperation in Common Offshore Petroleum Deposits?, The International Journal of Marine and Coastal Law, Vol. 14, 1999, p. 222。

和建议。中国虽然也与争端当事国建立起相关沟通渠道，从现有的报道来看不是所有的沟通渠道都是通过国家间协定确定。现有机制存在随意性和不确定性。未来应通过条约的形式建立起对争端当事国有拘束力的谈判义务。

第二层次，建立区域对话机制。目前该种区域对话机制由东盟主导，主要表现为东盟作为一个整体与中国之间的协调机制。笔者建议应该通过国际法上的条约建立由所有南海争端当事国参加的谈判机制。该机制侧重对南海地区和平与稳定、航行、环境保护、科学研究、海上搜救、海洋生物资源的养护，海洋的开发与保护等事务，贩毒、贩卖人口等国际罪行合作，海上突发事件的应急处理等问题进行沟通、协调，并逐步颁布区域整体的管理和保护标准和指南。可采取由南海六国轮流举办的方式，轮流担任主席国，每年至少召开一次会议。如果中国出资比例大，宜将合作机制总部设立在中国海南省。为了防止海洋环境污染事故和突发事故对区域造成的严重的灾难性后果，建议就以下事项重点研讨。第一，就预防和保护南海陆源污染和油气勘探和开发活动可能造成的环境污染进行磋商，交换信息，提供建议，颁布建议性的指导，引导各国不断完善国内相关法规和管理措施。第二，区域油污损害和海洋污染事故基金的建立。预防一旦发生严重的海洋环境污染事件，由基金和责任者共同承担造成的巨大经济损失和消除损害后果引发的巨额费用。第三，建立海难搜救合作机制。各国主管机构合作，共享信息，保持沟通，提高搜救能力。一旦发生海难事故，可以联合行动，减少损失。

第三层次，建立利益相关方的协调对话机制。由周边海域沿海各国和利益相关方组成。前者如朝鲜、韩国、日本等争端当事国，后者如美国、澳大利亚、英国等区域外国家，共同参加，侧重航行安全、环境保护和科学研究等问题的利益协调，由当事国政府机构、非政府组织、学者等多元化主体参加，采取国际研讨会的形式，就共同关注的问题进行沟通与协商。

（三）采取综合管理办法

实践证明，泰国湾按部门条块分割的海洋管理方法不利于海洋协调、健康、可持续发展。而且，随着科技发展和人类对海洋认识的深入，以生态系统方法为基础的海洋综合管理方法已经得到国际社会和国际法学界的认可。① 它主要体现各国家的渔业管理实践和一系列的国际条约和国际组织的文件中，如《养护南极海洋生物资源公约》、《联合国海洋法公约》、《生物多样性公约》、关于执行1982年12月10日《联合国海洋法公约》第十一部分的协定和执行1982年《联合国海洋法公约》有关养护和管理跨界鱼类种群和高度洄游鱼类种群的规定的协定等。其中《雷克雅未克海洋生态系统负责任渔业宣言》将生态系统方法纳入渔业管理。② 2002年，在约翰内斯堡召开的可持续发展世界高峰会，参会国一致通过的《世界可持续发展执行计划》，鼓励各国到2010年采用生态系统方法。

目前，国际法关于环境和生物多样性保护相关的区域制度主要有1982年《联合国海洋法公约》框架下的“特别区域”制度。1973年《国际防止船舶造成污染的公约》框架下的“特别区域”制度③和

① 渔业的生态系统方法（Ecosystem Approach to Fisheries，EAF）用可以满足不同的社会需要和要求的方式规划、发展和管理渔业，不破坏后代人从海洋生态系统所提供的物质和服务中获取利益的权利。参见 FAO. Fisheries Management：the Ecosystem Approach to Fishery，FAO Technical Guidelines for Responsible Fisheries，No. 4，Suppl. 2. Rome：FAO，2003，pp. 12-38。

② 参见 United Nations. Report of the World Summit on Sustainable Development（A/CONF. 199/20）. New York：United Nations，2002. p. 23。

③ 所谓特殊区域，根据MARPOL公约附则I第1条第11款、附则V第1条第3款的规定，是指这样一个区域，在该区域内，涉及其海洋学、生态学的情况以及运输特殊性质等公认的技术原因，要求采取特殊强制的办法以防止船舶污染海洋。MARPOL公约附则Ⅰ“防止油类污染规则”、附则Ⅱ“控制散装有毒液体物质污染规则”、附则Ⅴ“防止船舶垃圾污染规则”分别规定了防止船舶油类物质、船舶散装运输有毒液体物质、船舶垃圾污染海洋的特殊区域制度；附则Ⅵ“防止船舶造成空气污染规则”则规定了“防止、减少和控制船舶排放的硫氧化物（SOX）造成大气污染及其对陆地和海洋区域造成不利影响”的硫氧化物排放控制区域制度。这四种特殊区域制度构成MARPOL公约下船舶航行的特殊区域制度。特殊区域须经沿海国政府向IMO申请获得。

IMO倡导的“特别敏感区”制度①。三者的目的都是协调船旗国航行权和沿海国保护环境和生物多样性，但是三者的方式、适用范围、实践相差甚远。目前，1982年《联合国海洋法公约》框架下的“特别区域”制度尚未有国家实践。后两者，具有丰富的国家实践，尤其是“特别敏感区”制度由于其灵活性和广泛适应性，近年来发展迅速。关于“特殊区域”的国家实践主要有：地中海、波罗的海、黑海、红海等海域，主要分为三类：防止油污、防止船舶倾倒垃圾、防止来自船舶的空气污染。目前，采取“特别敏感区”的国家实践有13个。它们分别是：澳大利亚大堡礁特别敏感区，澳大利亚和巴布亚新几内亚托雷海峡特别敏感区，古巴的撒巴那-卡玛居埃群岛特别敏感区，哥伦比亚马尔佩洛岛特别敏感区，美国佛罗里达岛礁特别敏感区，荷兰丹麦和德国瓦登海特别敏感区，秘鲁帕拉卡斯特别敏感区，比利时、法国、爱尔兰、葡萄牙、西班牙、英国特别敏感区，西班牙加那利群岛特别敏感区，厄瓜多尔加拉帕格斯群岛特别敏感区，丹麦、爱沙尼亚、芬兰、德国、拉脱维亚、立陶宛、波兰、瑞典波罗的海特别敏感区，美国夏威夷帕帕哈瑙莫夸基亚国家海洋遗迹特别敏感区，法国和意大利博尼法乔海峡特别敏感区，荷兰沙巴浅滩特别敏感区。从上述国家实践反映出，这些措施对于保护海洋生态和各方利益以及海洋的可持续发展

① 按照IMO的定义，特别敏感海域是指这样一个区域，在该区域中由于生态学或社会经济或科学上的原因，容易遭受海上运输带来的环境损害，需要IMO采取特别的措施予以保护。不过与特殊区域不同的是，特殊区域通常是为保护封闭和半封闭海域专门设计的，而特别敏感海域可以在任何海域内设立，包括涉及国际航行的领海、专属经济区甚至海峡等都可以被确定为特别敏感海域。特别敏感海域同样经申请获得，但其设立的标准要比特殊区域低一些，只需满足生态标准，社会文化和经济标准或科学和教育标准中的一个，并且证明该海域已受到国际航运活动的威胁即可。特别敏感海域不仅可以限制船舶含油污水、垃圾、生活污水等污染物的排放，还可以采取绕航、避航、强制引航等更有利于海域环境保护的措施。一个国家所能采取的措施包括现有的法律条文中有的任何措施，或者虽然现在的法律中没有，但只要是IMO的权限范围内可行的措施都可以。参见汤旭红、蔡存强：《特别敏感海域和特殊区域的对比研究》，载《中国航海》2007年第3期。

效果显著。从其分布范围看，主要集中在欧美、美洲中部和澳洲海域。

从黄海、东海和南海的地理特征和生态特点来看，完全符合《国际防止船舶造成污染公约》关于“特殊区域”和“特别敏感区”条件。未来，中国应吸取泰国的教训，可借鉴上述海域的成功经验，在黄海、东海和南海建立“特别区域”或者“特别敏感区域”。这些管理方法既可以与其他沿海国联合向国际海事组织申请设立，也可以由中国单独申请设立。但是，黄海、东海和南海是争议海域，而上述国家实践是非争议海域。未来怎样创造性地适用上述国际法制度，采取何种保护措施、怎样实施是需要重点考虑和研究的问题。

（四）建立地方性海洋事务合作机制

中国周边沿海国应该建立地方性海洋事务机制。以柬埔寨和越南的实践为例，两国的边海问题既有历史恩怨，也受大国因素干扰，同时还成为两国国内政治斗争的工具，海域边界争端冲突不断，两国共同建立边界委员会，由它专门负责一切边海问题与冲突。这一做法有效地解决两国的边海问题，并积极改善了两国关系，既增进了双方的合作与信任，也降低了相关问题的敏感性。中国也应该借鉴两国经验，可以分区域（黄海、东海和南海）分别设立地方性的边界委员会，所有海域边界问题和冲突都由该机构在地方层面上解决。这样一方面可以快捷迅速解决边海争端，降低边海问题的敏感性；一方面可避免浪费国家的外交资源，结束主要由外交部牵头、各部门配合的分散的临时应激机制；另一方面还可以将所有的冲突和问题集中起来建立档案专门研究，以便建立相关的预防机制，提高处理边海问题的能力；此外，还有利于节省经费，改变各相关部门和研究机构各自为政、临时应激的解决边海问题的现状。

通过地方性海洋事务机制进行合作。其一，建立区域渔业资源合作机制。鉴于泰国湾的经验教训，鉴于海洋石油产业对海洋生态环境不可逆转的影响，鉴于黄海、东海和南海闭海和半闭海的生态特点，笔者建议中国与周边沿海各国共同开发宜先从渔业合作开始。

事实上，黄海、东海和南海渔业资源的状况不容乐观，出现了不同程度的枯竭和衰退的现象。迫切需要中国与沿海各国合作开发和养护。目前，中国周边海域的生物资源主要面临着以下严峻挑战：陆源污染、油气开发以及船舶运输过程中排放的废物对渔业资源的威胁，非法、不报告和不管制捕鱼方式，危害性捕鱼作业，浪费以及治理不善等问题。鉴于泰国湾渔业资源衰竭的教训，未来黄海、东海和南海的渔业合作，应以1995年《负责任渔业行为守则》所设定的原则为基础，实施可持续发展的战略，采取“蓝色增长措施”，引导上述渔业健康有序发展。

鉴于中国周边海域争端错综复杂，又受区域外大国因素的干扰，中国周边海域争端当事国尤其是南海周边国家之间缺乏互信，短时间内达成区域一体化的渔业保护条约、建立整个海域的生态系统的管理机制有难度。因此，宜先建立各海域的渔业合作机构，统一观念，建立数据库，掌握渔业资源动态，在此基础上有针对性地逐步建立渔业保护规范。同时做好以下基本工作：第一，在未能达成有效的保护海洋环境的区域法律制度和合作机制前，应优先养护和发展渔业资源。促进负责任、可持续的渔业和水产养殖业发展应是中国和周边国家渔业产业发展的核心和目标。第二，避免对海域进行行政划分和油气资源开发，减少由于渔民失业和贫困而产生的海盗和海上恐怖主义犯罪的问题，应重视小规模渔业生产单位并加大对其资助和引导，协调和平衡渔业经济经济增长与养护、工业化渔业与手工渔业以及水产养殖业的发展。第三，建立渔业信息数据库。在打击非法、不报告、不管制捕捞行为的斗争中，一项关键内容就是要获取有关渔船和与捕捞作业相关的货船的信息，包括其物理特征、所有权和挂旗历史、以往的定罪情况或犯罪嫌疑等。《促进公海渔船遵守国际养护及管理措施的协定》要求各缔约方向本国在公海上捕鱼的渔船授权，并要求粮农组织促进各缔约方和区域渔业管理组织之间共享有关渔船和授权情况的信息。针对该协定第六条中的要求，粮农组织已建立了“公海船只识别记录”。该数据库收集了约6300条公海渔船的详细信息及登记和授权状态、违规情况等信息。这一数据库在打击非法捕捞和渔业管理时，发挥了重要作用。黄海、东海和南海沿海各国应该建立共享的“船只识别数据库”，将各国和进出特定海域的船名、登记号和船只长度等信息进行登记、备份和共享。以便各国结合各自情况，对渔船进行有序的管理，打击非法捕捞行为。第四，根据各海域地理特点和各国经济发展状况，制定科学的管理标准指南。生态系统的渔业管理需建立在对渔业和生态系统间的相互影响充分认识的基础上。黄海、东海和南海沿海各国合作加强海洋生态系统的基础科学研究，建立渔业主管部门部长级会议，对现有的各国相关法律政策进行交流、学习和技术援助，研讨渔业的管理方法、行动计划、战略和技术准则。同时，各国加强对民间渔业知识、合法捕捞方式、资源养护等的宣传和教育，引导公众参与渔业资源的管理和信息共享，各国通过信息交流与技术援助加深了解与信任，有利于区域合作。第五，鼓励达成双边渔业合作条约。无论是划界分区而治，还是采取越柬历史性水域共同管理的方式，都应在捕捞配额、捕捞方式、渔船标准等问题达成共识和合作，逐步形成区域所有国家的渔业合作安排。应借鉴已有的经验，加强各国政治合作意愿、建立战略伙伴关系以及推动民间社会和私营部门的更充分参与，确保采纳包括《港口国措施协定》在内的相关国际法律文件，促进开展良好治理，同时需要与商业和企业一道鼓励推出创新解决方案。通过区域协议使各国都有承担渔业和水产养殖业以负责任、可持续方式蓬勃发展的责任，以造福当代和子孙后代。第六，发挥中国的主导作用。目前，周边海上邻国渔业管理走在前面的国家有韩国、日本、菲律宾、印度尼西亚和马来西亚。东南亚海域现有的合作主要以美国、日本、澳大利亚主导为主。中国未来在提升自我海洋渔业管理水平的同时，发挥与国力相匹配的区域渔业合作主导作用，与周边海上邻国合作，以负责任方式开发、作业，水产养殖，为区域渔业资源安全、粮食安全和经济增长作出持久贡献。

其二，建立航行安全合作机制。黄海、东海和南海虽然存在划界争议，但这不是影响航行安全的因素。关于南海争端对海航安全是否构成影响，诚如 2013 年国务院总理李克强在接受国际媒体联合书面采访时明确指出，南海是重要的国际航运通道，中国作为一个世界贸易大国，对国际航路的畅通和安全十分倚重，同时也承担责任。因而，中方对南海航行自由高度重视，对其安全保障十分关心。实事求是地看，南海存在的领土争议对国际航路没有构成什么影响。①

中国周边海域尤其是南海是世界范围内海上运输最繁忙的海域之一，是世界海运的三大主干航线之一，是东南亚国家的交通要道。东海和南海是亚洲主要国家和地区石油输入的大动脉。每年还有各种危险化学物质、危险物品通过船舶经由南海运往世界各地。例如，经过运往核废料船舶经由南海往来于英国、法国和日本之间。可见，这些日益增多的大型船舶造成的潜在的船舶碰撞风险以及运输货物本身的高污染性，才是上述海域航行安全的最大隐患。其次是海盗。以南海为例，有统计显示 2007 年至 2013 年南海地区平均每年就发生约 150 起海盗袭击案。到 2014 年，这一数字更上升到 183 起，比上年增加了两成。② 近年来，南海海盗的组织和犯罪手段发生变化，具有专业化、组织化、集团化、国际化、高科技化的特点，对南海航行安全的危害性大。再次，海上恐怖主义是航行安全的最大威胁。恐怖组织主要利用先进的武器，重点攻击港口设施和海上船舶，以阻断航道，达到其犯罪目的，造成人员伤亡、财产损失和社会动乱等恶劣影响。

由于海域划界争端和岛礁主权争端的存在，黄海、东海和南海周边各国对于航行和运输的监管和合作比较薄弱，主要表现为：第一，对航行秩序缺乏监督和管理，船舶航行主要靠经验，航行比较随意。例如，捕鱼季渔船任意穿行影响其他船舶的正常行驶。有些航道可见废弃的木材和竹排等物，干扰船舶的航行。第二，对航道

① 外交部网站：《李克强接受东盟国家媒体联合采访》，http：//www.fmprc.gov.cn/mfa_chn/zyxw_602251/t1085970.shtml，于 2015 年 10 月 8 日访问。

② 中国日报中文网：http：//world.chinadaily.com.cn/guoji/index_36.html，于 2016 年 1 月 17 日访问。

疏于研究和勘测，关于航道资料信息少。例如，大部分航道没有精确测量，海图上航行禁区多。第三，助航的基本设施建设不足。这个问题在南海尤为突出。南沙岛礁各占领国宣示其主权主张，在一些岛礁上建了一些助航设施，由于缺乏统一规划，整体上对航行安全保障、信息服务和搜救能力弱。未来中国应与海上邻国加强上述领域的合作。

其三，建立明确的污染防控机制。泰国湾共同开发实践不重视环境保护问题。随着科技发展和工业化进程加快，环境污染问题日益突出，国际社会对于环境保护日趋关注。近年来，由于周边沿海各国尤其是南海沿海各国对南海油气资源进行掠夺式的开发，南海生态环境日趋恶化。此外，随着国际贸易和运输能力的发展，来往于中国周边的各种船舶增多。这对海洋生态和环境安全也造成潜在威胁。中国作为黄海、东海和南海的海域争端当事国、区域大国，应该积极推动建立区域油污防控制度，一方面名正言顺地规范周边国家单边开发南海油气资源的行为，另一方起到保护环境的目的，既能增强中国在周边海域的话语权，也能树立中国在国际社会的正面形象。此外，这也是符合现行国际法要求。现有的相关国际法规则都要求相关国家制定防止、减少和控制油污责任制度。比如，1958 年大陆架公约、1958 年公海公约，1982 年海洋法公约都规定沿海国对此具有管辖权。1958 年大陆架公约规定“沿海国负有在安全区内采取一切适当办法以保护海洋生物资源免遭有害物剂损害之义务”。① 1958 年公海公约规定各国应参考现行关于防止污染海水的条约制定规章，以防止因船舶或管线排放油料或因开发与探测海床及其底土而对海水造成污染。② 1982 年海洋法公约则要求各国应直接或通过主管国际组织进行合作，尽力积极参加区域性和全球性方案，以取得有关鉴定污染的性质和范围、面临污染的情况以及其通过的途径、危险和补救办法的知识，③ 订立适当的科学准

① 1958 年大陆架公约第 5 条第 7 款。
② 1958 年公海公约第 24 条。
③ 1982 年海洋法公约第 200 条。

则，以便拟订和制订防止、减少和控制海洋环境污染的规则、标准和建议的办法及程序。① 同时各国应通过主管国际组织或外交会议采取行动，制订全球性和区域性规则、标准和建议等办法及程序，以防止、减少控制开采海洋油气资源造成的海洋环境污染，并“根据需要随时重新审查”。② 各国对于防止来自石油开采设施的污染，特别是为了防止意外事件和处理紧急情况，保证海上操作安全，应就这些设施或装置的设计、建造、装备、操作和人员配备等做出规定。③ 专门国际条约关于倾倒废物的公约主要是1972年《防止倾倒废物及其他物质污染海洋的公约》（简称1972年伦敦公约），它是为控制因倾倒行为导致的海洋环境污染而订立的全球性公约。④ 根据1982年《联合国海洋法公约》的规定，沿海国享有有限的管辖权。沿海国对领海内船舶造成的污染有管辖权，对于“有证据证明”船舶“造成重大损害或有造成重大损害的威胁”的情况，沿海国具有管辖权。目前，黄海、东海和南海既没有区域性的相关条约，也没有建立任何对于重大油污事故赔偿的强制保险机制和赔偿基金。未来，中国应该积极引导上述海域的沿海各国建立防止油污的区域标准、建立区域应急合作机制、设立油污赔偿的强制保险和赔偿基金。

---

① 1982年海洋法公约第201条。

② 1982年海洋法公约第208条第5款。

③ 1982年海洋法公约第194条第3款c项。

④ 该公约于1975年8月30日生效。中国于1985年9月6日批准加入“公约”，并于1985年11月21日对中国生效。

结　论

本书旨在研究争议海域油气资源共同开发的具体法律问题，为未来中国与相关国家共同开发的提供参考依据。本书选取世界上共同开发案例最为丰富、实践最为成功的泰国湾的共同开发案例为研究对象，对共同开发谈判、共同开发协议及其实施机制等基本法律问题进行了探讨，得出以下一些心得体会：

第一，争议海域油气资源的共同开发是划界困难的情况下，由争端当事国根据国家利益作出的选择。泰国湾海上共同开发的经验证明，它在资源丰富的海域能有效解决能源问题，有助于海域划界问题的解决。另外，双边共同开发比多边共同开发更容易成功。

第二，共同开发的谈判，首先需要明确当事国的海域主张范围和性质。在此基础上，相关国家选择谈判的主体，确定共同开发的目的、对象，明确共同开发区，选择共同开发类型，选择共同开发制度（包括管理制度、石油开采制度、利益分配制度等），并妥善处置“先存权”和第三方权利。影响共同开发谈判成功与否，主要与以下一些因素有关：当事国争议的复杂程度、共同开发在经济上是否可行、争议海域的资源对争端当事国的重要性以及当事国的政治合作意愿是否强烈。

第三，共同开发协议的目的是为缔约国确立共同开发的权利和义务，为开发争议海域的油气资源建立一套合作法律制度。争议海域油气资源共同开发协议主要由约首、实质性条款、最后条款和约尾构成。它的名称、形式和主要内容由缔约国协商决定。世界上没有普适于争议海域的共同开发协议和共同开发制度。但是“不影响条款”是共同开发协议的必备条款，对于共同开发协议的缔结和实施具有重要意义。具体案例的共同开发制度由当事国根据各自的国情和海域特点来确定，以保障共同开发得到有效地实施。

第四，共同开发协议的执行与遵守主要由根据共同开发协议建立起来的管理机制、税费机制、监督机制和争端解决机制等保障。通过这些机制，协调缔约国冲突的管辖权，协调各主体之间的分歧，保障各主体诚意履行共同开发协议，最有效率地开采争议海域的资源。共同开发制度设计的合理与否，是共同开发协议能否得到有效实施的关键性因素。

第五，就开发争议海域资源来讲，泰国湾海上共同开发制度是有效的、成功的。它们满足了缔约国对能源的需求，提升了石油产业水平，增加了国家财政收入，促进了国家经济发展，改善了争端当事国的关系，有利于海域争端的解决，同时为地区的和平与稳定作出贡献。但是，从区域整体发展和海域生态整体的角度看，该制度存在不足，没有很好地保护环境、不能有效地应对区域传统安全和非传统安全问题；而且该制度合作范围窄，仅限于海洋油气资源开发的合作，因此无法实现海洋产业和生态的协调、可持续发展。

第六，中国周边海域争端与泰国湾的海域争端具有相似之处，也有本质性区别。笔者认为中国应该加强南海维权，为先行开发南海资源做好准备，时机成熟与有关当事国共同开发南海油气资源。

总之，争议海域共同开发既不是国际法规则，也不是习惯国际法。因此，需要争端当事国通过谈判建立起共同开发的国际义务。共同开发谈判的主要内容、共同开发协议的名称、形式以及共同开发的实施机制都没有普适的模式，需要当事国根据各自的国情、产业政策、法规政策程度、经济实力和争议海域的特点来协商确定。具有商业价值的资源是共同开发的物质保障，合理的制度设计是共同开发的机制保障，当事国合作的意愿和开发海洋资源的实力是共同开发的根本保障。共同开发不仅仅是个法律问题，也是一个经济问题，更是一个政治问题。

参考文献

一、英文类

Ⅰ. LEGAL DOCUMENTS

[1] Statement on the Territorial Sea, the Contiguous Zone, the Exclusive Economic Zone and the Continental Shelf of 12 May 1977.

[2] Memorandum of Understanding between Malaysia and the Kingdom of Thailand on the Establishment of the Joint Authority for the Exploitation of the Resources of the Sea Bed in a Defined Area of the Continental Shelf of the Two Countries in the Gulf of Thailand

[3] Statement of 12 November 1982 by the Government of the Socialist Republic of Viet Nam on the Territorial Sea Baseline of Viet Nam.

[4] 1990 Agreement between the Government of Malaysia and the Government of the Kingdom of Thailand on the Constitution and Other Matters Relating to the Establishment of the Malaysia-Thailand Joint Authority.

[5] 1992 Memorandum of Understanding between Malaysia and the Socialist Republic of Vietnam for the Exploration and Exploitation of Petroleum in A Defined Area of the Continental Shelf Involving the Two Countries.

[6] Vietnam Petroleum Law (1993).

[7] Law on Water Resources (1998).

[8] Law on Environmental Protection (1993).

[9] Law on National Border (2003).

[10] Vietnam Fishery Law (2004).

[11] Maritime Code of Viet Nam of 14 June 2005.

[12] Law of the Sea of Viet Nam of 21 June 2012 The Brevie Line, 31 January 1939.

[13] Statement Issued by the Spokesman of the Ministry of Foreign Affairs of 15 January 1978.

[14] Decree of the Council of State of 13 July 1982.

[15] Agreement on Historic Waters of Vietnam and Kampuchea, 7 July 1982.

[16] Franco-Siamese Boundary Treaty, 23 March 1907, 206.

[17] Declaration of the Office of the Prime Minister Concerning the Inner Part of the Gulf of Thailand, 22 September 1959.

[18] Announcement of the Office of the Prime Minister Concerning the Historic Bay, 26 September 1959.

[19] Proclamation Establishing the Breadth of the Territorial Waters, of 6 October 1966

[20] Announcement of the Office of the Prime Minister, 12 June 1970.

[21] Royal Proclamation Establishing the Continental Shelf of the Kingdom of Thailand in the Gulf of Thailand, 18 May 1973 (English translation not available).

[22] Royal Proclamation Establishing the Exclusive Economic Zone of the Kingdom of Thailand, 23 February 1981.

[23] Announcement of the Office of the Prime Minister Concerning the Straight Baselines and Internal Waters of Thailand, 11 August 1992.

[24] Proclamation establishing the Exclusive Economic Zone of the Kingdom of Thailand Adjacent to the Exclusive Economic Zone of Malaysia in the Gulf of Thailand, 18 February 1988.

[25] Proclamation Establishing the Exclusive Economic Zone of the Kingdom of Thailand in the Andaman Sea, 18 July 1988.

[26] Announcement of the Office of the Prime Minister Concerning Straight Baselines and Internal Waters of Thailand Area 4, 17

August 1992.

[27] Statement of the Ministry of Foreign Affairs of Thailand Regarding the Position of the Royal Thai Government on the Right of Innocent Passage in the Territorial Seas, etc.

[28] Royal Proclamation Establishing the Contiguous Zone of the Kingdom of Thailand, 14 August 1995.

[29] Continental Shelf Act 1966 - Act No. 57 of 28 July 1966, as Amended by Act No. 83 of 1972.

[30] Emergency (Essential Powers) Ordinance, No. 7, 1969, as Amended in 1969.

[31] Proclamation of the Economic Zone of 25 April 1978.

[32] Exclusive Economic Zone Act, 1984, Act No. 311.

Ⅱ. BOOKS

[1] HAZEL FOX ET AL (Eds.). Joint Development of Offshore Oil and Gas (Volume Ⅱ) [C]. The Institute's Revised Model Agreement. British Institute of International & Comparative Law, 1990.

[2] GERALD BLAKE. Boundaries and Energy: Problems and Prospects [C]. Springer, 1998.

[3] ROBERT BECKMAN (Eds.). Beyond Territorial Disputes in the South China Sea: Legal Framework for the Joint Development of Hydrocarbon Resources [C]. Edward Elgar Publishing Limited, 2013.

Ⅲ. ARTICLES

[1] WILLIAM T. ONORATO. Apportionment of an International Common Petroleum Deposit [J]. International and Comparative Law Quarterly. 1977, 26.

[2] RAINER LAGONI. Oil and Gas Deposits Across National Frontiers [J]. American Journal of International Law, 1979, 73.

[3] RAINER LAGONI. Interim Measures Pending Maritime Delimitation Agreements [J]. The American Journal of International Law, 1984, 78.

[4] MARK J. VALENCIA, Taming trouble waters: Joint Development of Oil and Mineral Resources in Overlapping Claim Areas [J]. San Diego Law Review, 1986, 23.

[5] MASAHIRO MIYOSHI. The Basic Concept of Joint Development of Hydrocarbon Resources on the Continental Shelf [J]. International Journal of Estuarine & Coastal Law, 1988, 3.

[6] BRIAN K. MURPH. Dangerous Ground: the Spratly Islands and International Law [J]. Ocean and Coastal Law Journal, 1994, 1.

[7] DANIEL J. DZUREK. Southeast Asian Offshore Oil Disputes [J]. Ocean Year Book, 1994, 11.

[8] NGUYEN HONG THAO. Vietnam's First Maritime Boundary Agreement [J]. International Boundary and Security Bulletin, Autumn 1997.

[9] MSORNARAJAH. Southeast Asia and International Law [J]. Singapore Journal of International & Comparative Law, 1997, 1.

[10] DHARSHINI AMARATUNGA. Maritime Boundary Delimitation: Buliding and Preparing a Negotiating Team [J]. Commonwealth Law Bulletin, 1998, 24.

[11] GAO ZHIGUO. The Legal Concept and Aspects of Joint Development in International Law [J]. Ocean Year Book, 1998, 13.

[12] NGUYEN HONG THAO. Joint Development in the Gulf of Thailand [J]. International Boundary and Security Bulletin, Autumn 1999.

[13] NGUYEN HONG THAO. Vietnam and Joint Development in the Gulf of Thailand [J]. Asian Yearbook of International Law, 1999.

[14] MIYOUSHI MASAHIRO. The Joint Development of Offshore Oil and Gas in Relation to Maritime Boundary Delimitation [J]. International Boundaries Research Unit, Maritime Briefing, 1999 (2).

[15] DAVID M. ONG. The 1979 and 1990 Malaysia-Thailand Joint Development Agreements: A Model for International Legal Cooperation in Common Offshore Petroleum Deposits? [J], The International Journal of Marine and Coastal Law, 1999, 14 (2).

[16] DAVID M. ONG. Joint Development of Common Offshore Oil and Gas Deposits: "Mere" State Practice or Customary International Law? [J]. American Journal of International Law, 1999, 93.

[17] AMRIN AMIN. South East Asia and International Law [J]. Singapore Journal of International & Comparative Law, Vol. 7, 2003.

[18] WEI CUI. Multilateral Management as a Fair Solution to the Spratly Disputes [J]. Vanderil T. Journal Transnational Law, 2003, 26.

[19] T. L. MCDORMAN. Maritime Boundary Delimitation in the Gulf of Thailand [J]. The Chuo Law Review, 2003 (3).

[20] IR. RAZMAHWATA BIN MOHAMAD RAZALLI [J]. The Malaysia Oil and Gas Industry: An Overview. Jurutera, Vol. 2, 2005.

[21] CLIVE SCHOFIELD, Unlocking the Seabed Resources of the Gulf of Thailand [J]. Contemporary Southeast Asia, 2007, 29 (2).

[22] CLIVE SCHOFIELD. Maritime Claims, Conflicts and Cooperation in the Gulf of Thailand [J]. Ocean Year Book, 2008, 22.

[23] NATALIE KLEIN, Provisional Measures and Provisional Arrangements in Maritime Boundary Disputes [J]. International Journal of Marine and Coastal Law, 2006, 21.

[24] REBECCA HOLLANDER BLUMOFF. Just Negotiation [J]. Washington University Law Review, 2010, 88.

[25] CATARINA GRILO. The Impact of Maritime Boundaries on Cooperation in the Creation of Transboundary Marine Protected Areas: Insights from Three Cases [J]. Ocean Year Book, 2010, 24.

[26] KYRIAKI NOUSSIA. On International Arbitrations for the Settlement of Boundary Maritime Delimitation Disputes and Disputes from Joint Development Agreements for the Exploitation of Offshore Natural Resources [J]. The International Journal of Marine and Coastal Law, 2010, 25.

[27] J. NNA EMEKA WOKORO, Beyond Petroleum Production to Community Development: International Oil Companies as Proxy Governments [J]. Texas Journal of Oil, Gas and Energy Law, 2010 (5).

[28] CHUKWUEMEKAhuk MIKE OKORIE, Have the Modern Approaches to Unit Development of Straddling Petroleum Resources Extinguished the Applicability of the Primordial Law of Capture? Currents [J]. International Trade Law Journal, 2010, 18.

[29] MARIKA VILISAAR, Sino-Japanese Maritime Jurisdictional Disputes in the East China Sea [J]. Acta Societatis Martensis, 2010, 4.

[30] KARLA URDANETA, Transboundary Petroleum Reservoirs: A Recommended Approach for the United States and Mexico in the Deep-water of the Gulf of Mexico [J]. Houston Journal of International Law, 2010, 32 (2).

[31] TOBY HEWITT, an Asian Perspective on Model Oil and Gas Services Contracts [J]. Journal of Energy & Natural Resources Law, 2010, 28.

[32] LILIAN DEL CASTILLO-LABORE, Equitable Utilization of Shared Resources [J]. Max Planck Encyclopedia of Public International Law, 2010.

[33] KYRIAKI NOUSSIA, On International Arbitrations for the Settlement of Boundary Maritime Delimitation Disputes and Disputes from Joint Development Agreements for the Exploitation of Offshore Natural Resources [J]. The International Journal of

Marine and Coastal Law, Vol. 25, 2010.

[34] M. SHAH ALAM, ABDULLAH AL FARUQUE, The Problem of Delimitation of Bangladesh's Maritime Boundaries with India and Myanmar: Prospects for a Solution [J]. The International Journal of Marine and Coastal Law, 2010, 25.

[35] JEFFREY J. SMITH, Brunei and Malaysia Resolve Outstanding Maritime Boundary Issues [J]. Law of the Sea Interest Group of American Society of International Law Reports, 2010 (1).

[36] LARRY CRUMP. Negotiation Process and Negotiation Context [J]. International Negotiation , 2011, 16.

[37] CHIJIOKE S. UGWUANYI. Dose the Use of Joint Development Agreements Bar International Maritime Boundaries Delimitation? [J]. Dublin Legal Review , 2011 (1).

[38] MIRIAM GRUNSTEIN, Unitization We Stand, Divided We Fall: a Mexican Response to Karla Urdaneta's Analysis of Trans Boundary Petroleum Reservoirs in the Deep Waters of the Gulf of Mexico [J]. Houston Journal of International Law, 2011, 33 (2).

[39] DAVID M ONG, Joint Exploitation Areas [J]. Max Planck Encyclopedia of Public International Law, 2011.

[40] CHIJIOKE S. UGWUANUI, Does the Use of Joint Development Agreements Bar International Maritime Boundaries Delimitation [J]. Dublin Legal Review Quarterly, 2011 (1).

[41] YUSUF MOHAMMAD YUSUF, the Role of the 1982 UNCLOS in the Resolution of Maritime Boundary Disputes [J]. International Energy Law Review, 2011 (7) .

[42] PETER RIPLEY, Unlocking Oil and Gas Reserves in the Arctic Ocean: Is There a Conventional Solution to Delimitation of the Maritime Boundaries? [J]. Journal of Energy & Natural Resources Law, 2011, 29.

[43] KOJI FURUKAWA, Bordering Japan: Towards a Comprehensive

Perspective [J]. Journal of Borderlands Studies, 2011, 26 (3).

[44] ANNE MARIE BIILOW. Culture and Negotiation [J]. International Negotiation, 2011, 16.

[45] JESSE SALAH OVADIA. The Dual Nature of Local Content in Angola's Oil and Gas Industry: Development vs. Elite Accumulation [J]. Journal of Contemporary African Studies, 2012, 30 (3) .

[46] MARY GEORGE. Adequacy of National Laws for Malaysian Ocean Governance for the Next Decade [J]. International Journal of Legal Information, Vol. 40, 2012.

[47] XUE GUIFANG. Deep Danger Intensified Competition in the South China Sea and Implication for China [J]. Ocean and Coastal Law Journal, 2012.

[48] CECILIA A LOW. Marine Environmental Protection in Joint Development Agreements [J]. Journal of Energy & Natural Resources Law, 2012, 30.

[49] HONG THAO NGUYEN. Maritime and Territorial Dispute in the South China Sea: Vietnam's Position on the Sovereignty over the Parcels & the Spratlys: Its Maritime Claims [J]. Journal of East Asia & International Law, 2012, 5.

[50] CLIVE SCHOFIELD. Claims to Maritime Jurisdiction and the Division of Ocean Space [J]. Penn State Journal of Law & International Affairs, 2012.

[51] JULIA LISZTWAN. Stability of Maritime Boundary Agreements [J]. The Yale Journal of International Law, 2012, 37.

[52] CLVIE SCHOFIELD. Defining Areas for Joint Development in Disputed Waters [J]. The International Conference on "Recent Development of the South China Sea Dispute and Prospects of Joint Development Regime", 2012.

[53] CECILIA A LOW. Marine Environmental Protection in Joint Development Agreements [J]. Journal of Energy & Natural

Resources Law, 2012, 30.
[54] HONG THAO NGUYEN. Maritime and Territorial Dispute in the South China Sea: Vietnam's Position on the Sovereignty over the Paracels & the Spratlys: Its Maritime Claims [J]. Journal of East Asia & International Law, 2012, 5.
[55] CLVIE SCHOFIELD. Claims to Maritime Jurisdiction and the Division of Ocean Space [J]. Penn State Journal of Law & International Affairs, 2012.
[56] ROBERT BECKMAN. The South China Sea: the UN Convention on the Law of the Sea and the Maritime Disputes in the South China Sea [J]. American Journal of International Law, 2013, 107.
[57] CHRISTOPHER LINEBAUGH. Joint Development in a Semi-Enclosed Sea: China's Duty to Cooperate in Developing the Natural Resources of the South China Sea [J]. Columbia Journal of Transnational Law, 2014, 52.
[58] ZEWEI YANG. China's Participation in the Global Ocean Governance Reform: Its Lessons and Future Approaches [J]. Journal of East Asia & International Law, 2018, 2.

二、中文类

(一) 译著

[1] 汉斯·摩根索著，徐昕、郝望、李保平译，王缉思校．国家间政治 权力斗争与和平 [M]．北京：北京大学出版社，2006.
[2] [美] 艾尔弗雷德-塞耶-马汉．海军战略 [M]．蔡鸿幹，田常吉，译．北京：商务印书馆，2009.

(二) 著作

[1] 李浩培．条约法概论 [M]．北京：法律出版社，1988.
[2] 潘石英．南沙群岛·石油政治·国际法——“万安北—21”石油合同区位于中国管辖海域无庸置疑 [M]．香港：香港经济导报社，1996.

[3] 蔡鹏鸿. 争议海域共同开发管理模式：比较研究［M］. 上海：上海社会科学出版社，1998.
[4] 梁西主编. 国际法［M］. 武汉：武汉大学出版社，2000.
[5] 余民才. 海洋石油勘探与开发的法律问题［M］. 北京：中国人民大学出版社，2001.
[6] 李金明. 南海争端与国际海洋法［M］. 北京：海洋出版社，2003.
[7] 姜皇池. 国际海洋法［M］. 台湾：学林文化事业有限公司，2004.
[8] 梁淑英. 国际法学案例教程（第二版）［M］. 北京：知识产权出版社，2006.
[9] 萧建国. 国际海洋边界石油的共同开发［M］. 北京：海洋出版社，2006.
[10] 张海文主编.《联合国海洋法公约》释义集［M］. 北京：海洋出版社，2006.
[11] 邵沙平主编. 国际法院新近案例研究（1990—2003）［M］. 北京：商务印书馆，2006.
[12] 王年平. 国际石油合同模式比较研究［M. 北京：法律出版社，2009.
[13] 杨泽伟. 国际法析论（第四版）［M］. 北京：中国人民大学出版社，2017.
[14] 杨泽伟. 国际法史论［M］. 北京：高等教育出版社，2011.
[15] 余劲松. 国际投资法（第4版）［M］. 北京：法律出版社，2014.
[16] 杨泽伟主编. 海上共同开发协定汇编（中英文对照）［M］. 北京：社会科学文献出版社，2016.
[17] 杨泽伟主编. 海上共同开发国际法问题研究［M］. 北京：社会科学文献出版社，2016.
[18] 杨泽伟. 国际法（第三版）［M］. 北京：高等教育出版社，2017.
[19] 杨泽伟主编. 海上共同开发协定续编［M］. 武汉：武汉大学

出版社，2018.
[20] 杨泽伟主编．海上共同开发国际法理论与实践研究［M］．武汉：武汉大学出版社，2018.
[21] 杨泽伟主编．《联合国海洋法公约》若干制度评价与实施问题研究［M］．武汉：武汉大学出版社，2018.
[22] 董世杰．争议海域既有石油合同的法律问题研究［M］．武汉：武汉大学出版社，2019.
[23] 孙传香．中日东海大陆架划界国际法问题研究［M］．武汉：武汉大学出版社，2019.
[24] 杨泽伟主编．中国国家权益维护的国际法问题研究［M］．北京：法律出版社，2019.

（三）期刊论文

[1] 谢志鹏．两次石油危机对泰国经济的影响［J］．南洋问题，1984（3）.
[2] 高之国．现代石油合同的发展趋向［J］．国际石油经济，1995（3）.
[3] 赵理海．关于南海诸岛的若干法律问题［J］．法制与社会发展，1995（4）.
[4] 王勇．柬埔寨石油工业投资政策［J］．国际石油经济，1996（1）.
[5] 林忠．海洋石油资源共同开发协定初探［J］．国际经济法论丛，1998（0）.
[6] 林忠．中国与共同开发的学术探讨［J］．现代法学，1998（1）.
[7] 文凤英，何拥军．越南海洋油气的勘探和开发［J］．海洋信息，1998（4）.
[8] 秦晓程．与海底资源共同开发有关的几个国际法问题［J］．政法论坛，2000（1）.
[9] 郑翠英．试论冷战后越南外交战略和外交政策的调整［J］．东南亚研究，2001（3）.
[10] 余民才．论国际法上海洋石油共同开发的概念［J］．法学家，

2001 (6).
[11] 李金明. 南沙海域的石油开发及争端的处理前景 [J]. 厦门大学学报, 2002 (4).
[12] 周忠海. 论南中国海共同开发的法律问题 [J]. 厦门大学法律评论, 2003 (2).
[13] 肖建国. 论国际法上共同开发的概念及特征 [J]. 外交学院学报, 2003 (2).
[14] 陈继章. 越南经济的支柱产业——石油天然气业 [J]. 东南亚纵横, 2004 (9).
[15] 谭再文. 南海共同开发的国际政治经济学 [J]. 南洋问题研究, 2005 (3).
[16] 邢和平. 柬埔寨海上石油引发国际投资热潮 [J]. 东南亚纵横, 2007 (11).
[17] 李国选. 南海共同开发制度化内涵、条件与制约因素 [J]. 南洋问题研究, 2008 (1).
[18] 毕世鸿. 泰国与越南在湄公河地区的合作与竞争 [J]. 东南亚研究, 2008 (1).
[19] 刘中民. 冷战后东南亚国家南海政策的发展动向与中国的对策思考 [J]. 南洋问题研究, 2008 (2).
[20] 张凤九. 中国南海天然气开发前景展望 [J]. 天然气工业, 2009 (1).
[21] 杨勉. 柬埔寨与泰国领土争端的历史和现实——以柏威夏寺争端为焦点 [J]. 东南亚研究, 2009 (4).
[22] 游明谦. 迅速发展中的越南油气业 [J]. 东南亚纵横. 2009 (2).
[23] 陈建荣. 2009 年泰国政治、经济和外交形势 [J]. 东南亚研究, 2010 (2).
[24] 王越. 发展中的越南石油工业 [J]. 中国矿业, 2010 (4).
[25] 李金明. 南海的“犁”与“刀” [J]. 中国报道, 2010 (9).
[26] 陈鸿瑜. 南海争端的政治与法律面分析 [J]. 全球政治评论, 2010 (32).

[27] 石莉．国际实践中海域划界与共同开发的替代和共存模式[J]．太平洋学报，2010（4）．
[28] 杨泽伟．“搁置争议、共同开发”原则的困境与出路[J]．江苏大学学报（社会科学报），2011（3）．
[29] 童伟华．南海对策中“搁置争议”与“共同开发”之冲突及其调整[J]．中国海洋大学学报（社会科学版），2011（2）．
[30] 金永明．论南海问题特质与海洋法制度[J]．东方法学，2011（4）．
[31] 罗国强．“共同开发”政策在海洋争端解决中的实际效果分析与展望[J]．法学杂志，2011（4）．
[32] 邵建平．如果推进南海共同开发——东南亚经验的视角[J]．当代亚太，2011（6）．
[33] 邹立刚．南海资源共同开发的法律机制构建略论[J]．河南省政法管理干部学院学报，2011（1）．
[34] 安应民．论南海争议区域油气资源共同开发的模式选择[J]．当代亚太，2011（6）．
[35] 杨泽伟．“搁置争议、共同开发”原则的困境与出路[J]．江苏大学学报（社科版），2011（3）．
[36] 孙广勇．南海“共同开发”的马来西亚泰国模式[J]．能源，2012（2）．
[37] 罗国强．南海共同开发案例研究[J]．南洋问题研究，2012（2）．
[38] 张丽娜．南海油气资源共同开发的主体适格性[J]．法学杂志，2012（11）．
[39] 公衍芬．南海油气资源综述及开发战略设想[J]．海洋地质与第四纪地质，2012（5）．
[40] 张英娇．析东南亚地区主义的发展——从马来西亚与东盟关系的视角[J]．商业现代化，2012（12）．
[41] 盛亚捷．论当代世界格局变动中的中国东盟关系[J]．今日中国论坛，2012（10）．
[42] 许浩．南海争议区油气资源共同开发的战略构想[J]．太平

洋学报，2012（9）.
[43] 王佩云．中南海油气开发与主权维护［J］．国际石油经济，2012（10）.
[44] 蒙慧、许晶晶．从南海问题探究“搁置争议、共同开发”外交策略新境界［J］．邓小平理论研究，2013（1）.
[45] 周意岷．构建南海机制分析［J］．东南亚南亚研究，2013（2）.
[46] 金永明．论南海资源开发的目标取向：功能性与规范性［J］．海南大学学报（人文社会科学版），2013（4）.
[47] 许浩．共同开发理论与案例综述及南海发展态势研判［J］．海南师范大学学报（社会科学版），2013（5）.
[48] 居占杰．南海油气资源开发制度研究——基于石油安全视角［J］．技术经济与管理研究，2013（10）.
[49] 杨泽伟．论海上共同开发“区块”的选择问题［J］．时代法学，2014（3）.
[50] 杨泽伟．论海上共同开发的发展趋势［J］．东方法学，2014（3）.
[51] 方天建．冷战以来柬埔寨地缘政治变动研究［J］．世界地理研究，2014（4）.
[52] 方天建，何跃．冷战以来柬埔寨地缘政治变动研究［J］．世界地理研究，2014（4）.
[53] 玛利亚·拉尔森．柬埔寨与泰国关系：当前的挑战和未来的前景［J］．南洋资料译丛，2015（1）.
[54] 何海榕．论争议海域的“先存权”［J］．山东警察学院学报，2015（12）.
[55] 何海榕．马来西亚泰国与马来西亚越南共同开发案的比较研究［J］．太平洋学报，2015（12）.
[56] 何海榕．争议海域油气资源共同开发五要素及对中国的启示［J］．武大国际法评论，2016（2）.
[57] 何海榕．完善惩治海上刑事犯罪的立法思考［J］．人民法院报（理论版），2016. 3. 23.

[58] 何海榕．泰国湾海上共同开发先存权问题的处理及其启示［J］．南海法学，2017（2）．
[59] 杨泽伟．海上共同开发的先存权问题研究［J］．法学评论，2017（1）．
[60] 杨泽伟．论海上共同开发争端的解决及中国的选择［J］．东方法学，2018（2）．
[61] 杨泽伟．航行自由的法律边界与制度张力［J］．边界与海洋研究，2019（2）．
[62] 杨泽伟．新时代中国深度参与全球海洋治理体系的变革：理念与路径［J］．法律科学，2019（6）．

（四）学位论文

[1] 张欣．国际海洋石油共同开发的法律问题研究及中国的开发现状［D］．青岛：中国海洋大学硕士论文，2006．
[2] 孙仕达．跨界海洋石油合作开发的法律问题解析［D］．青岛：中国海洋大学硕士论文，2006．
[3] 何海榕．南海困局的法律研究［D］．厦门：厦门大学硕士论文，2006．
[4] 马秋．南海矿产资源开发法律问题研究［D］．大连：大连海事大学硕士论文，2007．
[5] 高立国．争议海域共同开发的选址［D］．北京：中国社会科学院研究生院硕士论文，2012．
[6] 张锦峰．南海渔业资源合作开发法律机制研究［D］．海口：海南大学硕士论文，2011．
[7] 孙炳辉．共同开发海洋资源法律问题研究［D］．中国政法大学博士论文，2000．
[8] 李昌新．海权与国家安全：东南亚海上冲突与合作研究［D］．暨南大学博士论文，2006．
[9] 何秋竺．争议海域石油资源共同开发法律问题研究［D］．武汉大学博士论文，2010．

后　记

本书是在博士论文的基础上修改而成。本人虽已在该领域耕耘数个寒暑，但才疏学浅，拙作付梓之际深感不安。蒙恩师杨泽伟教授不厌不弃之指引，遂又鼓起勇气，备位充数，将之呈现给各位读者朋友，只为感谢师恩，不忘初心、砥砺前行。

何海榕

2019 年 10 月 1 日